Cloud & Townsend

LIMITES
CARA A CARA

Editora Vida

Editora do grupo

Zondervan
HarperCollins

Editora filiada a

Câmara Brasileira do Livro

Associação Brasileira de Editores Cristãos

Associação Nacional de Livrarias

Associação Nacional de Livrarias Evangélicas

Direção executiva
Eude Martins

Supervisão de produção
Sandra Leite

Gerência financeira
Sérgio Lima

Gerência de comunicação e marketing
Sérgio Pavarini

Gerência editorial
Fabiani Medeiros

Coordenação editorial

Obras de interesse geral • Vera Villar
Obras para igreja e família • Aldo Menezes
Obras teológicas e de referência • Aldo Menezes
Obras em língua portuguesa • Silvia Justino
Obras infantis e juvenis • Rosana Brandão
Bíblias • Rosa Ferreira

Cloud & Townsend

Tradução
Denise Avalone

LIMITES
CARA A CARA

Como desenvolver a habilidade de conversar aberta e francamente com outras pessoas

Casamento · Namoro · Amizade · Família · Trabalho…

Vida

Pelos mesmos autores

■

A chave do crescimento (Vida)
Criando filhos vencedores (Vida)
Relacionamentos saudáveis (Vida)
Limites (Vida)
Limites no namoro (Vida)
Limites no casamento (Vida)
Limites para ensinar aos filhos (Vida)

Título do original • *Boundaries face to face,*
edição publicada pela
ZONDERVAN PUBLISHING HOUSE
(Grand Rapids, Michigan, EUA)

■

EDITORA VIDA
Rua Júlio de Castilhos, 280 • Belenzinho
CEP 03059-000 • São Paulo, SP
Telefax 0 xx 11 6618 7000
www.editoravida.com.br

■

Todas as citações bíblicas foram extraídas da *Nova Versão Internacional* (NVI), ©2001, publicada por Editora Vida, salvo indicação em contrário.

Dados Internacionais de Catalogação na Publicação (CIP)
(Câmara Brasileira do Livro, SP, Brasil)

Cloud, Henry
Limites cara a cara: como desenvolver a habilidade de conversar aberta e francamente com outras pessoas: casamento - namoro - amizade - família - trabalho... / Henry Cloud e John Townsend ; tradução Denise Avalone — São Paulo : Editora Vida, 2004.

Título original: Boundaries face to face : how to have that difficult conversation you've been avoiding.
Bibliografia
ISBN 85-7367-793-7

1. Administração de conflitos - Aspectos religiosos - Cristianismo 2. Conflito interpessoal - Aspectos religiosos - Cristianismo 3. Conversação - Aspectos religiosos - Cristianismo I. Townsend, John, 1952 II. Título.

04-4897 CDD 158.2

Índice para catálogo sistemático

1. Conversação : Relações interpessoais : Psicologia aplicada 158.2

A todos os que desejam
que diálogos francos sejam
parte essencial de seus relacionamentos.

AGRADECIMENTOS

A Sealy Yates, nosso agente, por seu compromisso com a verdade e o amor.

A Scott Bolinder, editor-executivo, por nos apoiar e apostar em nosso trabalho.

A Sandy Vander Zicht, editora-chefe, por sua experiência e verdadeiro interesse pelo crescimento e amadurecimento das pessoas.

A Maureen Price, diretora da *Cloud-Townsend Resources,* por sua apreciação pelo valor de se estar frente a frente com limites.

A Denis Beausejour, diretor da *Answers for Life*, por sua visão e compromisso com o processo de ajudar as pessoas a encontrarem Cristo e conhecerem a vida que ele revelou.

Às atendentes da *Monday Night Solutions*, em Irvine, Califórnia, por sua devoção a Deus e por nos ajudar a desenvolver os conceitos que acabaram dando origem a este livro.

Sumário

QUARTA PARTE
Como se preparar para a conversa

QUINTA PARTE
Como ter uma conversa difícil com as pessoas que fazem parte de sua vida

Por que outro livro sobre limites?

Nunca imaginamos que *Limites: quando dizer sim, quando dizer não* faria tanto sucesso. Embora soubéssemos, por nossa experiência em atendimento clínico, que muita gente se identifica com a necessidade de recuperar o controle de sua vida, não fazíamos a menor idéia de que isso fosse tão generalizado. Cedo ou tarde, quase todo mundo precisa de limites positivos.

Às vezes, num relacionamento, temos de aprender a lidar com pessoas difíceis, talvez alguém de perfil controlador, manipulador, irresponsável ou até agressivo. Em outras ocasiões, precisamos descobrir os deveres da vida diante dos quais devemos dizer "não", a fim de não ultrapassar os próprios limites. Ou, ainda, desenvolver melhores padrões de intimidade e de convívio num bom relacionamento ou defender nossos valores em uma situação difícil. Pode ser que tenhamos de fazer com que alguém pare de demandar nosso tempo, energia e recursos além do que podemos dar. Na vida, deparamos com diferentes contextos nos quais precisamos exercitar bons limites. Para aqueles que se importam com o outro, estabelecer limites talvez seja uma tarefa difícil. Por isso, não é de surpreender que o livro *Limites* tenha encontrado um público tão ávido pelo assunto.

Diante do sucesso do livro, começamos a dar palestras a dezenas de milhares de pessoas por ano e, literalmente, a milhões por meio do nosso programa de rádio. Questões sobre "relacionamentos difíceis" inevitavelmente vêm à tona em nossas palestras. Resolver problemas de convivência é uma questão importante que sempre ocupa a mente das pessoas.

Quando respondemos às perguntas que nos são feitas, sempre aconselhamos uma conversa direta com o causador do problema. Mas o que em geral ouvimos é: "Já tentei, não deu certo" ou "Como vou fazer isso?". Há quem tenha tentado sem ser bem-sucedido, ou aqueles que acabaram vencidos na discussão ou ainda os que simplesmente não sabem como iniciar a conversa. Então, costumamos pedir a essas pessoas que participem conosco de uma encenação. Dizemos: "Você será ele ou ela e eu serei você. Agora, comece". Quando lhes mostramos como ter a conversa, tudo passa a ficar muito claro. Dizem: "Nunca pensei em falar isso dessa forma. Faz toda a diferença do mundo! Agora sei o que fazer".

Muitos que assistem à encenação dizem a mesma coisa. Ao ver como se faz, descobrem um método a seguir e sentem mais confiança em sua capacidade de resolver um problema difícil.

Este livro mostra aos leitores como ter uma "conversa sobre limites". Muita gente sabe que precisa impor limites ou ter uma conversa séria com alguém sobre o assunto, mas poucas pessoas têm noção de como fazer isso. Algumas, sentem tanto medo que jamais tentam; outras, tentam e se decepcionam, ou o fazem de uma forma que causa mais estragos do que benefícios. Por isso, adiam confrontos, para não ter de estabelecer limites nem de "enfrentar" conversas difíceis. Conseqüentemente, os relacionamentos sofrem.

Para muitos, a idéia de impor limites ou de confrontar pessoas assumiu uma conotação negativa. No entanto, não só a Bíblia como também as pesquisas revelam que a confrontação é essencial para o sucesso em todas as áreas da vida. Quem é bem-sucedido sabe confrontar o outro. A confrontação faz parte da rotina de seus relacionamentos. Encaram de frente os problemas que surgem no convívio diário. Na verdade, em latim, a palavra *confrontação* significa olhar de frente para alguém ou para alguma coisa.

Esperamos que este livro faça com que a confrontação recupere o papel positivo que representa na linguagem do amor e do relacionamento. Mostraremos que estabelecer limites, confrontar alguém e ter aquela "conversa difícil que você vem adiando" não é hostilidade, mas, antes, uma das melhores atitudes a tomar. Mostraremos que essa é a única forma de ter o relacionamento que almeja, tanto no casamento como no namoro, na amizade, na família ou no trabalho. Se aprender a ter essas conversas difíceis com amor, honestidade e responsabilidade, seus relacionamentos poderão se tornar muito melhores.

Este livro mostrará os benefícios e os princípios de um bom diálogo, como ter uma boa conversa, como se preparar para ela e como tê-la com qualquer pessoa que faça parte de sua vida.

Portanto, por que outro livro sobre *Limites*? Nossa oração é que, somado a outros títulos dessa série, *Limites cara a cara* seja útil para orientá-lo em diálogos específicos com quem tiver relacionamentos complicados ou agradáveis. Será um guia prático para ajudá-lo a descobrir como ter aquela conversa difícil que tem evitado e, conseqüentemente, levá-lo a aproveitar melhor seus relacionamentos – e sua vida.

PRIMEIRA PARTE

Por que você precisa ter aquela conversa difícil

1

A CONVERSA PODE MUDAR SUA VIDA

Nas conferências sobre relacionamentos que fazemos por todo o país, com freqüência ouvimos declarações como a que descreveremos a seguir.

Um homem se apresenta e diz:

— Obrigado por seu livro sobre impor barreiras e limites. Ele mudou a minha vida e o meu casamento.

E nós geralmente respondemos:

— Nós é que agradecemos. Diga-me, que livro você leu?

— Não li livro algum... — o homem responde. — Foi minha esposa que leu!

Então, passa a narrar sua experiência:

— Eu era péssimo para manter diálogos com minha esposa. Era controlador, tinha alguns maus hábitos e nenhuma vida espiritual. Então, ela leu o livro *Limites* e começou a aplicar os princípios ali sugeridos. Foi quando as coisas começaram a mudar para nós dois. Levou algum tempo e implicou esforço, mas agora sou realmente diferente. Ficamos mais próximos e temos mais respeito um pelo outro, além de maior liberdade no relacionamento. Estou fazendo grandes progressos em relação àqueles maus hábitos e despertando-me para um relacionamento com Deus.

Seria natural esperar que alguém falasse sobre um livro que ele próprio tivesse lido. Mas a reação inesperada desse homem ilustra uma realidade: a pessoa que causa o problema no relacionamento dificilmente assume a responsabilidade por ele. Essa foi uma péssima descoberta que a esposa desse homem fez. Ela queria ver mudança de comportamento, mas o marido não via qualquer problema, achava que isso não era importante ou que sua esposa estaria exagerando. Isso faz com que qualquer esposa que se importe com o marido se sinta desamparada e desanimada, e que o seu amor por ele diminua.

Você pode mudar o relacionamento sozinho

Mas temos uma boa notícia. Embora a pessoa que motiva o problema talvez não assuma a responsabilidade por ele nem "reconheça" que é a causadora do conflito, a parte afetada pode mudar a situação. Você talvez seja a parte atingida, que se preocupa, enxerga a questão e se sente mal por isso, seja por uma atitude inconveniente ou por um mau comportamento. Na verdade, você deve estar sofrendo mais do que a outra pessoa. Em nosso exemplo, antes de confrontar o marido, a esposa provavelmente precisou lidar com a solidão, com a falta de liberdade, com os maus hábitos do esposo e o vazio de não ter um companheiro espiritual.

> *As coisas tendem a mudar quando a pessoa que sofre os efeitos do problema toma a iniciativa de resolvê-lo.*

As coisas tendem a mudar quando a pessoa que sofre os efeitos do problema toma a iniciativa de resolvê-lo. Nesse exemplo, a esposa deu o primeiro passo. Ela se tornou consciente de que as atitudes do marido não eram boas para nenhum dos dois, e que nada mudaria, a menos que ela própria fizesse alguma coisa.

Esse primeiro passo geralmente é uma conversa, um diálogo, uma confrontação com o outro. É uma conversa na qual as duas partes discutem o problema e o que pode ser feito a respeito dele. É um diálogo sobre a verdade. Essa simples conversa pode ser suficiente. Mas, em geral, ela é apenas o início de uma série de diálogos e fatos, como o que aconteceu no casamento do exemplo acima.

Queremos confirmar e reforçar sua decisão de ter "aquela conversa que você tem evitado". A preparação para esse tipo de abordagem é a essência deste livro. *Você precisará apenas encontrar uma forma carinhosa, mas sincera e eficaz, de confrontar alguém em sua vida.* A Bíblia ensina e as pesquisas apóiam a idéia de que você poderá desenvolver as habilidades e ferramentas necessárias para prosseguir e resolver com sucesso as questões difíceis que surgirem.

O que é um limite?

Antes de prosseguirmos, porém, precisamos definir um termo que aparecerá muito neste livro: *limite.*

Em poucas palavras, um limite é a "demarcação de sua propriedade particular". Um limite define quem você é, até onde deve ir e a partir de onde os outros devem começar. Refere-se à verdade, à realidade, ao que existe. Quando você confronta alguém a respeito de um problema, está impondo um limite. Você pode impor um limite com suas palavras, ao revelar sinceridade e estabelecer uma conseqüência para as más ações do outro.

Os limites ajudam a definir quem somos em nossos relacionamentos. Quando sabemos o que queremos e o que não queremos, aquilo sobre o que somos a favor ou contra, o que apreciamos e o que desprezamos, o que "somos" e o que "não somos", estamos impondo limites. As pessoas com bons limites são claras sobre suas opiniões, crenças, atitudes, exatamente como Jesus ensinou: "Seja o seu 'sim', 'sim', e o seu 'não', 'não'; o que passar disso vem do Maligno" (Mt 5.37). As pessoas sem limites definidos são indecisas quanto às suas opiniões, aos seus sentimentos e às suas crenças. Elas se deixam controlar facilmente pelas exigências dos outros porque se sentem indecisas quando têm de tomar uma atitude.

Os limites também servem para nos proteger das ofensas e maldades. Impondo limites, podemos assumir a responsabilidade por nossa vida e pelos dons que Deus nos deu: "Acima de tudo, guarde o seu coração, pois dele depende toda a sua vida" (Pv 4.23). Os limites protegem valores, sentimentos, tempo, energia e atitudes. Se uma pessoa disser à outra: "Quero que você pare de me criticar em público", está impondo um limite protetor.

Até Deus tem limites. Ele os criou e os aplica. Ele é claro sobre quem ele é e aquilo sobre o que é a favor ou contra. Ele é a favor dos relacionamentos, da verdade, do amor e da honestidade, e é contra a opressão, a injustiça, o pecado e o mal: "Porque eu, o SENHOR, amo a justiça e odeio o roubo e toda maldade..." (Is 61.8). Para estudar mais informações sobre limites, leia nossos livros: *Limites*, *Limites no casamento*, *Limites para ensinar aos filhos* e *Limites no namoro*.

Neste livro, tratamos de um aspecto específico dos limites: ensinamos como impô-los por meio de uma boa e eficaz "conversa". Por vezes, chamaremos essa confrontação de *conversa sobre limites*, ou seja, uma conversa na qual você confronta alguém sobre um problema que deseja resolver.

Para ter "aquela conversa"

Na última vez que alguém lhe disse: "Preciso falar com você", o que passou pela sua cabeça? Provavelmente, você pensou: *Talvez ela queira me dizer quanto gosta de mim.* Ou então: *Estou encrencado*! Quando pensamos em ter "aquela conversa" com alguém, isso pode criar muita ansiedade e disparar muitos alertas vermelhos. Pode ser um sinal de conflito, de críticas e até o fim do relacionamento.

> ***Muitos de nós vivemos em dois mundos. Num deles, nutrimos uma ligação sentimental sem verdade e, no segundo, uma verdade sem ligação sentimental.***

Muitos de nós vivemos em dois mundos, quando se trata de relacionamentos. Num deles, temos conversas amigáveis nas quais evitamos qualquer divergência; no outro, temos sérias conversas difíceis que acabam com tudo e com todos. No primeiro, nutrimos uma ligação sentimental sem verdade e, no segundo, uma verdade sem ligação sentimental.

Deus não nos criou para que vivêssemos em dois mundos, tendo esses dois tipos de relacionamentos. Ele quer que vivamos uma única realidade, na qual ele vive e onde a verdade e o amor coexistem e são aliados, não adversários. Nossas ligações sentimentais são melhores quando são verdadeiras, e nossa verdade é melhor quando temos uma ligação sentimental. Segundo a Bíblia, isso se chama *verdade em amor*: "Antes, seguindo a verdade em amor, cresçamos em tudo naquele que é a cabeça, Cristo" (Ef 4.15). As conversas funcionam melhor quando as partes se preocupam uma com a outra e ambas dizem a verdade. Coisas boas acontecem. As pessoas se entendem, resolvem problemas e mantêm a ligação sentimental de que precisam. Quando um relacionamento produz experiências desagradáveis, muitos preferem evitar o conflito e a confrontação. Fogem de conversas francas. As pessoas ficam com medo de:

- *perder o relacionamento:* Temem que o outro se afaste, emocional ou fisicamente;
- *ser alvo de raiva:* Não querem que o outro sinta raiva ou as culpe por ser confrontado;

- *magoar:* Estão preocupadas em não ferir o outro nem em magoar seus sentimentos;
- *ser consideradas más:* Querem ser vistas como pessoas boas e têm receio de serem julgadas como pessoas rudes e indelicadas.

Esses medos costumam impedir as pessoas de se sentarem e terem as conversas necessárias que resolveriam problemas. Se você se identificar com qualquer um desses medos, é bom descobrir de onde eles vêm e como resolvê-los. Não cabe aqui falar sobre esse assunto agora, mas nosso livro *Limites* é uma boa fonte de orientação sobre o tema.

Trataremos a seguir sobre os grandes benefícios de confrontarmos as pessoas com as quais temos problemas. Se você conhecer os benefícios e as vantagens de uma conversa amável e equilibrada, certamente perderá o medo e partirá para a ação. Esse é o objetivo do próximo capítulo.

2

Os benefícios de uma boa conversa

Eu (John) sempre penso sobre todas as pessoas que me ajudaram a crescer de maneira significativa ao longo dos anos. Quando me lembro delas, reflito sobre as muitas maneiras pelas quais me demonstraram compaixão, compreensão, encorajamento e instrução. Além disso, sinto-me grato, também, pela honestidade, confrontação e franqueza dessas pessoas, o que, sem dúvida, salvou minha vida de muitas formas. Sou o feliz receptor dos benefícios da boa confrontação.

Por exemplo, lembro-me de que, anos atrás, assumi muitas responsabilidades e minha vida começou a se despedaçar. Gostava de todas as coisas que estava fazendo, e todas eram importantes para mim; exatamente por isso, tinha uma justificativa para me esforçar tanto. Porém, um velho amigo — Carl — chamou minha atenção em um almoço que tivemos, quando disse:

— Chegou a um ponto em que não sei mais se realmente conheço você.

— Do que você está falando? É claro que você me conhece — respondi.

Carl, então, me advertiu sobre várias coisas que tinha observado a meu respeito ultimamente: preocupação comigo mesmo, desinteresse pelos outros, distração e indisponibilidade.

Não dava para ignorar essas palavras, pois sabia que ele não estava me atacando. Na verdade, estava preocupado com o meu bem-estar. E suas observações realmente repercutiram dentro de mim. Foi um momento decisivo. Fiz algumas mudanças que já deveria ter feito antes em meu trabalho e nos meus relacionamentos. A confrontação de Carl pôde, de fato, me poupar de enfrentar sérios problemas mais tarde.

Todo mundo precisa saber que a dura tarefa da confrontação tem uma grande compensação. No restante deste livro, mostraremos como ter uma conversa frente a frente e daremos exemplos, dicas e medidas. Mas neste capítulo queremos que você conheça os sete benefícios de se "dizer a verdade" e as razões por que Deus fez as coisas dessa maneira.

Preservando o amor

Provavelmente, o maior benefício de uma boa confrontação é que ela *preserva o amor* no relacionamento. Pode parecer contraditório para você. *Isso não faz sentido*, você deve pensar. *Se eu confrontar alguém, essa pessoa ficará aborrecida ou romperá o relacionamento comigo.* Isso não só pode acontecer como realmente acontece. Mas a confrontação não foi criada para aborrecer ninguém ou para perseguir alguém. Na verdade, a intenção com que é usada é o oposto disso.

Em latim, confrontação significa "virar-se em direção a, olhar para". A palavra indica simplesmente que você está se dirigindo para o relacionamento e para a pessoa. Você está de frente para eles, por assim dizer. Na confrontação, as pessoas encaram o relacionamento e cuidam de um aspecto da ligação que precisa ser resolvido. A intenção é melhorar o relacionamento, aprofundar a intimidade e criar mais amor e respeito entre as pessoas.

Assim, para ser um bom confrontador, você precisa entender que a *confrontação funciona melhor quando está a serviço do amor.* As conversas sobre limites são motivadas e estimuladas pelo amor. Promovem os propósitos do amor. Servem para intensificar um relacionamento, não para acabar com ele.

Como a confrontação pode preservar o amor? Basicamente, protegendo o relacionamento dos elementos que o prejudicariam. O amor precisa de proteção. É como cuidar de um jardim. Se você quiser que suas plantas sobrevivam e floresçam, terá de fazer mais do que regá-las e fazê-las crescer. Terá também de protegê-las do mau tempo e das pragas.

Da mesma forma, coisas como o afastamento, a atitude defensiva, o controle, a imaturidade e o egoísmo têm o poder de infectar e contaminar completamente um relacionamento. Se não tratadas, essas coisas podem prejudicar ou mesmo acabar com ele.

Quando estava fazendo pós-graduação, trabalhei como garçom em restaurantes. Então, fui trabalhar em um que ficava mais perto de onde eu morava. Scott, um amigo meu que também era aluno de pós-graduação, trabalhava como *maître.* Ele soube que eu estava procurando outro lugar para trabalhar e me indicou o seu restaurante.

Certa noite, Scott me chamou para uma conversa. Sentamo-nos para tomar um café após o expediente. Depois de nos acomodarmos, ele se inclinou para mim e disse:

— Desde que você veio para este restaurante, dá a impressão de que está competindo comigo pela posição de *maître.* Queria que você soubesse como me sinto e gostaria de saber o que você sente.

Pensei sobre o que ele me disse e respondi:

— Acho que você está certo. Sem perceber, tentei competir com você. Peço desculpas, Scott.

— Tudo bem — ele disse. — Eu só queria esclarecer as coisas para nós dois.

Parei de competir com Scott e me concentrei no meu trabalho. A rápida intervenção do meu colega ajudou a evitar um grande dano ao nosso relacionamento. Trabalhamos por mais algum tempo juntos depois do ocorrido e continuamos amigos até hoje. Uma boa confrontação pode preservar um relacionamento: "Quem fere por amor mostra lealdade, mas o inimigo multiplica beijos" (Pv 27.6).

Resolvendo a alienação

A boa confrontação não apenas preserva o relacionamento, mas também une pessoas que se sentiam distantes. Pense em alguém com quem você tenha um conflito ou problema não resolvido. Talvez essa pessoa não lhe dê abertura para falar a respeito da questão, talvez ela seja crítica com relação a você ou espere que você resolva o problema por ela. Seja qual for o caso, quando um conflito não é resolvido, ele prejudica o relacionamento. Ele afasta e aliena as pessoas. *Uma boa medida para a saúde de um relacionamento é despertar nas pessoas envolvidas a capacidade de tomar uma atitude e resolver seus problemas.*

Uma boa medida para a saúde de um relacionamento é despertar nas pessoas envolvidas a capacidade de tomar uma atitude e resolver seus problemas.

Deus criou os relacionamentos para que fossem completos, e quanto mais as características pessoais — qualidades, fragilidades, defeitos, paixões, desejos e fracassos — interagirem num relacionamento, tanto mais íntimo, profundo e significativo ele será. Paulo fez esse apelo ao coração das pessoas quando escreveu aos coríntios: "Falamos abertamente a vocês, coríntios, e lhes abrimos todo o nosso coração! Não lhes estamos limitando nosso afeto, mas vocês estão limitando o afeto que têm por nós. Numa justa compensação, falo como a meus filhos, abram também o coração para nós!" (2Co 6.11-13).

Devemos abrir nosso coração para as pessoas. Quando não falamos, não nos expressamos e não resolvemos alguma área de conflito, nosso coração pode se fechar. Muitas vezes, no meu casamento, minha insensibilidade ou ausência para com Barbi fez com que ela se afastasse emocionalmente. A alienação que senti foi dolorosa. Queria que ela estivesse comigo por inteiro, mas uma parte dela permanecia distante de mim. Por exemplo, alguns anos atrás, tomei uma decisão financeira sem consultar Barbi. Na época, pensei que aquilo não fosse tão importante para ela; mas quando lhe contei sobre a decisão tomada, ela se sentiu excluída e ficou magoada. Durante algum tempo, nos distanciamos um do outro até que sua mágoa passou.

Não há nada pior do que ter um relacionamento com uma pessoa e, ao mesmo tempo, estar distante dela. Isso não parece direito, porque realmente não é normal. Deus não nos criou para que vivêssemos afastados. Não foi nada divertido para mim ou para Barbi falarmos sobre o problema, mas, pelo menos, estávamos falando um com o outro. Resolveríamos o assunto da melhor maneira possível; mas o mais importante era que o isolamento em que nos escontrávamos estava sendo desfeito. É impossível deixar de ressaltar a importância dessa questão. É a essência do que Deus criou para o relacionamento. Os relacionamentos se resumem no amor, porque o relacionamento de Deus conosco também se resume no amor: "Amados, amemos uns aos outros, pois o amor procede de Deus..." (1Jo 4.7).

O fato de duas pessoas se encontrarem para conversar é o primeiro passo para que o isolamento chegue ao fim. *A conversa sobre limites é, em essência, uma aproximação.* As pessoas apresentam suas diferenças à luz do relacionamento e vêem o que pode ser feito. Pode não ser muito agradável, mas é bem melhor do que ter um relacionamento agonizante, no qual os sentimentos de mágoa, raiva, amor conflitante e tristeza nunca passam. Deixar de falar sobre esses sentimentos não fará com que eles passem; muito pelo contrário, quanto mais tentarmos viver como se eles não existissem, mais se tornarão evidentes. As pessoas nessa situação tentam sempre fugir dos problemas, das emoções e, por fim, do amor, e acabam tendo um relacionamento vazio. Mas se esperarem por um momento oportuno e abrirem o coração, o vazio poderá ser novamente preenchido com amor, alegria e contentamento.

Geralmente, as pessoas dizem que se sentem mais próximas depois de uma confrontação, mesmo quando esta parece ter sido sem grande significado. Mesmo que digam e façam coisas erradas, ainda assim são capazes de sentir a presença da outra pessoa; e isso é melhor do que a ausência que sentiam antes da confrontação.

Fortalecimento

A confrontação também promove o fortalecimento, a capacidade de fazer escolhas e mudanças no relacionamento. Deus nos criou para que fôssemos agentes de mudança uns para os outros. Temos a responsabilidade de influenciar as pessoas que fazem parte da nossa vida para que sejam cada vez melhores: "Por isso, exortem-se e edifiquem-se uns aos outros, como de fato vocês estão fazendo" (1Ts 5.11).

Quando num relacionamento um problema persiste por muito tempo, especialmente quando não temos habilidade para confrontá-lo, nos sentimos incapazes de realizar qualquer mudança. Enxergamos o problema, não gostamos do que ele está causando ao relacionamento, mas não sabemos como iniciar uma confrontação ou o que fazer a respeito da questão.

Em geral, esse sentimento de impotência se transforma em resignação e passividade. Desistimos de lutar e aceitamos o fato de que nada mudará. Pessoas casadas que têm um mau relacionamento geralmente tomam esta atitude: *Ele [ou ela] nunca vai mudar; então, simplesmente eu tenho que conviver com isso.*

> ***E****mbora não possamos* fazer *ninguém mudar, podemos fazer muito para* promover *a mudança.*

Embora seja verdade que não podemos *fazer* ninguém mudar, é verdade também que podemos fazer muito para *promover* a mudança. Quando aprendemos a confrontar com amor, franqueza e eficiência, ficamos satisfeitos não apenas com a mudança em nosso relacionamento, mas em nós mesmos. Sentimo-nos mais fortes porque temos a sensação de que podemos realizar mudanças e vemos diante de nós a possibilidade de fazer escolhas. Fomos criados para nos relacionar e agir uns com os outros. A confrontação é a "ação" no relacionamento.

Conheço um homem que mudou completamente depois de confrontar o pai, uma pessoa dominadora. Embora tivesse mais de quarenta anos de idade, nunca tinha sido capaz de enfrentá-lo. Depois de muito trabalho e preparação, ele conseguiu promover uma confrontação muito apropriada e saudável com o pai. Ele foi direto à questão, sem condenar o pai, e de maneira afetuosa. Não sabendo lidar muito bem com a situação que enfrentava, o pai ficou na defensiva e se mostrou crítico. Mas o filho estava pronto para enfrentar essa reação do pai. Em poucos dias, vi esse homem triste, oprimido e cabisbaixo começar a se erguer, a se tornar mais criativo e enérgico e a se relacionar melhor com os outros. A conversa ajudou-o a adquirir segurança e a se impor como pessoa.

Muitas pessoas expressam sua incapacidade ou impotência da seguinte forma: "Tentei de tudo, mas nada deu certo com ele; por isso, desisto". Entretanto, se examinarmos mais de perto a situação, veremos que "tentar de tudo" geralmente significa "tentar as coisas erradas". Ao tentar confrontar alguém, a pessoa pode ter sido ignorada ou ainda piorado o problema. Com certeza, ela não soube buscar, da melhor maneira, uma confrontação.

Quando essa pessoa tiver as ferramentas de que precisa e souber empregá-las com eficiência, é bem provável que se sinta capaz de ser agente de mudança num relacionamento.

Resolvendo um problema

Aprender a ter aquela conversa o ajudará a resolver problemas. Isso parece óbvio; é um grande benefício da confrontação. As conversas sobre limites giram em torno de se tratar e resolver um problema que esteja afastando as pessoas ou magoando alguém. Quando tudo dá certo, o problema é resolvido e o relacionamento, preservado. Isso se aplica a todo tipo de problema de relacionamento: progressos no campo do namoro, irresponsabilidade de um dos cônjuges no que diz respeito a dinheiro, ou exigências exageradas do patrão.

O mundo funciona dessa forma. É provável que as coisas melhorem se você expuser os problemas à luz do seu relacionamento. Negando ou ignorando a existência de um problema, as dificuldades tenderão a piorar. E o princípio inverso é o seguinte: *O que é ignorado tende a não ser resolvido.*

Os *Alcoólicos Anônimos* têm uma ótima definição para mudança pessoal: *Nós mudamos quando a dor de permanecer da mesma forma é maior do que a dor de mudar.* A confrontação pode ajudá-lo a resolver um problema; evitar a confrontação pode piorá-lo.

Uma das características únicas da conversa sobre limites é que ela tem um caminho e um objetivo certos. Não é uma insatisfação generalizada com uma pessoa; uma conversa sobre limites aponta para um problema específico que está provocando a separação de duas pessoas. Aquele que sabe confrontar alguém é capaz de colocar diante da outra pessoa um claro pedido de mudança: passe mais tempo comigo, pare de se aborrecer tanto, assuma a responsabilidade por seu vício, e assim por diante. A ênfase não é renovar a pessoa por inteiro — o que poderia ser esmagador —, mas resolver um problema específico.

Uma de minhas amigas tem um filho no ensino médio. Percebia que o filho estava se tornando mais estranho e distante dela do que o normal para alguém na idade dele, mas não sabia como falar com ele. Então, sem querer, ela leu um e-mail que ele tinha escrito para um amigo, no qual dizia coisas negativas a respeito do relacionamento com a mãe. Isso a deixou triste.

Minha amiga foi falar com o filho e contou-lhe a respeito do que havia lido. A princípio, foi muito difícil para ambos, mas, depois, passaram a tomar maior consciência do problema existente entre eles. Isso lhes trouxe objetividade e incentivo para começarem a tentar resolver o problema. Ainda estão nesse processo, mas são boas pessoas, e acho que suas chances de resolver o conflito no relacionamento são altas.

Buscando o crescimento

A confrontação saudável ajuda as pessoas a crescerem emocional, relacional e espiritualmente. Se você apresentar um problema para alguém, provavelmente alguma coisa mudará. Talvez você esteja errado e seja necessário mudar sua atitude ou conceito. Talvez a outra pessoa mude por causa da conversa que vocês tiveram. Mas uma coisa é certa: a situação não continuará a mesma. A confrontação diminui a tensão que pode surgir entre as pessoas envolvidas e as ajuda a se tornarem melhores pessoas.

> *A confrontação saudável ajuda as pessoas a crescerem emocional, relacional e espiritualmente.*

As boas conversas sobre limites nos ajudam a crescer, tornando-nos conscientes do que estamos fazendo e de como nosso comportamento afeta os outros. É como um trampolim para que olhemos os padrões de comportamento e os problemas que temos e que são uma fonte rica de mudança e crescimento pessoal.

Você transmite às pessoas com quem convive os elementos que levam ao crescimento. Uma das razões para você conviver com pessoas é essa troca de experiências benéficas ao desenvolvimento pessoal. Como diz a Bíblia, você é um administrador da graça de Deus: "Cada um exerça o dom que recebeu para servir os outros, administrando fielmente a graça de Deus em suas múltiplas formas" (1Pe 4.10). Sua confrontação pode ser o estímulo de que alguém precisa. Ela pode reforçar algo que, no fundo, essa pessoa conhecia mas tinha medo de admitir. Pode trazer alívio para alguém que tenha algum problema escondido.

Na verdade, sem uma boa confrontação, não pode haver muito crescimento. Num relacionamento em que há amor, mas não existe verdade, as pessoas envolvidas podem se sentir numa posição de conforto ou admitir ser imaturas. Por exemplo, uma mãe que tem um filho adolescente revoltado tentará ser positiva e encorajadora o tempo todo, na esperança de que o filho melhore. O que provavelmente acontecerá é que, embora o adolescente se beneficie do amor, ficará ainda mais revoltado, já que ninguém o leva a uma confrontação, estabelecendo regras rígidas ou aplicando correções. Os jovens, em especial, crescem quando experimentam, ao mesmo tempo, a verdade e o amor.

Esclarecendo a realidade

As boas confrontações nos ajudam a ver no outro a pessoa que realmente é. Em geral, quando temos medo de dizer a verdade a alguém, procuramos evitar essa pessoa ou dela nos afastamos. A falta de uma confrontação verdadeira, cara a cara, faz aumentar em nossa mente as características negativas da outra pessoa. Os conceitos distorcidos, a respeito daquela pessoa, crescem quando não são modificados e corrigidos diante da realidade. Achamos que a pessoa é mais perigosa, mais revoltada ou mais poderosa do que, na verdade, é. Então, isso se torna num círculo vicioso: ficamos com medo de uma confrontação, e, quanto mais evitamos a conversa, mais assustadora a figura da pessoa fica em nossa mente, o que aumenta o nosso medo.

Quando aprendemos a buscar, da maneira certa, a confrontação, a realidade volta à cena e podemos ver a nós mesmos e aos outros com mais clareza. Percebemos que somos adultos, temos liberdade de escolha e que o outro é, também, apenas um ser humano. Isso impede que o medo das reações que ele possa vir a ter nos faça evitar a confrontação.

Um paciente meu descreveu a esposa como uma pessoa explosiva como um dragão que cospe fogo. Contou-me como era irritadiça e descontrolada. Sugeri que a trouxesse em nossa próxima sessão para que pudéssemos trabalhar o seu casamento. Ele pareceu hesitante, mas trouxe a esposa na semana seguinte.

Quando a senhora entrou em meu consultório, pensei que estava olhando para a mulher errada. Era pequena e de fala mansa, parecia incapaz de emitir sons ardidos e estridentes. Mas isso não significava que ela não tivesse falta de controle emocional. Ele estava certo a respeito disso, e procuramos resolver o problema. Mas quanto mais sincero ele se tornava e quanto menos evitava a confrontação, menos a encarava como um dragão terrível. A boa confrontação revela a realidade.

Evitando tornar-se parte do problema

Um antigo ditado, muito ouvido na década de 1960, dizia: *Se você não é parte da solução, faz parte do problema.* Isso é verdade, especialmente no que diz respeito a relacionamentos. Não só há evidentes benefícios numa conversa aclaradora, como existe, ainda, responsabilidade numa confrontação. Embora você possa manter relacionamento com uma pessoa que tenha um grave problema ou que traga consigo erros de comportamento, pode ser que você esteja contribuindo para que o problema continue a existir ou, ainda, impedindo a busca de sua solução.

Quando pesquisadores da psiquiatria e da psicologia modernas começaram a estudar casos de dependência química, perceberam que, na maior parte das vezes, não existiam por acaso. Na realidade, eles existiam num sistema de relacionamentos, alguns dos quais serviam para reforçar esse comportamento; em outras palavras, alguém inconscientemente tentava evitar que o dependente químico sofresse as conseqüências e os efeitos da dependência. Em vez de ajudar, no entanto, poupava o dependente do desconforto a que seria submetido se tentasse enfrentar e resolver o problema. Quando essa pessoa que busca ajudar toma consciência disso e permite que o dependente sofra, coisas boas começam a acontecer.

A Bíblia mostra essa realidade através dos milhares de anos de sua história. Por exemplo, veja o que Deus diz, na voz do sábio Salomão, sobre a maneira de lidar com uma pessoa irada: "O homem de gênio difícil precisa do castigo; se você o poupar, terá que poupá-lo de novo" (Pv 19.19). Muitos experimentam a frustração de ver o problema voltar no dia seguinte, depois de terem ajudado alguém a solucioná-lo.

A Bíblia ensina que temos o dever de alertar uns aos outros, que somos participantes da intenção divina de ajudar outros a permanecerem no caminho do crescimento. Entretanto, isso não é suficiente. Não devemos apenas alertar uns aos outros; mas, se deixarmos de fazê-lo, teremos de aceitar a responsabilidade por isso também:

> Quando eu disser a um ímpio que ele vai morrer, e você não o advertir nem lhe falar para dissuadi-lo dos seus maus caminhos para salvar a vida dele, aquele ímpio morrerá por sua iniqüidade; mas para mim você será responsável pela morte dele. Se, porém, você advertir o ímpio e ele não se desviar de sua impiedade ou dos seus maus caminhos, ele morrerá por sua iniqüidade, mas você estará livre dessa culpa (Ez 3.18,19).

Palavras solenes, mas extremamente claras. Quando você confronta qualquer pessoa da maneira certa, ela poderá escolher acatar ou ignorar a sua advertência. Será uma pena se ela ignorá-la, mas pelo menos você sabe que fez o que podia e não tomou parte no processo de autodestruição dessa pessoa.

Às vezes, basta um pequeno empurrão. Na minha juventude, fui escoteiro. O escotismo foi uma parte importante de minha vida, e a Tropa 4 foi muito dinâmica, cheia de acampamentos e atividades. Nos últimos anos de minha experiência no escotismo, tinha chegado à adolescência e estava perto de alcançar o meu posto como "Águia". Como adolescente, entretanto, eu também estava experimentando o processo de me tornar um indivíduo, o que implicava algumas atitudes rebeldes. Num acampamento de fim de semana, quando estávamos armando nossas barracas, usei uma linguagem bem pesada para fazer meus colegas darem risada. Infelizmente, foi no momento errado, pois, bem nessa hora, o chefe do nosso grupo, o sr. DeKeyser, que chamávamos de "DK", estava passando por ali.

DK me puxou de lado, olhou para mim e disse calmamente:

— Você está quase lá. Não estrague tudo.

Foi o suficiente.

As sete palavras bastaram. Eu sabia o que ele queria dizer. E ele também estava certo de que eu sabia.

As sete palavras de DK bastaram. Eu sabia o que ele queria dizer. E ele também estava certo de que eu sabia. Era o bastante. Ele nunca mais tocou no assunto. Desde então, segurei minha língua, tanto quanto um adolescente é capaz de segurar, e permaneci na linha até me tornar um "Águia".

Nesse caso, não se tratava de usar drogas, ser violento ou abandonar a escola. Meu linguajar não era algo tão sério quanto esses problemas; mas, ao mesmo tempo, era bem possível que, um dia, pudesse se tornar num grande conflito, se DK não tivesse dito aquelas sete palavras. Ele me ajudou a tomar consciência do que eu estava fazendo e dos possíveis efeitos daquilo. E ele fez da maneira certa: ficou do meu lado, foi direto, sem condenações, e deixou passar o tempo para ver como eu me sairia. Sou grato a DK até hoje pelo pequeno empurrão corretivo que me ajudou a entrar na linha.

Nossas outras motivações

Tomando conhecimento de todos esses benefícios da confrontação, espero que você se sinta bastante estimulado a desenvolver as habilidades necessárias ao desempenho de uma confrontação. Ao mesmo tempo, esteja atento às motivações mais obscuras que você pode ter ao confrontar alguém, como querer consertar ou mudar uma pessoa, puni-la e se vingar dela. Esqueça de tudo isso e não se desvie do caminho mais elevado.

Na próxima seção, falaremos sobre os elementos específicos de todas as boas confrontações.

SEGUNDA PARTE

OS PRINCÍPIOS DE UMA BOA CONVERSA

3

Estar emocionalmente presente

Estar emocionalmente presente e envolvido ao confrontar uma pessoa é o primeiro princípio de uma boa conversa. Verdadeiramente, isso requer esforço para que, diante de uma situação de conflito, possa mostrar tolerância, benevolência e perdão — graça.

Estar emocionalmente presente significa estar em contato e em sintonia com nossos sentimentos e com os do outro. É uma habilidade importante, porque quando estamos "ali", isto é, emocionalmente presentes, estamos disponíveis para a outra pessoa. Ela não se mostra indiferente a nós, mesmo quando destacamos, diante dela, alguma dificuldade com respeito a ela própria ou sobre um relacionamento com ela mantido. Não é fácil enfrentar uma confrontação. A presença e o envolvimento pessoal ajudam a torná-la tolerável.

Uma conversa sobre limites é muito difícil porque não se mostra natural — e ela não é natural mesmo —, pois a pessoa que temos dentro de nós não pode admitir uma confrontação com naturalidade. Na verdade, procuramos nos proteger das situações difíceis porque temos nossas "limitações humanas" (Rm 6.19). Não queremos nos tornar vulneráveis e sensíveis numa confrontação, pois podemos nos machucar. É por isso que precisamos usar de perdão e tolerância para pôr em prática esse princípio.

Além do mais, quando você está emocionalmente presente e envolvido numa confrontação, faz uma coisa muito importante para o relacionamento: *oferece o que é exigido de você*. Você quer que a outra pessoa esteja emocionalmente presente a seu lado. Por isso confronta um problema em primeiro lugar; o problema tem causado uma ruptura na presença emocional. Da mesma forma que Deus toma a iniciativa de tocar seus filhos alienados, você está lidando com alguém que não se mostra emocionalmente presente. Mas como você deu o primeiro passo, isso ajudará na consecução de uma confrontação com duas pessoas emocionalmente presentes.

Vejamos como "estar emocionalmente presente" em conversas sobre limites.

Seja amável

Lembre-se de que, embora as confrontações sejam desagradáveis, isso não significa que você precise se mostrar zangado, apático ou distante da outra pessoa. Tanto quanto possível, seja amável e esteja aberto a ela. O que você diz está intimamente atrelado ao modo como se porta com a outra pessoa. Se você for amável, é bem provável que ela ouça o que tem a lhe dizer. Se você não estiver emocionalmente presente, ela não conhecerá suas intenções, motivações ou seu coração, e você correrá o risco de fracassar.

Se você acha que tem muito medo para se fazer emocionalmente presente, então é melhor não começar a conversa ainda. Cuide desses sentimentos, com a ajuda de alguém, antes da conversa, e resolva-os em um contexto seguro. Melhor assim do que parecer frio e distante.

Inicie uma conversa, e não um sermão

Estar presente também significa permitir que o outro responda. Você tem o seu lado a apresentar, e, provavelmente, a outra pessoa, a versão dela. Esteja emocionalmente presente diante dos sentimentos que ela expressar, da mesma forma que dos seus. Ouça o coração dela, mesmo que não concorde com a explicação que apresenta do problema.

Em situações extremas, a experiência poderá deixar de ser uma simples conversa e se tornar uma declaração, como se fosse uma intervenção formal, por exemplo. Mas, mesmo nesse caso, quanto mais emocionalmente presente você se fizer, mais chances terá de ser bem recebido.

Envolva-se, apesar das diferenças

Estar emocionalmente presente significa estar "ali" não apenas quando você e a outra pessoa estão de acordo sobre o assunto em questão, mas também quando discordam uma da outra, quando existe tensão, quando se confrontam. Tendemos a nos envolver quando os outros estão do nosso lado e a nos afastar quando não estão. Entretanto, tanto quanto possível, procure se sentir seguro para se fazer emocionalmente presente, mesmo que a outra pessoa demonstre resistência ou se mostre aborrecida.

Desconforto *versus* dor

Precisamos estar dispostos a sofrer algum desconforto. O limite no caso é a dor. Se você se encontrar numa situação desagradável com quem pode realmente machucá-lo por causa do seu estado emocional, ou porque essa pessoa tem uma influência muito grande sobre você, precisará guardar o seu coração (Pv 4.23) para evitar que feridas retardem o seu crescimento espiritual. Às vezes, para você se proteger, pode ser preciso impedir que a pessoa o atinja de maneira mais profunda, ou pode haver até a necessidade de interromper a conversa e esperar por um melhor momento para se confrontarem. Ao mesmo tempo, se a conversa for mais desconfortável do que ofensiva, você pode querer acelerar o processo de reconciliação.

Observe a si mesmo

Fique atento para ver se você está emocionalmente presente ou ausente na conversa. Monitore o que você esconde e o que revela. Quando temos consciência de nós mesmos, temos mais escolhas e opções ao nosso dispor. Lembro-me de uma conversa sobre limites que tive com um amigo. Pensei que estivesse realmente presente em minhas emoções, até que ele me disse:

— Olhe para os seus braços.

Olhei para baixo e vi que estava com os braços cruzados como que para me proteger. Que emocionalmente presente, que nada! Depois disso, tivemos uma conversa muito mais interessante naquele dia.

4

Ser claro sobre o "você" e sobre o "eu"

Toda boa confrontação leva em conta que duas pessoas estão nela envolvidas. Parece óbvio, mas na verdade não é. E essa é uma parte essencial para que uma conversa sobre limites surta o efeito desejado.

Em primeiro lugar, um dos motivos do problema é que você e a pessoa com quem deseja se confrontar não pensam da mesma forma; não são uma única pessoa, não vêem as coisas da mesma maneira, não sentem a mesma coisa a respeito do assunto, e têm idéias diferentes sobre o que fazer sobre ele. Isso não é algo negativo. As diferenças podem ajudá-los a crescer e a desfrutar a vida.

O problema surge quando um não diferencia claramente os seus próprios sentimentos e opiniões dos sentimentos e opiniões do outro, especialmente quando vão se encontrar para uma confrontação. Nesse caso, o processo de se resolver problemas e se reconciliar pode ir rapidamente por água abaixo. Isso se evidencia quando se dizem coisas como: "Você precisa mudar isso", em vez de "Eu gostaria que você mudasse isso". Existe um "eu" que tem um desejo e faz um pedido; e existe um "você" que está recebendo um pedido para que algo seja mudado. Isso está claro.

Uma de minhas amigas tinha muita dificuldade com essa questão em seu casamento. Quando estava cansada de cozinhar e queria sair para jantar, dizia ao marido: "Faz tempo que você não me leva para jantar fora", ou "Você, provavelmente, precisa sair um pouco, jantar fora". O marido ficava desconfiado quando ela falava esse tipo de coisa, porque se sentia culpado e manipulado. Quando, enfim, ela disse: "Não quero cozinhar hoje; gostaria de sair para jantar", esclareceu quem desejava sair para jantar, e a reação dele foi bem melhor.

Se você não for claro sobre o "você" e sobre o "eu" em uma confrontação, o outro se sentirá controlado, você poderá interpretar errado o que ele sente ou ele poderá protestar sobre aquilo que você quer. Vejamos algumas sugestões que podem esclarecer a sua mensagem.

Olhe para a situação com empatia

Não gostamos quando alguém coloca palavras em nossa boca. Não gostamos, também, que alguém nos diga o que estamos sentindo, quando, na verdade, é o que *quer* que sintamos. Refletir sobre a própria experiência o ajudará a ter empatia pela situação da outra pessoa e a ser mais claro sobre as próprias opiniões e emoções. Lembre-se de que, embora confrontar seja difícil, ser confrontado também é. Portanto, conceda ao outro a graça de ter suas respostas e opiniões.

Tenha tudo claro em sua mente

Quanto mais clareza você tiver *antes* sobre o que deseja em seu relacionamento e o que está pedindo à outra pessoa fazer, melhor. Escreva, ou converse com um amigo, sobre quais são exatamente os papéis de cada um: do "eu" e do "você". Então, quando chegar o momento de ter a conversa, você terá um roteiro em sua mente sobre o que quer. Já vi muitos rompimentos acontecerem quando o confrontado diz: "Afinal, o que você quer realmente?", e o confrontador fica desconcertado. Tenha uma resposta específica para essa pergunta antes de começar a conversa.

Fale do que *você* precisa, e não do que o outro precisa

Diga à outra pessoa: "Eu realmente preciso de mais envolvimento da sua parte em nosso namoro" ou "Assim, não posso continuar". É bem melhor do que dizer: "Você precisa se envolver mais comigo". A pessoa pode não sentir essa necessidade e provavelmente ficará ressentida por você estar determinando o que ela precisa fazer. Se você falar de suas próprias necessidades, evitará a possibilidade de assumir uma "figura paterna" no relacionamento, uma posição que nunca ajuda.

Quando dizemos, por exemplo, "Precisamos conversar", estamos confundindo nossos desejos com os da outra pessoa. É muito melhor dizer: "Preciso falar com você".

Resolva o medo de ser independente

Em geral, quem evita dizer claramente "eu preciso" e "eu quero" tem dificuldade de se enxergar como uma pessoa distinta, com valores, desejos, sonhos e sentimentos próprios. Expressar o que quer e aquilo de que precisa faz com que se sinta isolada e sozinha; a dificuldade em revelar seus desejos e suas necessidades indica sua inadequação em se ver como um indivíduo.

Se for esse o seu caso, busque a ajuda de fontes esclarecidas sobre como se tornar mais seguro em relação à sua própria identidade, para perder esse medo (nosso livro *Limites* é um bom recurso para esse processo).

Seja humilde

Você não tem controle sobre a pessoa a quem está confrontando. Além disso, está lhe pedindo algo de que precisa. Essa é uma posição que requer humildade, o que ajuda a aceitar essa situação. Dizer "eu quero" e "eu preciso" é uma forma de mostrar à outra pessoa que ela é importante para você, que você precisa dela e sabe que ela pode enxergar as coisas de outra maneira. Embora essa posição não seja muito confortável, é a melhor que se pode ter, porque mostra que a outra pessoa sabe que é livre para decidir e não depende de você. A Bíblia menciona a atitude de Deus com relação a isso: "Salvas os que são humildes, mas humilhas os de olhos altivos" (Sl 18.27).

Tanto quanto possível, fuja das armadilhas de frases do tipo "nós precisamos" e "você precisa". Fale de sua própria experiência, de seu próprio coração e de suas próprias necessidades. Assim, suas chances de ser ouvido serão bem maiores, porque você foi claro ao especificar que esse é o seu lado. Ninguém gosta que os outros lhe digam quem é ou como deveria pensar.

5

Esclarecer o problema

No capítulo anterior, nós o aconselhamos a ser claro sobre o que tem a ver com você mesmo e com a outra pessoa. Neste capítulo, o encorajaremos a ser claro sobre a natureza do problema que existe entre você e outra pessoa. Não raro, as pessoas encontram obstáculos quando tentam se confrontar, porque não são claras sobre o problema que descobriram existir entre elas. A inabilidade para enfocar o problema em si mesmo pode acabar em confusão, distanciamento, alienação e falta de determinação.

Não perca a objetividade, para não acabar despejando uma lista de ofensas que podem oprimir a pessoa confrontada. Não comece afirmando: "Parece que você não aprende muito com os próprios erros". E nem termine com uma indagação como esta: "E aquela vez que você esqueceu as crianças no *shopping*, no ano passado?". Você pode ter tantas reclamações não confessadas que, na hora da conversa, acaba falando de todas as coisas de que não gosta. Guardar os problemas para si piora ainda mais as coisas. Nesse caso, procure desabafar com algum amigo que possa sentir empatia por você, ajudá-lo a pensar sobre esses problemas e a resolvê-los. Depois, você poderá se concentrar no assunto que deseja resolver no relacionamento em que existe o conflito.

Vejamos agora os três elementos mais importantes de um problema em si e o que você gostaria que acontecesse.

Esclareça a natureza do problema

Seja claro e específico sobre qual é realmente o problema. Explique para a outra pessoa, da maneira mais clara possível, qual é a questão de que você está querendo tratar. É bom colocar em termos bem claros a situação para que haja um bom entendimento e vocês possam encontrar, juntos, uma solução. Além disso, a pessoa pode não estar ciente do problema; por isso, você precisa assumir a responsabilidade de explicar claramente do que se trata.

Essa etapa pode ter mais de um nível. Por exemplo, um homem diz à sua mãe: "Mãe, tenho notado que você é muito crítica com referência à maneira de Laurie cozinhar e cuidar dos nossos filhos. Você a desmoralizou, algumas vezes, na frente de todo mundo, na festa da semana passada. Não sei por que, mas parece que raramente você fica satisfeita com as coisas que ela faz". Fique atento aos dois níveis: os fatos e, depois, uma observação sobre a natureza dos fatos. Assim, a pessoa entenderá melhor qual é a sua preocupação.

Esclareça os efeitos do problema

Inclua não apenas os fatos e as verdades sobre o problema, mas também os danos que ele causa a você e ao relacionamento. Obviamente, ele afeta algo que você considera importante. Caso contrário, não tocaria no assunto. É bom falar sobre os efeitos do problema, por dois motivos: Primeiro, a outra pessoa pode não ter consciência do que o problema está causando a você. E conhecer os seus efeitos sobre sua vida poderá ajudá-la a dar ao problema a real importância. Segundo, falar sobre os efeitos do problema em sua vida levará a outra pessoa a compreender que você não a está considerando um projeto imperfeito a ser julgado e criticado, mas que o comportamento dela é que o está magoando.

No caso do homem que falou com a mãe, ele poderia dizer: "Laurie fica triste porque faz tudo para agradá-la. As crianças ficam confusas porque você é tão má com a mãe delas. Papai fica constrangido porque se sente no meio da confusão. E você e eu nos afastamos, porque, embora eu a ame, Laurie é minha esposa e está magoada. Então, isso piora as coisas para mim, para você e para todos nós".

Esclareça o seu desejo de mudança

Evite o erro de se ater aos aspectos negativos do problema. Se o fizer, a outra pessoa se sentirá oprimida, sem saída, ou achará que jamais poderá agradá-lo, e que você é excessivamente crítico. Em vez disso, mostre o que gostaria que acontecesse, o que poderia vir a mudar a situação e resolver o problema. Isso lhe dará esperança, estrutura e oportunidade de fazer alguma coisa para melhorar um relacionamento.

Em nosso exemplo, o homem poderia dizer: "Veja o que eu gostaria que acontecesse. Se for um assunto sem importância, esqueça. Eu não implico com as pequenas coisas que você faz. Se for algo importante, chame Laurie de lado, discretamente, e diga-lhe o que a preocupa. Ela é bastante aberta a críticas construtivas. E, finalmente, repare nas coisas boas que ela faz e fale delas na frente de todos. Eu ficaria muito contente se isso acontecesse. Isso me aproximaria mais de você, e acho que toda a nossa família ficaria mais feliz".

Em geral, no meio de um problema há sempre um relacionamento que, para você, é importante. Se deixar os problemas e seus desejos bem claros, não atacará nem menosprezará o relacionamento e preservará o envolvimento.

6

COMBINAR GRAÇA E VERDADE

Uma boa confrontação sempre depende do equilíbrio entre a graça e a verdade. Demonstrar graça a alguém é estar do lado ou "a favor" dessa pessoa e do relacionamento que você mantém com ela. Verdade é a realidade de tudo o que você precisa dizer sobre um problema detectado nesse relacionamento. Essa relação de equilíbrio deve ser *neutralizada*.

Neutralizar não significa ser *neutro* sobre o problema nem tomar partido ou expressar uma opinião. Na verdade, quanto mais claramente você expressar sua opinião, maiores serão suas chances de sucesso. Neutralizar significa unir graça e verdade contra os efeitos negativos de cada um desses elementos isoladamente. Em outras palavras, a graça ou a verdade sozinhas podem ter um efeito negativo em uma confrontação, mas as duas juntas neutralizam o que é ruim.

Jesus era a combinação perfeita desses dois elementos do crescimento. A abordagem de Jesus era superior à da lei de Moisés: "Pois a Lei foi dada por intermédio de Moisés; a graça e a verdade vieram por intermédio de Jesus Cristo" (Jo 1.17).

Pense numa ocasião em que alguém lhe disse a verdade sem amor. Provavelmente, você se sentiu atacado, julgado ou condenado. Por mais precisa que fosse a verdade, ela tornou-se ineficaz porque o ressentimento fez com que essa verdade fosse apagada na confrontação. Em boas conversas sobre limites, a verdade precisa de graça para a pessoa aceitá-la sem medo e digerir as informações.

Agora pense numa ocasião em que você recebeu graça sem a verdade. A graça nos conforta e nos faz sentir seguros e amados, mas ela não oferece realidade, estrutura, orientação e correção. Você pode ter saído desse encontro sentindo-se renovado e encorajado, mas sem um caminho para seguir ou uma idéia do que deveria fazer. A verdade neutraliza esse problema e oferece a orientação de que precisamos.

Vejamos algumas maneiras de manter os dois aspectos em equilíbrio quando você tiver aquela conversa confrontadora.

Tenha em mente o fato de que a outra pessoa precisa das mesmas coisas de que você precisa

Lembre-se de que, embora você esteja aborrecido, para ser capaz de aceitar a verdade, a outra pessoa precisará tanto de amor e graça quanto você precisa. Seu objetivo não é consertar, endireitar ou punir, mas usar da inteira verdade e da graça para buscar a reconciliação e resolver o problema.

Comece pela graça

É sempre bom começar pela graça, já que ela prepara o terreno para que a outra pessoa seja capaz de aceitar a verdade. Diga-lhe: "Antes de entrar no assunto, quero que você saiba que eu realmente me importo com você e com a nossa relação. Quero que a nossa relação melhore e que fiquemos do mesmo lado. Espero poder mostrar isso para você, mesmo quando conversarmos sobre o problema".

Não pense que a pessoa assimilará tudo isso automaticamente. Na verdade, numa confrontação, a outra pessoa sempre precisará mais do incentivo da graça, porque a situação pode atingi-la de maneira desagradável, fazendo parecer uma censura.

Os dois elementos devem estar presentes ao mesmo tempo

A graça e a verdade devem estar integradas e presentes em sua conversa. Tanto quanto possível, evite a tendência de demonstrar "graça" e "verdade" em momentos diferentes durante o encontro. Caso contrário, pode parecer que você está tendo duas conversas distintas e até inconsistentes. Tempere a confrontação com a preocupação, e a preocupação com a verdade. Por exemplo, você pode dizer: "Embora eu queira que voltemos a nos aproximar, esse problema se tornou um empecilho e preciso resolvê-lo. Não dá para contorná-lo ou ignorá-lo. Mas é difícil, porque não quero que esta conversa nos distancie ainda mais".

Cuidado com os exageros

Ninguém é totalmente neutro no caso de uma confrontação. Alguns pendem para a graça e são muito brandos com a verdade. Outros podem ser bastante claros sobre um problema e se comportar de maneira dura e crítica. Procure desenvolver a sua parte fraca, seja ela a graça ou a verdade, para poder se manter neutro na conversa sobre limites.

Na dúvida, opte pela graça

Se, a certa altura da conversa, você tiver dúvida da atitude que deve tomar, opte pela graça. Os danos causados pela falta da graça são mais graves do que o seu uso em demasia. Praticando apenas a graça, você estará mostrando que, em outra oportunidade, é capaz de voltar a se confrontar com a pessoa. Usando apenas da verdade, a crítica pode abalar a segurança do relacionamento, acabando por destruí-lo.

Por exemplo, se a outra pessoa se mostrar contrária ao que você disser, pode ser que você tente pressioná-la em busca de outra forma de fazê-la aceitar a sua opinião. Entretanto, se ela se mostrar cada vez mais contrariada, defensiva e aborrecida, provavelmente não será aquela a melhor hora de pressioná-la com a verdade. Recue, tente restabelecer a ligação com a graça, e converse de novo em outra ocasião. Em nosso livro *Criando filhos vencedores*, falamos desses momentos nos quais ficamos totalmente perdidos em um conflito com um filho. Nesses casos, preocupe-se com o relacionamento e reforce a ligação. Caso contrário, nada de bom acontecerá.

No esforço de ser neutro, mantenha a graça e a verdade do mesmo lado, e não em lados opostos. Olhe para Deus e seu exemplo de manter esses dois aspectos da vida juntos: "O amor e a fidelidade se encontrarão; a justiça e a paz se beijarão" (Sl 85.10).

7

Manter a objetividade

Aqui está uma situação estranha que normalmente ocorre nas confrontações.

Você: Sharon, gostaria de conversar sobre um problema que está acontecendo em nosso relacionamento.
Sharon: Que tal então falarmos sobre as coisas que você faz?
Você: Que tipo de coisa?
Sharon: Você nunca telefona quando vai chegar tarde, trabalha demais nos fins de semana, não passa muito tempo com as crianças, não ajuda a cuidar da casa...

Esse breve diálogo descreve um problema comum nas confrontações; a inabilidade para ser objetivo e alcançar êxito na conversa. Uma boa confrontação tem um objetivo claro e específico. Ela se resume em uma ou duas idéias: você quer que a outra pessoa comece a fazer alguma coisa que você deseja e/ou pare de fazer alguma coisa que você não deseja. Se tudo der certo, vocês entenderão o ponto de vista e os sentimentos um do outro e concordarão em mudar o que for necessário. Vejamos como a conversa acima transcorreria se você mantivesse a objetividade e não se desviasse do assunto.

Você: Sharon, gostaria de conversar sobre um problema que está acontecendo em nosso relacionamento.

Sharon: Que tal então falarmos sobre as coisas que você faz?

Você: Sei que faço coisas que irritam você, mas gostaria de falar sobre o que está me preocupando no momento.

Sharon: Claro, é sempre o que você quer.

Você: Ficarei feliz em depois conversar sobre o que você deseja, mas agora gostaria de conversar sobre como encontrar uma forma de nos mantermos dentro do orçamento.

Não raro, o que complica as coisas é a atitude defensiva da outra pessoa. Em outras palavras, ela não quer ser confrontada com o problema ou com os efeitos que ele causa em você.

É importante enfrentar a atitude defensiva porque, em geral, ela está relacionada exatamente com o motivo que o impede de confrontar essa pessoa. Quando as pessoas se dispõem a ouvir uma opinião e a verdade, fica bem mais fácil e rápido resolver um problema. Mas, normalmente, *as pessoas com antigos padrões de comportamento e atitudes negativas também desenvolvem padrões de personalidade que vêm a reforçar esses problemas.* Isso quer dizer que, internamente, essas pessoas não querem admitir que estão erradas, que têm defeitos ou que são responsáveis pelo problema. Então, diante da realidade, de uma análise e das circunstâncias, fingem não enxergar a própria imaturidade ou destrutividade. Para elas, o problema não existe, não é tão grave quanto você pensa ou, então, a culpa é sua.

E é assim que a situação que retratamos no início deste capítulo e todas as suas variantes começam a acontecer. A outra pessoa quer desviar a atenção para qualquer coisa que não seja o que ela está fazendo de errado. Assim, você acaba se distraindo e dispersando sua concentração. Lembro-me de um conhecido meu que assumia uma atitude tão defensiva quando tínhamos que resolver um problema que eu acabava pedindo-lhe desculpas por ter causado aquela situação! Nem preciso dizer que a confrontação com ele não era uma estratégia muito produtiva.

Mas há algumas coisas que você pode fazer para melhorar isso. Antes de arrancar os cabelos, vejamos algumas dicas que nos ajudam a manter a objetividade:

Esteja preparado

É bem provável que a atitude defensiva e a alienação já o tenham pegado desprevenido algumas vezes. Não fique surpreso ou aborrecido quando isso acontecer. Aceite isso como parte da pessoa com quem você está lidando naquele momento, até que ela decida mudar. Tenha em mente que você não será recebido de braços abertos, mas com resistência. Quando você aceita a atitude defensiva, fica mais fácil lidar com ela. Nos esportes, é preciso ter uma jogada alternativa planejada para cada movimento que o adversário puder fazer. Embora a confrontação não deva ser uma situação de rivalidade mas, tanto quanto possível, de cooperação, é sempre bom saber o que fazer em qualquer situação, e é disso que trataremos a seguir.

Saiba também ouvir, até certo ponto

Em geral, é sempre bom dar ao outro a chance de ser ouvido e compreendido. Não há erro nessa atitude, pois você está dispensando graça antes de partir para a verdade. A outra pessoa pode ter razões claras e aceitáveis para um comportamento que, talvez, você até condene, mas você deve mostrar compreensão, evitando ser provocador ou insensível, diligenciando para não aumentar o problema. Como diz a Bíblia: "... A misericórdia triunfa sobre o juízo!" (Tg 2.13). Você pode mostrar compreensão e disponibilidade de espírito, ao dizer, por exemplo: "Não percebi que estava tão aborrecida comigo. Desejo resolver essa questão e se, realmente, eu estiver fazendo o que você diz, quero mudar".

Observe, no entanto, que dissemos "até certo ponto". Quando alguém se dispõe a receber uma crítica, precisa que suas idéias sejam ouvidas primeiro para se preparar para ouvir as do outro. Quando existe um problema de caráter, é diferente. Depois de falar o que queria, a pessoa pode ainda não estar pronta para ouvi-lo. Ela sempre vai encontrar uma desculpa ou culpá-lo de novo. Essa situação não é boa para ninguém, porque faz com que o problema se arraste indefinidamente.

Faça várias tentativas de voltar ao assunto principal

Novamente, usando de graça, simplesmente ouça, mostre ter empatia pela outra pessoa e volte ao problema em questão. Por exemplo, você pode dizer coisas como: "Eu realmente vou considerar o que tenho feito para aumentar o problema; não quero piorar as coisas. Mas gostaria de prosseguir no que estava falando sobre o seu hábito de beber...". Não desista com facilidade. As pessoas, normalmente, tentam voltar ao assunto algumas vezes, mas depois ficam desanimadas e se calam. A mensagem que estão transmitindo ao outro é que basta um pouco de resistência para acabar com aquilo. Seja persistente e mostre que você sempre voltará ao assunto porque ele é importante para você e para o relacionamento!

Trate a atitude defensiva como um problema

Se a pessoa com quem você está se confrontando tiver o costume de deturpar as coisas, fale sobre isso. Não deixe que as desculpas desviem sua atenção. Diga, por exemplo: "Notei que toda vez que falo sobre o problema de dividirmos as tarefas, parece que você fica zangado ou muda de assunto. Eu realmente quero assumir minha parte, e farei isso com prazer se resolvermos como ficará a sua parte. Mas está difícil para mim porque você sempre deturpa as coisas. Você pode me explicar o que acontece quando toco num problema, ou como eu poderia falar o que penso de um jeito melhor para você?". Não faça acusações, mas apresente questionamentos. A pessoa pode estar se sentindo criticada ou humilhada, e o simples fato de mostrar que você está do lado dela será suficiente para que ela volte ao assunto.

Pratique com os outros

Não existe nada melhor do que a experiência para aprender a lidar com uma pessoa que está sempre na defensiva. Encene as situações defensivas mais comuns com um amigo. Peça a ele que o avise quando você se mostrar confuso, desanimado ou zangado, para que possa se acostumar ao processo e se recompor mais facilmente. Isso o ajudará a se envolver menos emocionalmente e ter mais controle da sua parte na conversa. Isso também o ajudará a saber quando deve recuar ou defender sua posição.

Lembre-se de que, provavelmente, você é a única pessoa concentrada no objetivo da conversa. Assuma a responsabilidade por isso e mantenha a concentração com graça.

8

Usar a fórmula: "Quando você faz 'A', eu me sinto 'B'"

Um dos ingredientes mais poderosos e eficazes de uma boa confrontação é explicar para a pessoa como suas atitudes ou ações o influenciam: "Quando você faz 'A', eu me sinto 'B'". Em outras palavras, você mostra de que forma o que ela faz o afeta emocionalmente.

Poucas ações são mais impactantes do que uma pessoa saber quanto ela significa para você e quanto pode magoá-lo. Abrindo o seu coração, você pode realmente tocar essa pessoa porque estará tendo acesso ao amor e à afeição que ela sente por você. Quando você mostra-lhe como é afetado emocionalmente, ela se aproximará da essência e da base de todos os relacionamentos que Deus criou, que é o amor: "... amem sinceramente uns aos outros e de todo o coração" (1Pe 1.22). Isso a ajudará a reconectar-se com o seu próprio coração e seus sentimentos em relação a você. Isso a ajudará a não pensar em ganhar a discussão, mas buscar se envolver no relacionamento.

Esse elemento também é muito importante porque evita acusações e ataques. Explicar como você se sente é descrever uma realidade interna que talvez a outra pessoa desconheça. É o oposto de um "ataque de acusações", em que uma pessoa cita uma lista de infrações cometidas pela outra. É difícil se abrir e não ficar na defensiva com um golpe desses. A pessoa fica mais preocupada em se proteger de toda a maldade, culpa e condenação que estão jogando contra ela.

Lembre-se das dicas que daremos a seguir quando você for explicar seus sentimentos na conversa.

Concentre-se nos sentimentos, e não em pensamentos

Seja claro sobre o que você sente, e não se atenha ao que você pensa. Esta é uma tarefa difícil; é fácil usar a palavra *sentir* e depois expor um pensamento. Por exemplo: "Quando você me desmente, sinto como se não devesse dizer mais nada". Seria melhor dizer: "Quando você me desmente, fico magoada, e isso me afasta de você".

Identifique seus sentimentos

Saber o que se sente não é uma capacidade natural e pode exigir algum esforço pessoal. Por exemplo, vez por outra, será necessário reconhecer a diferença entre ficar magoado, triste, zangado, frustrado, temeroso e ansioso. Um erro que muitos cometem é identificar os sentimentos de raiva como se fossem de mágoa. Às vezes, a pessoa faz isso para evitar reconhecer o seu lado agressivo ou para se colocar no papel de vítima, com medo de que a sua raiva possa fazer com que o outro a magoe. Peça ajuda aos seus amigos para saber quando você está magoado e quando está zangado.

Siga a sua experiência

Na mesma linha, siga a sua experiência, e não o que você pensa que a pessoa está fazendo. É fácil desviar a atenção para a outra pessoa, e pode parecer que você a está culpando. Para evitar isso, pratique e ensaie com os amigos. Por exemplo, em vez de dizer: "Quando você me desmente, sinto como se não me levasse em consideração", diga: "Quando você me desmente, sinto-me desamparada e desprezada".

Evite a frase "Você me faz sentir..."

Embora seja verdade que a outra pessoa tem um grande poder de afetar seus sentimentos, mostre que a questão é como você reage, e não o poder e o controle que ela tem sobre você. Ao evitar esse tipo de acusação, você impedirá que ela reaja como se estivesse sendo acusada: "Eu faço você se sentir frustrada? Como eu poderia? Os sentimentos são seus. Não tenho culpa do que você sente". Dar exemplos pode resolver muita dor de cabeça. Em vez de dizer: "Você me faz sentir frustrado", diga: "O fato de você sempre chegar tarde faz com que eu me sinta frustrada e desprezada".

Assuma a sua parte dos sentimentos

Os sentimentos de fato são seus, e talvez você precise admitir isso, quando for supersensível, para não jogar todo o peso nos ombros da outra pessoa. Lembre-se de que você não está imputando culpa, mas abrindo uma janela em seu coração para que a outra pessoa possa entrar no seu mundo. Você pode dizer, por exemplo: "Sei que, às vezes, fico magoada facilmente, e isso nada tem a ver com você; é o meu jeito. Mas ontem à noite, quando você caçoou do meu vestido na festa, eu realmente me senti atacada e constrangida".

Seja totalmente específico

Identifique o comportamento ou atitude com especificidade para que a pessoa saiba do que você está falando. Descreva exatamente o que ela disse ou fez ou o tom de voz que usou, para que tenha uma idéia da situação: "Quando você caçoou do meu peso à mesa do jantar ontem à noite, fiquei magoada".

Dizer: Quando você faz "A", eu me sinto "B" é, na verdade, não apenas uma maneira de confrontar, mas também uma forma de alcançar a outra pessoa. Contanto que seja seguro, permita que ela veja essa parte do seu coração.

9

ENCORAJAR E VALIDAR

Eu (Henry) lembro de uma vez em que fiquei chocado com meu próprio comportamento. Além de não fazer idéia de que agia de determinada maneira, descobri que esse meu comportamento era tão comum que já tinham dado um apelido para o que eu costumava fazer. Veja como tudo aconteceu.

Um dia, faz alguns anos, estávamos discutindo alguns problemas com nossa consultora financeira, Mary, em seu escritório, e precisávamos de determinado relatório de uma pessoa do departamento.

— Vou até a sala de Susan pegá-lo — eu disse. — Então saberemos exatamente com o que estamos lidando.

— Não, não faça isso — Mary respondeu. — Deixe que eu pegue.

— Não, é bobagem! Num minuto estarei de volta.

— Não! — Mary retorquiu. — Deixe que eu faça isso. Daqui a pouco eu volto.

Tive a impressão de que Mary estava se dispondo a fazer aquilo por outro motivo, e não apenas para ser gentil. Quis ver se minha intuição estava certa.

— Existe algum motivo para você não querer que eu vá até lá?

— Não, não há qualquer problema; pode deixar que eu vou e volto num minuto.

— Mary — insisti —, não é verdade que não há qualquer problema, não é? Há alguma coisa, e eu gostaria de saber o que é.

— Está bem, eu digo. Se você realmente quer saber, não quero que vá até lá, porque vai perturbar e desconcentrar todo mundo; e depois terei de arrumar a bagunça que você deixou.

— Por que você acha que eu faria isso? Não vou perturbar ninguém; são meus amigos. Só vou pegar o relatório, dizer "olá" e voltar.

Fiquei aliviado ao pensar que se tratava apenas de um receio irreal de Mary.

— Não, não é isso o que vai acontecer — ela disse. — Você vai deixar todo mundo perturbado. É o que sempre faz nesse tipo de situação.

— Como? O que quer dizer? — não tinha a menor idéia do que ela estava falando.

— Quando você se aborrece com alguma coisa, simplesmente aparece e diz o que quer às pessoas. Não é difícil vê-lo zangado com eles, e isso os contraria. Então, você sai, depois de dizer o que queria, e eu, a mãe de todos, tenho de ir atrás juntando os pedaços.

— Eu faço isso? Quando digo às pessoas que uma coisa está errada, eu as perturbo? Não posso acreditar no que estou ouvindo.

— É, você faz isso. Quando você as confronta sobre alguma coisa, é muito crítico e ríspido. Até brincamos com isso, dizendo que é a "ira de Henry".

Agora eu estava realmente aborrecido. Além de ter um problema, ele era tão ruim que as pessoas tinham um apelido para ele. Ninguém dá apelido a coisas corriqueiras.

Pedi a Mary que me falasse mais da maneira com que eu costumava confrontar os funcionários. Depois, falei com os outros do escritório, e eles confirmaram o que Mary pensava. Embora tenhamos um bom relacionamento profissional, todos afirmaram que eu tinha um padrão negativo de confrontação. Disseram que não se importavam de ser confrontados ou de ouvir que precisavam mudar, mas não se sentiam encorajados por mim nessas ocasiões. Muito pelo contrário, se sentiam criticados.

Essas conversas me deixaram muito triste. A última coisa que eu queria fazer era criticar alguém. Quando achava estar resolvendo um problema, na verdade estava criando dificuldade para a pessoa nele envolvida. Precisava aprender a fazer as pessoas se sentirem encorajadas quando as confrontava.

O princípio, no caso, é o seguinte: *Encoraje as pessoas a quem vai confrontar e aceite-as para que se sintam valorizadas.*

> *Encoraje as pessoas a quem vai confrontar e aceite-as para que se sintam valorizadas.*

O meu erro era falar de um problema de maneira isolada, e isso atingia as pessoas como uma bomba. Além disso, o tom que eu usava para confrontá-las era ainda pior. Disseram que eu parecia irritado, aborrecido e crítico. Um retrato nada bonito! No que diz respeito à Regra de Ouro, eu era um verdadeiro fracasso.

O que fazer para encorajar e validar

Encorajar e validar as pessoas não é uma ciência lógica. A mensagem básica que você quer passar é que se importa com elas, nota o que fazem de bom ou mostra que está do lado delas. O elemento-chave é: *estar do lado delas.* Caso contrário, suas palavras se tornarão um elogio vazio, o que é desagradável e manipulador. O verdadeiro encorajamento vem da sua preocupação sincera com a outra pessoa e o seu desejo de melhorar a relação com ela. É a *graça* antes da *verdade*. Graça significa "favor". Estabeleça o seu favor, a sua atenção e a sua confiança na pessoa antes de "encarar o problema". Vejamos algumas idéias para encorajar e validar em duas situações diferentes.

1. No caso de resolver um problema não muito importante que está acontecendo, não é preciso fazer uma grande declaração de amor e compromisso. Você apenas corrigirá um problema. Vejamos alguns exemplos:

    Sara, adoro ir ao cinema com você. Realmente gosto da sua companhia. Acharia ótimo se pudéssemos sair no horário. Quando estamos atrasados, sinto-me pressionado e gostaria de aproveitar o tempo que passamos juntos.

    Joey, vejo que está tentando cumprir suas tarefas e fico contente. Será que você poderia dar um jeito na sala de TV antes de sair para brincar? Tive que guardar algumas coisas para você; não gostaria de ter de fazer isso. Obrigada.

Mostre seu reconhecimento à pessoa de uma forma que ela saiba que você está do lado dela, e não contra ela.

2. Em situações que não forem corriqueiras, nas quais você poderá sentar para conversar sobre um problema, é necessário ser um pouco mais claro.

    Sara, você sabe que sou seu amigo e que estou totalmente do seu lado. Sabe quanto prezo nosso relacionamento. Por causa disso, preciso contar-lhe uma coisa que pode melhorar a minha situação. Você se atrasa muito. O tempo que passamos juntos é importante para mim, e o seu atraso rouba aquilo que eu realmente desejo, que é aproveitar bem os momentos que estou com você. Por isso, gostaria de falar com você sobre esse assunto.

Jay, aprecio a sua preocupação com o trabalho que estamos realizando. É realmente contagioso, e isso me ajuda. Mas não posso deixar de levantar um problema que está de fato interferindo em nosso trabalho de equipe.

Joe, você sabe quanto eu o amo e que você é a pessoa mais importante na terra para mim. Sou a sua maior fã. Mas, às vezes, você faz algumas coisas que deixam meu coração apertado, e eu gostaria de conversar sobre isso.

Sam, quero que você saiba que só vou falar isso porque eu o amo e levo o nosso relacionamento a sério. Adoro e prezo muitas coisas em você. Na verdade, é por isso que preciso falar sobre o assunto. Sinto falta dessas coisas porque o seu hábito de beber está ficando grave, e precisamos fazer alguma coisa a respeito disso.

Nas confrontações realmente sérias, é muito importante declarar firmemente o seu *favor*, ou a sua graça, à outra pessoa. Assim, você reafirma que está a favor dela, e não contra ela, e estabelece a ligação que serve de ponte para a verdade entrar no coração e na mente dessa pessoa.

Seja sincero

Costumava-se ensinar uma fórmula para corrigir as pessoas: primeiro, dizer uma coisa positiva, depois, uma negativa e, por fim, outra positiva. Chamava-se a isso "sanduíche corretivo", o que, provavelmente, foi criado para encorajar e validar. Às vezes, essa fórmula pode ser útil, mas também parece manipuladora. Não é isso o que ensinamos.

Na boa confrontação, "olhamos juntos e de frente para" alguma coisa. Faça o que for necessário para que a pessoa saiba que estão "juntos", que estão do mesmo lado, olhando para o problema como aliados, e não como inimigos. Mostre isso da melhor maneira possível. Valorize a outra pessoa, o relacionamento e aquilo que ela faz. Mostre que nem tudo é negativo e ruim. O valor que você dá a ela e ao seu relacionamento com ela é o mais importante. A confrontação está a serviço de ambos: você e a outra pessoa. Mostre-lhe isso.

10

Desculpar-se pela sua contribuição para o problema

Uma das coisas mais significativas que já se disse, sobre confrontação de problemas, partiu de Jesus. Essa mensagem deveria fazer parte de todo livro de psiquiatria e psicologia que já se escreveu sobre relacionamentos: "Por que você repara no cisco que está no olho do seu irmão, e não se dá conta da viga que está em seu próprio olho? Como você pode dizer ao seu irmão: 'Deixe-me tirar o cisco do seu olho', quando há uma viga no seu? Hipócrita, tire primeiro a viga do seu olho, e então você verá claramente para tirar o cisco do olho do seu irmão" (Mt 7.3-5).

Quando queremos falar com alguém sobre uma dificuldade no relacionamento, em geral nem sequer enxergamos a pessoa direito por causa de nossa mágoa, nossos receios e nossas projeções. É muito importante que resolvamos nossos próprios sentimentos primeiro. Falaremos disso com mais detalhes na parte IV — "Como se preparar para a conversa".

Mas essa passagem fala de outra dinâmica importante da confrontação: ser humilde, olhar para os próprios erros, primeiro assumi-los, para depois conversar sobre os erros cometidos pela outra pessoa. O princípio é o seguinte: *Não confronte tendo um déficit na balança. Ou seja, não confronte alguém, se você estiver lhe devendo desculpas.*

Não confronte alguém, se você estiver lhe devendo desculpas.

Ao conversar sobre um problema, será mais difícil para a outra pessoa assumir a sua parte da responsabilidade nesse problema, e ouvir o que você tem a dizer sobre isso, se ela levar em consideração quanto você errou e a magoou. Ela poderá pensar algo como: "Quem é você para me julgar? Você fez tais e tais coisas". É mais provável que ela fique na defensiva e ainda apresente alguma justificativa para isso.

Mas se você começar assumindo a sua parte e pedindo desculpas pelos erros que cometeu, ou pela maneira errada com que lidou com esses erros, sua humildade preparará o caminho para a conversa. Vejamos quais serão os efeitos desse seu posicionamento:

1. A outra pessoa saberá que você se importa.
2. A outra pessoa saberá que você não pretende lhe passar um sermão ou se mostrar crítico diante dos erros por ela cometidos.
3. A outra pessoa saberá que, para você, não é uma questão de "vencer" na confrontação.
4. A outra pessoa aprenderá o que é humildade e não terá vergonha de seus próprios sentimentos.

Dificilmente, a superestima será um dos bons resultados da humildade. Portanto, se você procurar fazer uma confrontação com alguém, procure ter a ficha limpa. Se você estiver devendo muitos pedidos de desculpas à outra pessoa, a ponto de eles não poderem ser apresentados numa mesma conversa, adie, então, a confrontação (se isso não significar nenhum perigo) e marque primeiro um encontro que possa ser uma sessão de pedidos de desculpas. Fale sobre o problema em outra ocasião.

Em geral, é possível fazer as duas coisas; na verdade, com isso a conversa ganha um ritmo mais equilibrado. Você se desculpa, a outra pessoa ouve e, depois, faz o mesmo. As desculpas geralmente abrem as portas para que a outra pessoa assuma, também, os erros que cometeu. Vejamos alguns exemplos de pedidos de desculpas:

> Mary, gostaria de falar com você sobre a discussão que tivemos outro dia. Não gostei do que aconteceu e acho que deveria ter começado lhe dizendo que sinto muito. Depois que esfriei a cabeça e pensei melhor sobre o assunto, vi que saí completamente da linha na maneira como lhe respondi. Isso está errado, e sinto muito pelo modo com que me comportei e pelo que você deve ter sentido. Você me perdoa?

> Joe, quero falar com você sobre o que está acontecendo conosco. Precisamos parar para pensar na maneira como temos interagido e nas coisas que aconteceram. Mas gostaria de começar dizendo que tenho reagido de maneira muito negativa e imprópria. Tenho me mostrado zangada e crítica, em vez de tentar ajudar. Reclamo, ajo com hostilidade e até castigo você por algumas coisas. Eu estava errada. Sinto muito pelo sofrimento que devo ter lhe causado. Será que você me desculpa?

> Sam, como você sabe, estou aborrecido com algumas coisas que você fez e gostaria de conversar sobre isso. Mas quero que você saiba primeiro que sei que estou tão errado quanto eu disse que você estava. Não tenho feito a minha parte para o bem do nosso relacionamento. Fui muito agressivo com você e não me mostrei muito amigo ou companheiro para resolver os problemas. Perco a paciência e não ajudo muito. Quero ser mais

> prestativo e gentil e que você saiba que estou do seu lado. Posso entender que, algumas vezes, você não pôde também se colocar do meu lado por causa do modo como tenho agido. Quero me desculpar pelo meu comportamento e por não lhe estar oferecendo aquilo que você precisa.

Não existe uma regra simples e fácil para fazer isso. Você pode se desculpar e depois ir direto ao assunto. No início do encontro, pode falar que quer conversar sobre um problema, dizendo algo como: "Primeiro, quero me desculpar por algumas coisas que fiz". Cada situação tem a sua própria química; não existe uma maneira "correta" de dizer as coisas. Também não se deve começar toda confrontação pedindo desculpas; se não for necessário, não peça. Mas se você sabe que agiu de maneira errada com a pessoa, resolva essa questão primeiro. Isso só fará bem e pode dar à confrontação um tom completamente diferente.

11

Evitar o "deveria"

"Você deveria ter pensado nisso antes. Então, isso não teria acontecido. Você deveria ter pensado melhor. Deveria ter colocado tudo isso no papel. Se o tivesse feito, agora não estaríamos nesta situação."

Quando você ouve afirmações como essas, como se sente? Culpado? Envergonhado? Zangado? Ou você pensa: "Puxa! Isso realmente me ajuda muito. Gostaria que essa pessoa andasse comigo e avaliasse tudo o que eu faço"?

Provavelmente, quando alguém diz que você *deveria* ter feito alguma coisa, você tem mais sentimentos negativos do que estímulo por essas palavras. Os que usam muito a palavra "deveria" colhem menos resultados e reações proveitosas dos outros do que os que a evitam.

A forma verbal "deveria" é entendida pelas pessoas como uma ordem ou uma crítica. É uma pena, porque a palavra em si incorpora um belo significado. De acordo com o dicionário, ela denota "exortação", expressa algo que seria bom para nós, encoraja-nos

Em sua forma mais pura, "deveria" não é ruim. Mas é usada como uma arma acusatória ou uma ordem.

a seguir o "melhor caminho". Então, em sua forma mais pura, "deveria" não é ruim.

Mas a palavra tem pelo menos dois problemas. Primeiro, ela nem sempre é dita na sua "forma mais pura", mas como uma arma acusatória ou uma ordem. Ela soa como uma obrigação — você "precisa" fazer isso. Quando dizemos a uma pessoa que "precisa" fazer alguma coisa, é como se ela não tivesse escolha; ela se sente controlada e dominada. Não conseguimos comunicar a idéia que estamos tentando passar.

Segundo, em geral, as pessoas já tiveram um relacionamento com alguém que tentou controlá-las, dominá-las e lhes dizer o que fazer. Por isso, às vezes, embora você tenha boa intenção ao usar a forma verbal "deveria", não é entendido dessa maneira. E se o seu objetivo na confrontação for resolver um problema, é melhor não incluir nada que possa se tornar um obstáculo ao bom relacionamento.

Se estiver falando do passado, e usar a expressão "Você deveria ter...", não estará dando muitas opções ao outro, a não ser achar que estragou tudo. Ele pensará: "Que ótimo! Agora me sinto péssimo. O que você quer que eu faça a respeito? Já aconteceu! Eu deveria ter pensado nisso, mas não pensei. Então você está certo: Sou um imprestável". Pode ser exagero, mas acho que dá para você ter uma idéia. Isso só reforça o sentimento de fracasso e vergonha.

Da mesma forma, se estivermos falando do futuro, "deveria" parece mais uma ordem, e a pessoa se sente como se não tivesse escolha. Dizer: "Você deveria fazer isto" ou "deveria escolher aquilo" passa a idéia de "ter de". O ser humano luta por sua liberdade e pode resistir mais assim do que se você dissesse de outra maneira.

Não queremos nos prender a minúcias ou ser detalhistas. Gostaríamos que todos pudessem dizer e ouvir as coisas com total liberdade, sem sentir a menor culpa. Mas isso não é fácil para muita gente. Quando a pessoa ouve: "Você deveria", já se sente encurralada. Mas você quer que ela se sinta livre para escolher o que você está sugerindo de bom grado, e não que se sinta obrigada.

Josué respeitou a liberdade do povo de Israel quando disse: "Se, porém, não lhes agrada servir ao SENHOR, escolham hoje a quem irão servir, se aos deuses que os seus antepassados serviram além do Eufrates, ou aos deuses dos amorreus, em cuja terra vocês estão vivendo" (Js 24.15). Ele lhes disse que servissem e temessem a Deus, mas também que, se servir ao Senhor fosse desagradável, estariam livres para escolher a quem serviriam. Ele respeitou a liberdade de escolha daquele povo. Disse claramente o que achava que era certo: "Mas, eu e a minha família serviremos ao SENHOR". Josué não tentou forçar o povo a fazer a mesma escolha que ele fizera.

Portanto, cuidado quando usar a palavra "deveria" nas situações em que isso pode ser entendido de maneira errada. Você está dizendo isso como uma ordem? Está usando o verbo para controlar ou fazer a pessoa se sentir culpada pelo que ela já fez? Ou está dizendo isso para ajudar e tentar mostrar o que é melhor para ela?

Nos bons relacionamentos, nos quais não há obstáculos, você pode usar a palavra "deveria" da melhor forma. Dizer: "Você deveria fazer isso desta maneira; assim funcionaria melhor", pode ser entendido como: "Deixe-me ajudá-lo com isso. Vire a maçaneta para a direita e conseguirá sair desse porão onde está trancado". Mas também pode soar como: "Seu idiota! Se você virasse a maçaneta para a direita, não estaria preso aí embaixo no escuro". Para os de coração puro, tudo é puro.

Qual a melhor maneira de dizer

Má idéia: Você deveria ter me ligado para dizer que sairia tarde. Agora, acabou totalmente com a minha noite. Eu poderia ter aproveitado esse tempo para fazer algo construtivo, em vez de esperar por você.

Boa idéia: Você teria realmente me ajudado se tivesse me ligado quando soube que sairia tarde. Por favor, faça isso da próxima vez para que eu possa programar melhor o meu tempo.

Má idéia: Você deveria ter se levantado mais cedo, lido os classificados de emprego no jornal e se preparado. Você também deveria ter ligado para mais pessoas. Parado desse jeito, nunca vai conseguir um emprego. Você deveria ter aproveitado todo esse tempo para procurar um emprego, em vez de ficar esperando.

Boa idéia: As coisas poderiam melhorar se você fizesse algumas mudanças. Acho que teria mais sucesso se você se antecipasse e aproveitasse esse tempo para procurar o trabalho que está querendo. Parece que você está deixando de aproveitar um tempo valioso.

Má idéia: Você não deveria andar com esses garotos. Deveria procurar fazer amizade com gente melhor. E, na verdade, nem deveria sair, mas, sim, fazer a sua lição de casa.

Boa idéia: Acho que essa turma não está lhe fazendo bem. Essas pessoas fazem coisas com as quais eu não gostaria que você se envolvesse, e é difícil não se envolver se continuar andando com elas. Vamos conversar sobre o que está acontecendo, por que você anda em companhia delas e o que pensa sobre tudo isso. Também gostaria que você fizesse a sua lição de casa antes de sair, seja com quem for. Portanto, termine isso, e depois conversaremos.

Má idéia: Você não deveria beber tanto. Deveria pensar mais em mim e na família. Você gosta mais da cerveja do que de nós.

Boa idéia: Estou preocupada com o seu hábito de beber. Está se tornando um problema, e sinto sua falta. Quando você bebe, as crianças e eu perdemos você, e eu não quero isso para nós.

Os bons relacionamentos respeitam a dignidade, o direito de escolha, a liberdade e a igualdade das pessoas. Quando a pessoa é confrontada da melhor maneira, em um relacionamento em que há amor, ela sente que está sendo auxiliada, e não presa ou controlada. Tenha cuidado com o uso da palavra "deveria", para garantir que ela seja entendida da maneira correta, como ajuda. Se for para ser dita e entendida como castigo, condenação ou controle, é melhor substituí-la por outra palavra.

12

Ser um agente de mudança

De certo modo, uma confrontação pode ser encarada de três maneiras: Na primeira, o sentimento pode ser alguma coisa como: "Você me pegou, e agora eu pegarei você!". O confrontador descarrega sua raiva e fúria e a transfere para o ofensor. É a filosofia do "olho por olho, dente por dente". Esse tipo de confrontação confere ao confrontador o sentimento doentio de vitória: "Ele teve o que merecia!" ou "Agora ele sabe o que eu sinto!". Depois de uma conversa desse tipo, as pessoas sentem uma espécie de satisfação ou orgulho: "Agora ele viu como é!". É um desabafo, mas, até certo ponto, inútil.

O segundo tipo de confrontação é a que assume a abordagem de "esquecer o passado", na qual o confrontador procura aliviar a tensão de um jeito mais amoroso para que não fique nenhum resquício negativo entre ele e a outra pessoa: "Agora que isso já passou, vamos em frente". É uma espécie de "voltemos ao ponto em que paramos". Isto significa passar de uma posição negativa para uma neutra. Ninguém deve mais nada a ninguém. Esse tipo de reação pode ajudar.

O terceiro tipo de confrontação, em nossa opinião, é a mais compensadora porque representa o espírito com que Deus nos trata. O confrontador começa a conversa denotando prontidão em ajudar, em ser um aliado e um agente de mudança. Ele assume o papel de ajudador da melhor maneira possível. Como disse Paulo: "Não se deixem vencer pelo mal, mas vençam o mal com o bem" (Rm 12.21). Mesmo que tenham acontecido coisas ruins, o confrontador tenta reverter a situação para que coisas boas possam acontecer para a outra pessoa e para o relacionamento.

Nos capítulos anteriores, falamos sobre duas coisas que são boas para um bom agente de mudança. Primeiro, tirar "... a viga do seu olho, e então você verá claramente para tirar o cisco do olho do seu irmão" (Mt 7.3-5). Segundo, assumir uma atitude de humildade, que se identifica com as imperfeições do outro. Quanto mais conseguimos reconhecer que nem sempre tratamos os outros de maneira correta, menos estamos sujeitos a tomar uma atitude de condenação, e mais nos mostramos gentis e humildes (Gl 6.1).

Outra característica de um agente de mudança é a atitude de ajudar e apoiar. É a capacidade de mostrar prontamente que a sua intenção não é simplesmente despejar os seus sentimentos e aliviar a sua tensão, mas ajudar a outra pessoa, da melhor maneira possível, em busca de melhorar o relacionamento.

O terceiro tipo de confrontação tem essa característica importante.

Conversas redentivas

Vejamos um exemplo de como começar esse tipo de conversa:

> — Não quero que você pense que pretendo descarregar tudo em cima de você ou fazer com que se sinta mal. Essa não é a minha intenção. Quero conversar sobre uma maneira de melhorar as coisas e saber se posso fazer algo para ajudá-lo. Estou do seu lado.

Outra maneira de ter essa conversa é compartilhar seus próprios erros em situações semelhantes.

— Não quero que você pense que acho que estou numa posição "melhor do que a sua". Não gosto do que você fez. Mas já fiz a mesma coisa (ou quase, ou pior, ou coisas ruins) também. Naquela ocasião, em primeiro lugar, precisava saber que tudo daria certo e que alguém estava disposto a me ajudar. Quero que você saiba que é assim que me sinto. Quero conversar para tentar encontrar uma maneira de melhorar e superar tudo isso.

É muito importante mostrar que, apesar de estar magoado, você quer ajudar. Essa foi a posição humilde que Jesus trouxe ao mundo. O mundo pecou contra ele, e, no entanto, ele veio para encorajar, perdoar e ajudar exatamente as pessoas que se voltaram contra ele. Esse tipo de comportamento causa um efeito poderoso sobre o ofensor. É a melhor maneira de mostrar humildade, porque nos entregamos ao amor, e não à nossa tendência de revidar.

Não raro, além de oferecer ajuda e "estar para o outro", você pode apresentar sugestões para a pessoa aplicar ou para vocês usarem juntos:

— Quando eu estava com problemas, a terapia me ajudou muito. Se você quiser, posso ajudá-lo a encontrar um bom terapeuta.

— Sei que isso foi difícil para nós dois, e quero que tudo melhore entre nós. Acho que seria bom consultarmos um terapeuta ou um pastor para aprendermos a nos dar melhor.

— Não nos entendemos muito bem nesse aspecto. Vamos àquele *workshop* da igreja sobre comunicação, para juntos tentarmos melhorar essa situação.

— Posso ajudá-lo a encontrar um grupo de ajuda para dependentes químicos e até acompanhá-lo às reuniões, se você quiser.

A lista é infinita, pois há vários tipos de problemas e soluções diferentes. Se "confrontar" significa "olhar de frente para", então façamos isso. Vamos olhar juntos e de frente para o problema ou conflito; vamos nos esforçar para resolvê-lo e fazer o possível para melhorar. Esse é o caminho mais elevado, que leva para o melhor destino de todos.

Sem dúvida, há situações nas quais isso não é prático nem aconselhável, quando, por exemplo, há muita mágoa e ninguém assume a responsabilidade por ela nem procura superá-la, ou quando isso representa algum risco. A situação precisa mudar. Então, não se encha de culpa por causa dessa sugestão, achando que deve agir dessa forma em todas as situações.

Mas, em muitos relacionamentos, essa é a melhor maneira de resolver as coisas. Tornar-se um "agente de mudança" do outro é o melhor tipo de confrontação que existe. É a confrontação totalmente a serviço do amor.

13

Ser específico

Há pouco tempo, num seminário sobre confrontação saudável, eu (Henry) pedi que um voluntário se apresentasse para participar da encenação de uma conversa comigo. Perguntei se alguém da platéia se sentia frustrado diante de algum relacionamento. Uma mulher logo levantou o braço. Chamei-a à frente e perguntei qual era o problema.

— É meu namorado — ela disse.

— O que você quer dele? — perguntei.

— Quero ter uma ligação mais forte com ele.

— Uma ligação mais forte?

— É. Quero mais intimidade, que sejamos mais próximos.

— O que isso significa para você?

— Significa que eu apenas quero ter uma ligação mais forte, que sejamos mais ligados um ao outro.

— E o que você diz a ele a respeito desse assunto?

— Exatamente isso: digo que quero que tenhamos uma ligação mais forte.

— Espere um minuto! É isso o que você diz a ele, a um homem? Você diz a um homem que quer se sentir "mais ligada a ele"?

— Sim, é isso o que digo a ele.

— Deixe-me ver se entendi direito. Você chega para o sujeito e diz: "Quero que você seja mais ligado a mim". É o que diz a ele.

— É.

— E funciona?

— Não, não funciona. Ele não muda.

— Puxa, que incrível!

A platéia estava rindo, e até a mulher entendeu o que eu queria mostrar.

Quando a risada terminou, perguntei:

— Existe um desenho em quadrinhos que retrata um homem apontando o dedo para o focinho de um cachorro e dizendo: "Blacky, não morda meu sapato. Não faça xixi no tapete. Não pule nas pessoas. Não suba no sofá...". No quadrinho seguinte, aparece o que o cachorro entende: "Blacky, blá blá blá. Blá blá blá blá blá...". Quando você diz ao seu namorado que quer que ele seja mais ligado a você, provavelmente ele ouve: "Blá blá blá blá blá...". Ele pode balançar a cabeça e dizer "Está bem", mas duvido que saiba o que você quer ou o que deve fazer para lhe dar o que deseja.

— O que quer dizer? — ela perguntou.

— Pedir-lhe que seja mais ligado a você é uma idéia muito geral, especialmente para o homem! Ele precisa de algo específico que possa compreender e fazer. Que tal dizer-lhe coisas assim:

> Querido, vamos caminhar um pouco; então, você pode me contar o que está acontecendo no seu trabalho e como está se sentindo.
>
> Marty, queria que sentássemos um pouco e conversássemos sobre nossos sonhos e o que cada um de nós espera do nosso relacionamento. Quando poderíamos fazer isso?

Queria saber como você está se sentindo ultimamente e o que pensa e sente sobre nós. Quero que me diga do que gosta e do que não gosta em nossa relação.

— Entendeu agora? São coisas específicas que ele pode fazer. "Ser mais ligado" é muito vago e geral. Provavelmente, ele não sabe por onde começar. Mas explique algumas coisas específicas que ele pode fazer para que tenham algo palpável em que trabalhar juntos.

Vi que a mulher compreendeu exatamente o que eu queria dizer. Seus olhos se encheram de esperança. Meu palpite é que, se ela seguir esse conselho, seu namorado poderá também ter alguma esperança de fazê-la feliz de uma forma que não imaginava. Provavelmente, antes acharia isso impossível.

Ser específico é muito importante. Encontramos esse problema quando as pessoas falam sobre conflitos dentro de relacionamentos importantes. Além de descreverem a outra pessoa em termos gerais e vagos, também não têm o cuidado de ser específicas sobre o problema. Usam palavras como *nunca* e *sempre*. Fazem declarações como: "Você nunca disse que me amava".

As afirmações gerais do tipo "tudo-ou-nada" não ajudam a resolver o problema. Quando conversar com alguém, em vez de dar uma visão geral, dê exemplos concretos daquilo que o problema envolve, mostre exatamente o que você quer que mude ou o que pode ser feito para resolver o problema.

Como ser específico

Geral: Você é muito irresponsável. Você precisa ter mais responsabilidade em casa.

Específico: Tenho a impressão de que você costuma deixar as coisas por fazer. Gostaria de conversar para ver se poderia pagar a fatura do cartão de crédito dentro do prazo e acertar o pagamento do seguro do carro como prometeu. Vamos conversar sobre isso para tentar resolver o problema.

Geral: Quero me sentir mais amada.
Específico: Gostaria que você dissesse que me ama em outros momentos, e não apenas quando nos relacionamos sexualmente.

Geral: Você se zanga à toa. Estou cansada de seu mau humor.
Específico: Quando você fica zangado e grita comigo, como aconteceu ontem à noite, isso dói muito. Quero saber se tem idéia de como isso me machuca.

Geral: Você me trata com se eu fosse uma idiota. Age como se eu fosse uma estúpida.
Específico: Quando não fala comigo sobre nossos problemas financeiros, como o empréstimo bancário a que recorreu naquele dia, sinto como se me achasse muito burra para entender. E quando não entendo alguma coisa e lhe pergunto, como foi o caso do pedido de indenização, você não me responde. Naquele dia, você tirou o pedido da minha mão e disse que eu não entendia nada. Quero que converse comigo mais especificamente, e, se eu não entender alguma coisa, gostaria que pelo menos respondesse às minhas perguntas sem me humilhar. Por favor, trate-me como sua parceira, mesmo que eu não saiba tudo o que você faz.

Geral: Você sempre faz isso. Promete-me que fará uma coisa e depois esquece e me deixa esperando. Isso acontece sempre que preciso da sua ajuda.
Específico: Preciso ter certeza de que, quando você diz que fará uma coisa, realmente a fará. Ontem pro-

> meteu que compraria o remédio para mim e não comprou. Agora, meu antibiótico acabou, e acho que não vou sarar dessa infecção antes de nossas férias. A mesma coisa aconteceu outro dia, quando pedi que você levasse aquele formulário ao correio. Gostaria de conversar sobre o que poderíamos fazer para melhorar isso. Eu o amo e quero acreditar que realmente fará o que diz.

Quase toda confrontação pode deteriorar, a ponto de uma das pessoas ser reduzida a um rótulo: "Você é irresponsável!" ou "Você é muito ruim!". Esses adjetivos podem ser úteis e apropriados, mas somente quando acompanhados de situações específicas que ilustrem tanto o que você quer dizer quanto aquilo que a outra pessoa pode fazer para resolver o problema.

Portanto, evite reclamações gerais e vagas. Seja específico sobre o problema e terá mais chances de encontrar a solução.

14

DISTINGUIR PERDÃO E CONFIANÇA

— Sei que deveria perdoar — uma mulher disse recentemente em um de nossos seminários —, mas não consigo mais me abrir para esse tipo de dor. Sei que deveria perdoá-lo e confiar nele, mas, se aceitá-lo de volta, vai acontecer de novo, e eu não suportaria passar mais uma vez por tudo aquilo.

— Quem disse que você deve "confiar nele"? — eu (Henry) perguntei. — Também acho que não deveria confiar.

— Mas você disse que eu deveria perdoá-lo, e, se o fizer, não significa que estarei lhe dando mais uma chance? Não precisarei me abrir para ele de novo?

— Não, não precisará. O perdão e a confiança são duas coisas totalmente diferentes. De fato, isso é parte do seu problema. Sempre que ele faz isso, volta e se desculpa, você simplesmente o aceita de volta em sua vida, e nada muda. Você confia nele, tudo continua da mesma forma, e ele faz tudo de novo. Não creio que isso seja bom.

— Ora — ela disse —, como posso perdoá-lo sem me arriscar a sofrer uma nova decepção?

Boa pergunta.

Esse problema é muito comum. A pessoa ferida tem duas opções: confronta o outro sobre o que aconteceu, ele se desculpa, e ela o perdoa, se abre de novo e confia cegamente nele; ou então, com medo de se expor, evita a conversa e continua magoada, com medo de que o perdão a torne vulnerável novamente. Como resolver esse dilema?

Passado, presente e futuro

A maneira mais simples de ajudá-lo a organizar seus pensamentos e a confrontar esse problema é se lembrar de três coisas:

1. *O perdão tem a ver com o passado.* Perdoar não é usar contra uma pessoa aquilo que ela fez de errado. É esquecer. Perdoar só depende de você. E como Deus oferece o perdão a todos nós, devemos fazer o mesmo (Mt 6.12; 18.35).
2. *A reconciliação tem a ver com o presente.* A reconciliação acontece quando a outra pessoa se desculpa e pede perdão. Isso depende das duas pessoas envolvidas.
3. *A confiança tem a ver com o futuro.* Depende de sua disposição em se arriscar para ver o que acontece e em se abrir de novo. Primeiro, a pessoa precisa mostrar, por meio de suas ações, que é confiável, para, então, você poder voltar a confiar nela (Mt 3.8; Pv 4.23).

Na verdade, há três tipos diferentes de conversa para tratar desses três temas. Poderia ter uma conversa para tratar exclusivamente do problema e oferecer seu perdão. Nela, falaria apenas do que aconteceu e mostraria à outra pessoa que a perdoa e quer esquecer o assunto. Se surgir a pergunta: “E agora, o que faremos?”, você pode dizer: “Gostaria de falar sobre isso em outra ocasião. Por ora, vamos apenas deixar bem claro entre nós o que aconteceu. Não quero que pense que estou guardando isso contra você". Obviamente, quando existe muita mágoa, pode demorar um pouco para se chegar ao verdadeiro perdão. Por isso, nem sempre isso acontece imediatamente.

Também poderia ter uma conversa para tratar de dois ou três assuntos. Nas boas conversas sobre limites, perdoamos a pessoa pelo que aconteceu no passado, nos reconciliamos no presente e, depois, discutimos sobre os limites de confiança que existirão no futuro. O objetivo é *mostrar que o futuro será totalmente diferente do passado.*

Ao conversar sobre o futuro, você expõe claramente as expectativas, os limites, as condições ou as conseqüências (boas ou más) para possíveis ações. Como diz o provérbio: "O homem honesto é cauteloso em suas amizades, mas o caminho dos ímpios os leva a perder-se" (Pv 12.26).

> ***O** perdão e a reconciliação não determinam a estrutura do futuro. Apenas apagam o passado.*

Conforme a situação, você pode perdoar a pessoa e se reconciliar com ela, mas não desejar ter nenhum relacionamento íntimo com ela no futuro. O perdão e a reconciliação não determinam a estrutura do futuro. Apenas apagam o passado. São requisitos importantes, já que dependem de nós. Mas o relacionamento futuro não se resume nisso. Se quiser preservar o relacionamento e resolver questões importantes, sua conversa poderá ser parecida com as seguintes:

> Quero lhe falar sobre como o nosso relacionamento será a partir de agora. Primeiro, desejo que saiba que aceito suas desculpas e que o perdôo por haver me enganado e por tudo o que aconteceu. Quero que voltemos a ficar juntos; passado é passado. Por isso, não quero que pense que estou guardando isso comigo. Meu desejo é que nossa relação dê certo.

> Já passamos por essa situação antes; quando isso aconteceu, você se desculpou, nós voltamos, e, de fato, nada mudou. Por isso, agora, precisamos encontrar uma forma de voltar a ficar juntos desde que eu sinta que você está agindo de maneira confiável.
>
> Quero falar sobre isso, mas somente na presença de um terapeuta, e então decidirei de quanto tempo preciso para voltar a ficar com você com segurança. E considerarei a possibilidade de aceitá-lo de volta somente se procurar ajuda com algum profissional e seguir o programa fielmente. Eu o perdôo, mas preciso aprender a voltar a confiar em você, e isso dependerá muito de suas ações.

Distinguir o perdão da confiança traz várias conseqüências. Em primeiro lugar, evita que a pessoa diga que você está "guardando isso contra ela" e que não quer se abrir novamente.

Em segundo lugar, traça uma linha bem clara separando o passado de um bom futuro, com um novo ponto de partida que começa naquele momento, com um novo plano e novas expectativas. Se você não tinha limites bem definidos no passado, estará enviando uma mensagem clara de que as coisas serão diferentes no futuro.

Em terceiro lugar, oferece ao relacionamento uma nova chance de dar certo. Pode traçar um novo plano, permitindo que a pessoa se sinta absolvida e saiba que o passado não será usado para humilhá-la nem para machucá-la. Perdoada, poderá se tornar uma ótima companheira no futuro, em vez de se sentir como uma condenada que tenta abrir seu caminho no purgatório do relacionamento. E você se sentirá livre, não oprimido pela amargura e pelos sentimentos de vingança, e, ao mesmo tempo, preparado para pensar no futuro com sabedoria.

TERCEIRA PARTE

Como é na prática

15

SABER DIZER O QUE VOCÊ QUER DIZER

Peter estava triste por causa do rompimento com Jan. Realmente apreciava sua coragem, energia e paixão pela vida e chegou até em pensar que poderiam se casar. Também achei que ela poderia ser a pessoa "certa" para ele. Por isso, fiquei surpreso quando me contou que tinha terminado com ela.

— O que aconteceu? — eu (Henry) perguntei.

— Simplesmente não pude agüentar seu jeito exigente — respondeu. — Ela queria tudo à sua maneira e era muito agressiva. Imaginei como seria passar a vida ao seu lado e fiquei com dor de cabeça só de pensar. Sei que gostava dela, mas, na verdade, ela era muito exagerada.

Compreendi o que ele queria dizer, porque também a achei autoritária. Lembro-me de ter pensado que, se eles se casassem, ele se tornaria um escravo dela. Ela fazia a gente sentir que precisava colocar mãos à obra. Mas fiquei com pena por eles terem se separado. Ele estava triste e sentiria falta dela.

Pouco tempo depois, Peter começou a namorar uma garota chamada Marla. No princípio, tudo era maravilhoso. Ela era tão "fácil de se lidar, totalmente diferente de Jan". "Não é autoritária e é alegre e positiva na maior parte do tempo. É como se eu tivesse acordado depois de uma hibernação."

Cinco meses depois, veio a surpresa:

— Terminei com Marla — ele disse. — Simplesmente, não ia dar certo.

— O que aconteceu? — perguntei. — Pensei que ela era a resposta para todos os seus problemas com as mulheres. Ela não era exigente, nem autoritária, nem controladora. Você gostava tanto dela!...

— Eu sei. É estranho! No início, realmente gostei de ver que ela não era igual a Jan, que sempre estava querendo alguma coisa e era tão exigente!... Marla foi como um sopro de ar fresco. Mas, com o tempo, notei alguns problemas. Primeiro, nunca conseguia adivinhar o que ela queria. Quando lhe perguntava o que gostaria de fazer, onde queria ir ou como se sentia sobre alguma coisa, sempre jogava a decisão para mim. Embora tenha sido bom no início, acho que isso foi apenas uma reação por causa de Jan. Com o tempo, fiquei cansado da flexibilidade de Marla. Faltava alguma coisa. Não sei exatamente o que era. Segundo, comecei a ver outro lado dela que me deixava meio louco.

— O que era?

— Não sei que palavra usar. *Trombuda* é meio forte. Ela não chegava a fazer bico, mas ficava amuada, quieta, coisa desse tipo. Era como se eu tivesse feito alguma coisa errada, mas não sabia o quê. Então, eu perguntava o que tinha acontecido. Primeiro, ela dizia: "Não é nada...", mas eu sabia que estava mentindo. Por isso, tinha de fazê-la falar, e acabava descobrindo que ela queria alguma coisa que eu não tinha feito, ou que estava aborrecida com algo que não tinha me contado. Sabia que a tinha decepcionado, mas não podia ler sua mente. Ficava frustrado, sem saber se estávamos bem ou não. Acho que preciso de uma mulher que seja mais direta em relação ao que pensa e ao que quer.

— Como Jan? — perguntei.

— Ah, não! — ele disse num sobressalto. — Talvez, mas não exatamente. Não. Na verdade, não sei.

Ele parecia confuso e um pouco triste. Naquele momento, não acreditava muito que poderia ter um bom relacionamento com alguém.

Saber querer

O problema de Peter não é muito difícil de se entender. Ele queria uma mulher apaixonada e ardente, mas não queria ser controlado por ela. Queria corresponder aos seus desejos, mas não ter de adivinhar o que ela queria.

Como disse a Peter depois, ele *queria alguém que soubesse querer*. De um lado, Jan sabia o que queria, e ele gostava disso, mas ela expressava seus desejos de uma forma que acabou por afugentá-lo. Ela não sabia querer ou, pelo menos, não sabia revelar bem o que desejava. De outro lado, Marla não era direta no que queria; suas vontades só eram percebidas quando Peter não as realizava. Somente quando a decepcionava, ficava sabendo o que ela queria. A incapacidade de as duas mulheres revelarem seus desejos fizeram Peter ansiar por outra coisa.

Infelizmente, talvez Peter pudesse ter resolvido a questão, tanto com Jan quanto com Marla, se tivesse entendido, na época, qual era o problema. As pessoas casadas e devotadas estão acostumadas a isso. E, mais tarde, descobriu isso com outra mulher. Mas sejam casadas ou solteiras, seja na vida amorosa ou na vida familiar, nas amizades ou nos relacionamentos profissionais, muitos conhecem a dificuldade de tentar conseguir o que se quer de forma aceitável para ambas as partes. Como expressar nossas vontades e fazer com que as pessoas nos atendam e não se afastem de nós? Esse é o assunto do próximo capítulo.

Nem sempre você conseguirá o que quer, mas não custa tentar

Salomão disse: "A esperança que se retarda deixa o coração doente, mas o anseio satisfeito é árvore de vida" (Pv 13.12).

Os desejos e anseios do seu coração dão luz à sua vida. Se não souber revelá-los, não serão atendidos, e você ficará com o "coração doente". O desejo é essencial para se sentir vivo em um relacionamento; é essencial para manter a vibração nesse relacionamento. Se apenas uma pessoa tiver seus desejos realizados, o relacionamento sofrerá, a intimidade diminuirá e o coração adoecerá.

> *Nem todos conseguem o que querem nos relacionamentos, mas poderiam alcançar aquilo por que aspiram, se soubessem externar seus desejos.*

Infelizmente, nem todos conseguem o que querem nos relacionamentos, mas poderiam alcançar aquilo por que aspiram, se soubessem externar seus desejos. Jan tinha esse problema e acabou perdendo o que queria. Marla tinha o mesmo problema de uma forma diferente. E, embora ele não soubesse, Peter também tinha o mesmo problema. Se ele tivesse sido capaz de dizer a Jan ou a Marla o que queria delas, as coisas teriam sido diferentes. Mas ele simplesmente reagiu a elas e as deixou.

Mesmo nas melhores situações, querer não é fácil. Muitas coisas podem atrapalhar. Mas querer é a única maneira de viver plenamente, e, se isso for verdade, então precisamos aprender a comunicar nossas vontades da melhor forma para nós e para o nosso relacionamento. Vejamos o que devemos e o que não devemos fazer para conseguir isso e como lidar com o que pode acontecer quando sabemos querer.

Saber o que o outro quer e quem é responsável por satisfazê-lo

Em geral, quando se fala em "limite", as pessoas pensam apenas em impor limites, em dizer "não" ou em tentar impedir que alguma coisa destrutiva aconteça. Mas ter bons limites não significa apenas impedir que as coisas ruins aconteçam. *Significa, também, assumir a responsabilidade pelas coisas boas que você quer que aconteçam.*

Quando você assume a responsabilidade por seus desejos e sabe externá-los, as pessoas são muito mais compatíveis, demonstram mais afinidade e mais satisfação com o relacionamento. Você conhece e entra num acordo sobre qualquer questão; é dar e receber. E ninguém sai ressentido nem deprimido.

Pensemos em Marla por um momento. Tinha alguns desejos que queria que fossem satisfeitos em seu relacionamento com Peter. Mas achava que Peter tinha a responsabilidade de saber o que ela queria e satisfazer seus desejos sem que fosse preciso ela dizer qualquer coisa. Marla transferiu a ele a responsabilidade pelo que queria; achava que suas "vontades" eram problema dele, e não dela. Quando ele não resolvia seu problema, quando ela ficava triste ou ressentida, achava que era responsabilidade de Peter descobrir o que ela estava sentindo e fazer alguma coisa a respeito disso. No fim, isso foi demais para ele.

Para ter um bom relacionamento, em primeiro lugar, Marla deveria ter revelado suas vontades não externamente, mas internamente. Deveria ter a "responsabilidade" de falar para si mesma antes de "falar" com qualquer outra pessoa. Vejamos algumas coisas que ela precisaria ter feito:

- Assumir sua "vontade": ser honesta consigo mesma sobre o que queria e reconhecer sua responsabilidade por isso.
- Assumir os sentimentos que poderia ter se sua vontade não fosse satisfeita: se ficasse triste, precisaria dizer a Peter, em vez de esperar que ele descobrisse isso sozinho.

- Decidir se comunicar e procurar Peter para mostrar o que ela queria.
- Comunicar-se, não impor sua vontade.

Se Marla tivesse encarado o processo dessa forma, teria se saído muito melhor. Teria tirado a "trave de seu olho primeiro". Precisamos sempre olhar primeiro para nós mesmos, para ver se estamos cumprindo a nossa parte corretamente. Isso é ainda mais importante quando se trata de vontades e desejos; os outros não podem adivinhar, num passe de mágica, o que nós queremos, e precisamos dizer-lhes de forma que possam aceitar. Então, a primeira conversa precisa ser interior. Vejamos o que Marla teria pensado antes e depois de saber disso.

Antes: — Quero assistir a um filme romântico esta noite. Não quero ver outro filme de ação. Peter sempre escolhe esse tipo de filme. Gostaria que ele mostrasse mais consideração e fizesse, para variar, o que eu quero. Gostaria que isso acontecesse, mas provavelmente não o fará. Sabe que gosto de filmes desse gênero. Quem sabe, desta vez, ele pergunte o que eu quero. Mas duvido. Não tem jeito. Ele não vai me perguntar. Não sei por que ainda tenho alguma esperança. É realmente triste.

Depois: — Quero assistir a um filme romântico esta noite. Aposto que Peter está pensando em assistir a outro filme de ação. Se eu não disser nada, ficarei frustrada de novo. Depois, ficarei mal-humorada pelo resto da noite e comerei cinco potes de sorvete seguidos. Seria bom se ele me perguntasse a que filme eu gostaria de assistir, mas duvido que o faça. Acho melhor ligar para ele e dizer o que estou pensando. Espere! E se ele não quiser assistir a um filme romântico?

> Bem, então teremos de entrar num acordo. Direi a ele os títulos dos filmes que gostaria de ver e perguntarei a qual deles ele gostaria de assistir. Acho que é justo. Bem, se ele não quiser ver nenhum dos filmes que eu quero, verificarei, na hora, o que fazer. Ele não é obrigado a dizer "sim". Não será o fim do mundo. Talvez eu vá ao cinema com Jill, se Peter não quiser ir. Vejamos o que acontecerá.

A grande diferença entre os dois monólogos internos é que, no segundo, Marla assume seu desejo. Ela está pensando numa maneira de revelar a Peter aquilo que quer. Tudo começa pela maneira com que ela lida com seu desejo internamente até chegar à conversa com Peter. Começa pelo reconhecimento de que seu desejo é responsabilidade *sua*.

Respeite a liberdade do outro

Faça a si mesmo esta pergunta: "Como eu reajo quando alguém se nega a fazer uma coisa que eu quero?". Vejamos algumas reações não muito boas.

- Fico zangado, por dentro e por fora. Tenho um ataque interno e externo.
- Condeno a pessoa, pensando que ela "deveria" fazer o que eu peço; penso que ela é egoísta ou não se importa comigo.
- Além de condenar a pessoa, penso que ela é realmente má; não consigo encontrar nada de bom nela. Tudo o que vejo nela é ruim.
- Eu me afasto emocional e fisicamente da pessoa.
- Fico magoado e me sinto desprezado.
- Tento fazer com que se sinta culpada, para castigá-la ou obrigá-la a fazer o que eu quero.

- Digo com cinismo que sempre consigo o que quero na vida e no relacionamento.
- Faço o papel de juiz, promotor e vendedor. Protesto contra todos os argumentos que a pessoa tem para me dizer "não".
- Sorrio por fora, escondo meus verdadeiros sentimentos e finjo que tudo está bem, mas não está.

A liberdade é essencial para um bom relacionamento. Sem ela, não podemos amar. Se as pessoas acharem que não podem nos dizer "não" e fizerem as coisas por obrigação, culpa ou sentimento de dever, ficarão ressentidas conosco. Se pedirmos o que queremos de uma forma que faça a pessoa sentir que não aceitamos um "não" como resposta, o relacionamento se tornará um campo de batalha. A liberdade e o amor sofrerão, e até os desejos atendidos não trarão a plena satisfação, porque não foram realizados com amor.

Quase tudo o que dissemos tem a ver com atitude. Não existem palavras mágicas que mostrem a alguém que ele é livre para nos dizer "não". Você precisa revelar isso. Vejamos algumas sugestões sobre como fazê-lo.

> Não quero que você sinta que "precisa" fazer isso, mas será que poderia me dar uma carona até o trabalho amanhã?
>
> Desejo que você se sinta totalmente à vontade para me responder "sim" ou "não". Você me ajudaria a fazer a mudança neste fim de semana?
>
> Não gostaria que você se sentisse obrigado a nada, por isso estou dizendo isso logo de início. Sinta-se à vontade para me dizer "não", está bem? É o seguinte: meu desejo é que você entre nesse comitê comigo e me ajude a organizar o festival de outono.

As pessoas que têm dificuldade em pedir as coisas acham que comunicar-se dessa forma pode ajudar a deixar a outra pessoa à vontade. Se você já foi uma pessoa controladora ou exigente, ou mesmo se a outra pessoa *o achava assim*, pode começar o seu pedido com afirmações desse tipo para mostrar que ela agora pode lhe dizer "não".

Outra maneira de respeitar a liberdade dos outros é evitar a palavra *preciso* quando isso não for verdade. Uma "necessidade" é algo de que precisamos para sobreviver. Se não tivermos o que precisamos, sofreremos algum dano. *Precisamos* de ar, água, comida, segurança e afeto. Dificilmente uma única pessoa poderá prover o que precisamos. Em geral, falamos de "vontades", e não de "necessidades". Quando usamos a palavra *preciso*, isso soa mais como uma exigência do que um pedido. Quem se sentiria à vontade para negar ar, água ou comida a alguém? Então, quando você falar sobre o que *deseja* de alguém, tenha cuidado para não dar a entender que *precisa* disso!

Quando uma pessoa vivencia um namoro e deseja um relacionamento estável, é normal preocupar-se com o nível de fidelidade dessa relação. Por exemplo, a mulher precisa confiar no homem e, além disso, expressar o que espera dele. Ela pode fazer um mesmo pedido de duas maneiras:

> Quero que nos conheçamos melhor. Desejo saber se você está comprometido comigo. Por isso, gostaria que passasse um dia do fim de semana em minha companhia e saísse com seus amigos no outro dia.

> Preciso que você passe um dia do fim de semana comigo. Você não espera que possamos nos conhecer melhor sem passarmos nenhum dia do fim de semana juntos, não é?.

No primeiro pedido, a pessoa expressa sua vontade; no segundo, faz uma exigência.

Não é fácil expor nossas vontades, e as palavras que usamos nem sempre são o problema. O verdadeiro problema pode estar na atitude que tomamos ao comunicar nossos desejos. Então, não importa o que diga, fique atento à sua atitude. Faça seu pedido sem dar a impressão de estar impondo a sua vontade, como se a pessoa tivesse "obrigação" de se submeter a ela. Mostre, ao contrário, sua plena consciência de não ter nenhum "direito" a essa solicitação. Não a relembre de tudo o que você já fez por ela e não use nenhum tipo de manipulação para insinuar que ela "deveria" fazer o que você pede.

Fique atento à maneira como você reage às escolhas da pessoa. Não seja punitivo nem use de retaliação. Se ela disser "não", evite estes tipos de resposta:

> Muito bem. Desculpe-me por pedir alguma coisa.
>
> É o mínimo que você poderia fazer.
>
> Esta é a *última* vez que lhe peço algo.
>
> Depois de tudo o que lhe fiz, o mínimo que você poderia fazer seria...
>
> Está vendo? De nada adianta dizer a você o que quero.

Observe suas reações e veja quanta liberdade você realmente dá à pessoa para lhe dizer "não".

Seja claro e direto

A melhor maneira de pedir o que você quer é ser claro e direto. Faça isso usando afirmações na primeira pessoa ("eu"), e não na terceira ("você").

> **Primeira pessoa:** Gostaria que pudéssemos conversar mais do que conversamos. Gostaria de saber mais sobre o que está acontecendo com você. Do jeito que estamos nos relacionando, me sinto excluída.
>
> **Terceira pessoa:** Você quase não conversa comigo. Deixa-me na total ignorância. Se fôssemos mais íntimos, você falaria comigo.

> **Terceira pessoa:** Pelo modo como você fala comigo, parece que não se importa.

A frase na primeira pessoa é mais clara e responsável. Fale de *você mesmo*, e não da outra pessoa e de seu fracasso em satisfazê-la. As frases na terceira pessoa condenam, interpretam e generalizam. O "você" é uma acusação.

Seja específico, em vez de geral, quando expressar seus desejos. Um cônjuge, ao dizer: "Há dias que não temos nenhuma intimidade", não está sendo específico. Vejamos como é possível ser mais direto:

> Quero ter relação sexual com você.
>
> Quero que você viaje comigo nas férias.
>
> Quero tirar uma tarde para conversarmos sobre nossos planos para o futuro.

O uso da primeira pessoa parece simples, mas é especialmente importante para comunicar suas expectativas e seus desejos. Você se lembra da frase: "Simplesmente diga "não"? Então, "simplesmente diga":

> Gostaria de sair para jantar fora hoje.
>
> Gostaria que você me ligasse para avisar quando for chegar mais tarde para o jantar.
>
> Gostaria que você não deixasse sua roupa jogada no chão do banheiro.

Quando falar na terceira pessoa, faça pedidos, como nos exemplos acima, e não acusações:

> Será que você poderia buscar a roupa no tintureiro para mim quando sair do trabalho hoje?
>
> Você não gostaria de ir ao cinema comigo?

> Será que você poderia cuidar das crianças a fim de que eu pudesse sair com minhas amigas?

Todos esses pedidos demonstram respeitar a liberdade da outra pessoa. Eles não a colocam numa situação "sem escolha" e reduzem a possibilidade de ela ficar na defensiva.

O que pode acontecer e o que faço então?

Quando algum pedido é feito, várias coisas podem acontecer. Pode-se receber, diretamente, um "sim". Não é difícil lidar com o "sim", a menos que tenhamos dificuldade para aceitar as coisas. Mas isso é outra história. Difícil é receber um "não", enfrentar uma objeção, uma atitude defensiva ou um ataque pessoal somente por ter pedido alguma coisa.

Ao lidar com essas respostas, quando houver feito algum pedido, lembre-se dos princípios dos quais falamos há pouco. Eles também se aplicam às respostas.

Primeiro, assuma que se trata de um desejo seu. O desejo é seu, e não da pessoa que acabou de lhe dizer "não".

Em segundo lugar, não use de nenhuma punição, retaliação, nem contra-ataque. Tente uma das alternativas que sugerimos a seguir:

1. Aceite o "não" e deixe isso para trás

Um dos maiores problemas de pessoas como "Jan" é que elas não aceitam um "não" como resposta. Peter achava que se não fizesse sempre o que Jan queria, teria problemas. Portanto, cuidado para não ter uma atitude do tipo "tem que" sobre tudo o que pedir e não encare um "não" como algo negativo. Afinal, você também não desejaria ter de dizer "sim" a tudo o que as pessoas lhe pedissem. Além disso, algumas coisas não são tão importantes assim.

Mas isso não significa que você não possa querer alguma coisa. A resposta "livre" — que também o deixará livre — é a tristeza.

Em vez de ficar zangado e tentar controlar a situação, aceite o fato de que nem sempre conseguimos o que queremos; isso faz parte da vida e do amor. Então, lamente por um momento e diga a si mesmo ou à pessoa: "Puxa! Que droga! É uma pena! Eu realmente queria isso. Bem, paciência!", ou alguma coisa desse tipo. Isso demonstra que você está assumindo a responsabilidade por seus próprios desejos, em vez de ter um ataque de raiva quando não consegue impor sua vontade. Assim, o relacionamento pode seguir seu curso normal.

2. Se esse desejo for realmente importante para você, aceite o "não", mas dialogue

Aquilo que quer, às vezes, é realmente importante para você e seu relacionamento. É mais importante do que um passeio no *shopping* ou o lugar onde quer passar as férias ou "curtir" a pessoa amada. Tem a ver com valores importantes ou significa uma mudança de curso no relacionamento. O exemplo da mulher que pediu para passar um dia do fim semana ao lado do namorado é um bom exemplo.

Só porque as suas vontades são responsabilidade sua, não significa que você deva se fingir de morto quando elas não forem atendidas. Que tédio! A persistência pode ser uma ótima qualidade, se for bem usada. Às vezes, a pessoa nem sabe da importância daquela coisa para você. Além disso, a recusa feita por ela pode ter algum motivo que você terá de investigar. Simplesmente desistir pode não ser a resposta.

> ***A** persistência pode ser uma ótima qualidade, se for bem usada.*

Portanto, se você assumir a responsabilidade por suas vontades e seus desejos, mas quiser defendê-los, o que deve fazer? Vejamos algumas sugestões.

Mostre a importância do seu pedido

Vejamos alguns exemplos de como você pode mostrar à outra pessoa a importância do seu pedido:

> Entendo que você não queira abrir mão de passar um dia com seus amigos. Sei que gosta disso e quero que saia com eles. Mas talvez não saiba quanto é importante para mim passarmos o fim de semana juntos. Vou explicar por quê. Durante a semana, nós estamos tão ocupados que sinto sua falta. Então, se ficarmos separados no fim de semana também, na semana seguinte estarei mais desligada de você. Quero que nosso relacionamento seja melhor do que isso. Para você, pode não passar de uma tarde. Mas, para mim, é algo que dura a semana inteira. Você entende?

> Quando pedi para trocar de horário comigo, você entendeu o que estava por trás disso? Se achou que isso não tinha importância para mim, talvez eu não tenha sido muito claro. É muito importante para mim. Não quero que se sinta pressionada, mas, ao mesmo tempo, se pretende me dizer "não", quero que saiba para o que você está dizendo "não".

Uma simples frase, como "Tem certeza? Por favor... eu quero muito isso", pode mostrar que os seus sentimentos em relação ao seu pedido são fortes. A timidez nunca rendeu nada a ninguém. Nada temos contra os grandes pedidos ou a insistência. O próprio Deus mostrou que atende a um pedido que antes foi recusado, quando a pessoa realmente quer que ele se realize (v. Gn 18.20-32, p. ex.). Defenda a sua causa. Persista. Apresente um bom argumento. Isso é importante em qualquer relacionamento, desde um anfitrião de uma pousada, que diz não haver vagas para cônjuges, até um relacionamento de negócios. Todo bom vendedor sabe lidar com objeções e ser corajoso. Veja o que Jesus disse sobre pedir:

> Então lhes disse: "Suponham que um de vocês tenha um amigo e que recorra a ele à meia-noite e diga: 'Amigo, empreste-me três pães, porque um amigo meu chegou de viagem, e não tenho nada para lhe oferecer'.
>
> E o que estiver dentro responda: 'Não me incomode. A porta já está fechada, e eu e meus filhos já estamos deitados. Não posso me levantar e lhe dar o que me pede'. Eu lhes digo: Embora ele não se levante para dar-lhe o pão por ser seu amigo, por causa da importunação se levantará e lhe dará tudo o que precisar.
>
> Por isso lhes digo: Peçam, e lhes será dado; busquem, e encontrarão; batam, e a porta lhes será aberta. Pois todo o que pede, recebe; o que busca, encontra; e àquele que bate, a porta será aberta" (Lc 11.5-10).

Não raro, mesmo depois de dizer "não", a pessoa "compreende": "Ah, agora entendo. Não sabia que era tão importante para você. Agora entendo por quê".

Isso se aplica ao relacionamento com Deus e com os outros também. Às vezes, precisamos apenas defender nossa causa e ser persistentes. Neste caso, a atitude também é importante. Não tiranize, não condene, nem retruque. Não faça a pessoa se sentir mal e mostre que ela é livre para dizer "não". Depois, se você perceber que o "não" é final, enfrente a tristeza e esqueça o assunto. Mesmo deixando isso para trás, você pode dizer também que gostaria de voltar ao assunto em outra ocasião.

Procure entender o motivo da recusa

Às vezes, a pessoa se recusa a atendê-lo não por causa do seu pedido em si, mas porque está resistindo a outra coisa. Se o que você está pedindo for muito importante para você, tente descobrir o porquê da recusa e veja se você pode ajudar a resolver o problema que essa pessoa está enfrentando. Questione-a sem se mostrar opressivo.

Sarah: Ajude-me a entender por que você não quer ir ao balé.

Bob: Eu tinha planejado ir à biblioteca nesta noite e fazer uma pesquisa sobre a minha viagem de pescaria nas férias. É a única noite que posso fazer isso.

Sarah: Então, você não é contra ir ao balé comigo. A razão de sua recusa é apenas que você quer ir à biblioteca para fazer uma pesquisa.

Bob: Isso mesmo.

Sarah: Certo. Você não poderia ir à biblioteca em outra noite?

Bob: Não, porque tenho aula na terça e, nas outras noites, você tem suas reuniões.

Sarah: Bem, e se eu faltasse à reunião de segunda-feira e fôssemos naquela noite? Você estaria disposto a fazer isso?

Bob tem um motivo para não ir ao balé. Quando o motivo é explorado, novas possibilidades se abrem. Isso parece simples, mas é incrível a quantidade de casais e amigos que não conseguem entrar num acordo por causa de problemas como controle, reação negativa ou incapacidade de a pessoa que pede assumir a responsabilidade de encontrar uma solução viável.

Tenha empatia e peça novamente

Às vezes, uma recusa é apenas reflexiva ou não foi muito bem pensada. Pode ser uma reação a antigas situações de controle, em que a pessoa, como uma criança, está dizendo "não" unicamente para afirmar sua autonomia. Sem se mostrar controlador, sem demonstrar raiva ou tentar exigir, simplesmente você deve denotar empatia pela pessoa e voltar a lhe apresentar o pedido que ela se recusou a atender.

> Parece que isso é realmente importante para você, não é? Eu entendo. Mas quero muito fazer isso.

Sei que isso exigiria algum esforço de sua parte. Eu entendo. Mas, realmente, quero fazer isso. É importante para mim. Eu não insistiria se não o fosse.

Sei que não será fácil para você. Todavia, acho que isso é importante.

Identificar-se e mostrar empatia pela dificuldade da pessoa, em geral, basta para abrir um caminho ao entendimento. Assim, ela verá quanto aquilo é importante para você.

É igualmente importante ouvir as objeções apresentadas pela pessoa. Se ela mostrar objeção, volte a questioná-la. Ouça. Peça mais informações.

Tom: Não posso fazer isso. Atrapalharia toda a minha programação. Não há jeito.

Ellie: É mesmo? Parece sério. Mas não entendi direito por quê.

Tom: Bem, isso significa que eu teria de falar com o chefe para mudar algumas coisas.

Ellie: Ah, entendo. Seria constrangedor, especialmente por causa da personalidade de seu chefe. O que acha que ele diria?

Tom: Não diria nada. Ele poderia até explodir. Como vou saber?

Ellie: Puxa! O que você faz quando ele reage assim? Nossa! é muita pressão!

Tom: Pode ter certeza que é. Odeio isso!

Ellie: Tudo bem. Estou vendo que não significa pouca coisa e que seria um sacrifício para você. Posso entender agora. Mas ainda gostaria que você fosse adiante com isso por mim.

Lembre-se que não se trata de uma competição. Trata-se de duas pessoas que estão tentando se entender e sabem que são compreendidas. Mesmo que a pessoa diga "sim", você pode procurar entender melhor o que ela está lhe concedendo para poder agradecer de maneira apropriada. Por isso, questione se necessário.

Enfrente as atitudes defensivas

Às vezes, a pessoa pode se colocar na defensiva diante de você, dizendo um "não" reflexo, ou pode convidá-lo para uma discussão. Se isso acontecer, tente apenas manter-se centrado no que você quer. Demonstre empatia e volte ao seu desejo. Revele-o direta e abertamente e não tente justificá-lo ou reagir à atitude defensiva da outra pessoa.

Tom: O quê? Você está sempre querendo alguma coisa de mim. Não acredito que queira que a acompanhe. Não vê que estou ocupado? Você acha que não tenho nada para fazer?

Ellie: Sei que tem muita coisa para fazer. Mas é isso o que eu desejo.

Tom: Lá vamos nós outra vez! Só pensa em si mesma. E como eu fico?

Ellie: Sei que, para você, é o que parece. Sinto muito! Mas o que quero, realmente, é fazer isso.

Tom provocou Ellie em vários momentos, tentando tirá-la do sério. Mas ela se portou bem, demonstrando empatia e não se deixando levar pela atitude defensiva dele. Se cedesse, certamente ela teria saído da linha e tomado o caminho errado. Veja esta resposta:

Ellie: Não é verdade! Não é sempre que quero alguma coisa e sempre estou procurando ajudá-lo quando está muito atarefado. Houve um dia, por exemplo, que...

Ou esta resposta:

Ellie: Quando eu penso em mim mesma? Dê um único exemplo. Acho que, na verdade, sou muito dedicada. O que você está querendo dizer?

Em vez de dar uma dessas respostas, Ellie simplesmente manteve a calma, concentrou-se no que queria e externou o seu desejo. A pessoa é livre para dizer "não", mas não deve achar que tem a liberdade para desviar a conversa ou para provocar uma discussão.

Enfatize as reais conseqüências

Tom e Sandy estavam passando por uma fase difícil da vida, com o trabalho dele e três filhos pequenos para criar. Era advogado e estava cuidando de um caso difícil, que exigiu muitas noites de trabalho no escritório e muitas viagens de fim de semana em boa parte do ano. Embora fosse uma fase do tipo "preciso fazer isso" do trabalho que muitas profissões exigem, a pressão sobre ele estava ficando evidente. Quando ele decidiu entrar para a faculdade de direito, tanto Tom quanto Sandy sabiam das futuras exigências do trabalho, mas assumiram esse compromisso juntos. Estavam dispostos a fazer sacrifícios porque ambos apreciavam os frutos do trabalho dele.

Mas quando Tom trabalhava, Sandy ficava presa com os três filhos o tempo todo em que estavam acordados. Tinha pouco tempo para dar a si mesma e também a Tom. Porém, estava administrando bem a situação, porque sabia que ele também estava sofrendo.

O problema surgiu quando, inesperadamente, Tom teve um tempo livre. Vez ou outra, alguém cancelava uma audiência, e ele não precisava trabalhar naquele dia. Quando isso acontecia, Tom saía para pescar, a fim de "ficar longe de tudo". Sandy não se importava com a pesca e até achava bom que ele pudesse relaxar um pouco. Mas, enquanto ele tirava uma folga, ela não tinha nenhum tempo livre.

Muitas vezes, quando ele estava de folga, ela lhe pedia que ambos fizessem alguma coisa com toda a família junta ou que ele ficasse com as crianças, a fim de que ela pudesse fazer alguma coisa sozinha. Nessas ocasiões, ele sempre dizia: "Não, preciso sair um pouco; vou pescar".

Depois que isso se repetiu algumas vezes, Sandy decidiu tomar uma atitude. Até então, falara de uma forma em que não se mostrava controladora. Tinha entendido a necessidade dele de dedicar algum tempo a si mesmo e o tinha ajudado nesse aspecto. Ao mesmo tempo, ela persistia na defesa de sua condição, que também era importante para ela — passar algum tempo sozinha e com ele. No entanto, Tom só pensava em si mesmo. Por isso, ela aceitou o "não" do marido, mas mostrou que suas ações teriam conseqüências reais.

Sandy: Tom, entendo que você tem muito trabalho, sei que não tem muito tempo de folga e que precisa sair um pouco. Mas acho que fui bastante generosa em providenciar esse tempo para você. Sempre que tinha um dia de folga, você o reservava para fazer suas coisas. Estou feliz por você, mas gostaria de ter tempo para mim e para nós. Toda vez que lhe pedi isso, você saiu para pescar.

Não quero castigá-lo por isso, mas quero que você saiba qual o efeito disso sobre mim. Pedia para arranjar tempo porque queria passá-lo com você. Desejava isso. Sentia muito a sua falta. Mas desde que começou a me negar o seu tempo, meus sentimentos mudaram. Comecei a me sentir mais distante de você e passei a notar que não somos companheiros como antes. Não estou tentando prejudicar seu trabalho ou acabar com seus *hobbies*, mas mostrar a verdade do que está acontecendo comigo enquanto você continua a decidir que gastará todo o seu tempo livre consigo mesmo. Não estou querendo discutir. É simplesmente a verdade. Quero que saiba que o assunto é sério.

Tom: Mas você não faz idéia do volume de trabalho que tenho. Estou me sacrificando por nós, e isso está me matando. Você não entende quanto isso é duro para mim.

Sandy: Sei como se sente. Também tenho pena de você. Mas estou dizendo o que está acontecendo comigo. Não posso me sentir ligada a você "sob demanda"; preciso sentir que também está querendo ficar comigo. Não quero que responda agora. Já falei muito sobre o problema para que entenda quanto ele está me afetando. Gostaria que pensasse sobre o assunto. Quero que se comprometa a buscar aconselhamento, juntamente comigo. Se não mudar e não quiser isso, eu mesma terei de fazer alguma coisa. Não estou me sentindo bem do jeito como as coisas estão. Se não ficar do meu lado, terei de começar a cuidar de mim mesma sozinha.

Tom: O que quer dizer com isso? O que vai fazer? Deixar-me?

Sandy: Não sei o que vou fazer. Não quero falar sobre isso agora. Só estou dizendo que a situação está ficando grave e quero que você mude de atitude ou procure a ajuda de um profissional, a fim de encontrarmos uma solução para esse problema. Se não fizer nada, enfrentarei a situação quando chegar a hora. Só estou dizendo o que tenho sentido. Eu o amo e quero que tudo mude.

Veja que Sandy não se deixou levar pela atitude defensiva e pela provocação de Tom. Ela continuou a dizer que, embora fosse livre para continuar a dizer "não" a seus pedidos, ele teria de enfrentar as conseqüências se elas chegassem. Essas conseqüências seriam diferentes, conforme o caso. Mas a questão principal era que ele deveria tomar ciência da seriedade da situação e estar certo de que ela afetaria o relacionamento do casal. A conseqüência de ser ignorado por muito tempo no relacionamento era real.

No que se refere ao relacionamento do casal, quando as "vontades" de um dos cônjuges não são satisfeitas, o outro colhe a perda de ligação e proximidade no casamento. Como no caso de Tom, quando o marido não abre mão de seus passatempos preferidos ou de seu trabalho para ficar com a esposa, corre o risco de perder a intimidade com ela. Essas conseqüências são reais.

Encontre o equilíbrio

Todo bom relacionamento tem um equilíbrio entre os "sim" e os "não". Se você nunca disser "não" a nada, será um fantoche. Se nunca disser "sim", será um ditador. No centro dessas duas posições, está o dar e receber de um bom relacionamento, no qual se negocia e persiste quando algo é importante.

Ao tentar encontrar o equilíbrio, lembre-se de que existe uma diferença entre querer e precisar. Ambas as coisas são válidas e importantes. Paradoxalmente, "precisamos" das duas. Mas há coisas de que precisamos, sem as quais não vivemos. As coisas de que precisamos são diferentes das que queremos — que tornariam a vida melhor e mais interessante. Naturalmente, devemos lutar mais para defender nossas necessidades e conseguir supri-las.

Qual a diferença entre precisar e querer? Lembre-se da nossa definição anterior. Quando não suprimos uma necessidade, sofremos algum dano. Vejamos algumas necessidades que merecem ser supridas:

- Necessidade de ligação afetiva
- Necessidade de liberdade sem controle

- Necessidade de amor incondicional
- Necessidade de igualdade e reciprocidade
- Necessidade de integridade física
- Necessidade de integridade sentimental e mental
- Necessidade de expressar talentos e interesses
- Necessidade de descansar
- Necessidade de sentir prazer
- Necessidade de obter a cura

Vale a pena lutar mais por essas necessidades do que pelas vontades que apenas tornam a vida ou um relacionamento melhor ou mais compensador. Às vezes, os relacionamentos não nos trazem felicidade e realização. Nesses momentos, as pessoas preferem abrir mão deles até resolverem os problemas. Então, não aja como se tudo o que quisesse fosse uma necessidade e que seu relacionamento devesse realizar todos os seus desejos. Guarde esse tipo de posicionamento para as infrações sérias.

Mas lembre-se de que mesmo as sérias transgressões cometidas pela outra pessoa também são sua responsabilidade. Se, por exemplo, não existe intimidade em seu casamento ou seu cônjuge tem algum vício que está prejudicando o relacionamento, é sua responsabilidade lidar com isso de maneira apropriada. Busque ajuda para a sua necessidade de estabilidade emocional, segurança e cura. Não aja como vítima.

Quando for necessário suprir alguma necessidade fora do relacionamento, procure supri-la de forma *saudável para o relacionamento*. Se o seu cônjuge tiver algum vício, por exemplo, e por isso suas necessidades não estiverem sendo supridas, procure apoio e orientação de um grupo de ajuda de co-dependência ou de um terapeuta, e não um relacionamento extraconjugal. Procure suprir suas necessidades de forma *redentiva*: "Não se deixem vencer pelo mal, mas vençam o mal com o bem" (Rm 12.21).

No que diz respeito à sua reação, prefira ficar "triste" quando não conseguir impor a sua vontade, em vez de julgar a outra pessoa como "má". Não pense que você é mau por querer as coisas e que a outra pessoa é má por não atender a seus desejos. Seja proativo e procure realizar suas necessidades e vontades dentro do relacionamento. Se isso não acontecer, procure realizá-las fora dele. Mas lembre-se, mais uma vez: Não use meios que venham a destruir o seu relacionamento. Não guarde rancor e não tente controlar a outra pessoa. No fim, você terá mais amor e satisfação e conseguirá o que deseja.

Às vezes, não se trata de uma coisa que você quer. Existe um problema real que deve ser exposto. No próximo capítulo, veremos como fazer isso.

16

Levar alguém a tomar consciência de um problema

Há muito tempo, nossa família (a de John) manteve uma convivência bem próxima de outra família que morava perto de nossa casa. Nossos filhos tinham quase a mesma idade, e nós, os adultos, nos dávamos muito bem. Encontrávamo-nos em festas de aniversários, eventos escolares e churrascos feitos no quintal. Naquela época, pude conhecer também a mãe da minha vizinha, Fay, que estava sempre presente a esses encontros de nossas famílias.

Embora fosse uma pessoa divertida, Fay era muito impertinente e estava sempre extrapolando seus limites. Invadindo o espaço dos outros. Quando estávamos conversando, às vezes nos interrompia e nos fazia mudar de assunto. Outras vezes, começava a falar de assuntos particulares. Costumava ficar muito perto das pessoas, a ponto de constrangê-las e fazer com que se afastassem, buscando mais espaço. Tenho certeza de que Fay não tinha a menor consciência do efeito que suas atitudes causavam nos outros. Ela achava que se dava muito bem com as pessoas e que todos apreciavam sua companhia.

Pode até parecer engraçado, mas na verdade aquela era uma situação triste. Dava para perceber que a família de Fay ficava perturbada com o seu comportamento, mas ninguém conversava com ela a respeito disso. Evitavam-na, reviravam os olhos e zombavam dela por trás. Certa vez, perguntei à filha de Fay, Jayne, por que ninguém dizia nada a sua mãe. Ela olhou para mim desconcertada e disse: "Não sei. Acho que é porque não queremos magoá-la". No entanto, sempre achei que seria melhor que Fay sofresse um pouco, mas que tomasse consciência de que afastava as pessoas. Pelo menos assim, ela teria a oportunidade de mudar.

Pensei até em falar com ela. Mas quando perguntei a Jayne se concordava com isso, ela disse preferir que a família resolvesse o problema sozinha. Não sei se isso chegou a acontecer.

Se existe alguém na sua vida que se comporta de forma a causar problemas, mas não sabe disso, essa pessoa tem uma espécie de cegueira. Pode ser irritante e não perigoso, como no caso de Fay; ou pode ser algo que ameace a vida, como acontece com o vício em remédios.

Como acontecia com a filha de Fay, você pode ter mais consciência do problema do que a própria pessoa. Você pode até desejar tratar do assunto com ela, para o bem dela própria e, também, para o bem dos outros, inclusive o seu. Entretanto, você pode não saber qual a melhor maneira de ajudá-la. Este capítulo é um guia prático para auxiliar pessoas nessa situação a tomarem consciência do problema, buscando encontrar uma solução para ele.

Consciência

Ter consciência de alguma coisa significa "conhecer, ter noção, fazer idéia" disso e a respeito disso. Implica conhecimento além do raciocínio, um conhecimento que se adquire com a *experiência*. A palavra hebraica usada nesse sentido é a que descreve a intimidade sexual de Adão e Eva. É um conhecimento que vem de dentro da pessoa.

Para um problema ser resolvido, é preciso tomar consciência dele. Reconhecer a sua existência e a sua importância para a própria pessoa ou para os outros. Essa consciência não é um processo automático como o de acender e apagar uma lâmpada; é uma continuidade. As pessoas podem tomar consciência dos problemas em vários graus. Por exemplo, alguém argumentador e contestador pode até julgar-se a pessoa mais calma do mundo; pode achar que, às vezes, é um pouco teimoso na maneira de defender suas idéias; ou pode estar muito preocupado com o problema e procurar resolvê-lo. Ter consciência não resolve o problema em si; ninguém pode encontrar a solução para um problema sem que tome consciência de que ele existe. Até que isso aconteça, se você quer ajudar, sofrerá mais com o problema do que a própria pessoa. E isso o deixa numa situação difícil, porque você está tentando corrigir um problema que só pode ser resolvido pela outra pessoa. *Somente quando tomar consciência do problema, a pessoa será capaz de assumir a responsabilidade por ele.*

Somente quando tomar consciência do problema, a pessoa será capaz de assumir a responsabilidade por ele.

A Bíblia ensina uma dura lição: mesmo que não tenhamos consciência de nossos problemas, somos culpados por seus efeitos. Deus é mais intransigente em relação à nossa revolta desafiadora do que em relação aos nossos eventuais erros. Mas, mesmo assim, devemos responder por ambos:

> Se, contudo, apenas uma pessoa pecar sem intenção, ela terá que trazer uma cabra de um ano como oferta pelo pecado.
>
> O sacerdote fará propiciação pela pessoa que pecar, cometendo uma falta involuntária perante o SENHOR, e ela será perdoada.

> Somente uma lei haverá para todo aquele que pecar sem intenção, seja ele israelita de nascimento, seja estrangeiro residente. Mas todo aquele que pecar com atitude desafiadora, seja natural da terra, seja estrangeiro residente, insulta o SENHOR, e será eliminado do meio do seu povo. Por ter desprezado a palavra do SENHOR e quebrado os seus mandamentos, terá que ser eliminado; sua culpa estará sobre ele (Nm 15.27-31).

Isso faz sentido quando a pessoa destrói relacionamentos por causa de um hábito do qual não tem consciência, ou quando não consegue vencer nos negócios por causa de uma deficiência sua que pode ser constatada pelos outros, mas da qual ela não se dá conta. Falta de consciência não significa falta de sofrimento para a própria pessoa ou para os outros que com ela convivem.

A falta de consciência desperta a compaixão, e isso causa sérios problemas na vida da pessoa, podendo levá-la a sofrer sem saber por que e sem saber o que fazer a respeito disso. Isso exigirá um nível de amor mais maduro da parte das outras pessoas, especialmente se o problema, de alguma forma, afetar o relacionamento entre elas. No entanto, pode ser difícil sentir compaixão por alguém cujo comportamento ou atitude atrapalha a sua vida. Nesse caso, pense no exemplo mais profundo do universo da compaixão que alguém mostrou pela ignorância de outrem: "... 'Pai, perdoa-lhes, pois não sabem o que estão fazendo'..." (Lc 23.34). Num momento de muita dor, Jesus demonstrou consideração pela cegueira do homem, embora ela fosse parte do motivo de sua dor.

Além disso, como dissemos no capítulo 2, temos certa obrigação em ajudar a pessoa que faz parte de nossa vida a "saber" do problema (Ez 3.18-21). Pode ser preciso que você esclareça o assunto antes que, de fato, ele destrua o seu relacionamento. Esse pode ser um dos motivos de Deus tê-lo colocado em sua vida. Levar a ter consciência é uma forma de mostrar nosso afeto pelas pessoas. Lembre-se de que ter compaixão não significa ser maleável com o assunto. É preciso ser direto, claro e sincero. Mas é preciso também manter o equilíbrio com amor e graça.

Este capítulo apresenta exemplos de conversas específicas que mostram como ajudar uma pessoa que não tem consciência da existência de um problema que precisa ser tratado. Mostramos, também, o que deve ser evitado, numa confrontação, quando se busca conscientizar alguém de seus erros.

Como ter a conversa

Parta da suposição de que a pessoa é "inocente"

Até que esteja certo do contrário, parta da suposição de que a outra pessoa é inocente, não teve nenhuma intenção ou motivação má em sua ação, e trate-a levando isso em consideração. Se, como no caso de Fay, a pessoa realmente não souber o que está fazendo, precisará da sua compaixão e bondade. *Errar inconscientemente é muito diferente de mostrar resistência, ser defensivo ou crítico* (v. cap. 18). A outra pessoa pode simplesmente não ser capaz de compreender o problema. Pode também ter medo de encará-lo ou não ter capacidade de descobri-lo sozinha. Pode simplesmente não reconhecer a gravidade do assunto — admitir que ele pode vir a destruir sua vida e seu relacionamento. Pode, ainda, não desejar descobrir sozinha porque isso mudaria a imagem de bondade e perfeição que tem de si mesma.

Supor inocência significa, também, oferecer à pessoa a chance de se mostrar bem-intencionada. Você tem a esperança de que ela precise apenas de um "empurrão" para lidar com o problema; quer dizer, você espera que, quando souber da existência do problema, ela se mostre aberta a buscar soluções e pronta a assumir a responsabilidade de resolvê-lo.

Com o passar do tempo e a experiência, você poderá chegar à conclusão de que as intenções, o caráter e as motivações da outra pessoa não são, realmente, os melhores. Poderá descobrir que, mesmo conhecendo a verdade, ela não se dispõe a mudar.

Apesar disso, até que você tenha total conhecimento da situação, para demonstrar amor, precisa partir do seguinte princípio: "O amor não se alegra com a injustiça, mas se alegra com a verdade. Tudo sofre, tudo crê, tudo espera, tudo suporta" (1Co 13.6,7).

Às vezes, pode parecer que o problema dessa pessoa é falta de amor. Por exemplo, uma esposa cujo marido não se lembra de lhe perguntar como foi o seu dia pode achar que ele não está interessado nela. Pode pensar que o estará julgando prematuramente, se lhe afirmar: "Por que você não se importa comigo e com meus sentimentos o bastante para perguntar como estou passando?". Ou: "Quando você não pergunta como estou, me faz pensar que não está mais interessado em mim". Entretanto, pode ser que o marido simplesmente não saiba quanto isso é importante para ela. A condenação da esposa pode afastá-lo, e, assim, fica ainda mais difícil conseguir o que ela quer.

Além disso, pode ser necessário abandonar a idéia de que a pessoa "tem" de saber o que você precisa e quer. *Em geral, uma pessoa que mostre ignorar o sentimento de outra é injustamente acusada de insensível porque o confrontador espera que ela seja capaz de ler a sua mente.* Precisar revelar aquilo de que tem necessidade e aquilo que deseja, faz com que o confrontador se sinta pouco amado. Assumir a responsabilidade de se dizer o que se quer pode ajudar: "Mas, tudo o que é exposto pela luz torna-se visível, pois a luz torna visíveis todas as coisas. Por isso é que foi dito: 'Desperta, ó tu que dormes, levanta-te dentre os mortos e Cristo resplandecerá sobre ti'" (Ef 5.13,14).

Vejamos um exemplo de como confrontar uma pessoa que não tem consciência de um problema.

> Saiba que em nosso relacionamento há algo que pode se tornar um problema. Às vezes, quando conversamos, percebo que você realmente não me está ouvindo. Você diz as coisas certas, mas olha para o lado, e não em meus olhos. Parece até estar esperando

que eu acabe de falar para poder fazer seus próprios comentários. Não sei se já havia notado, mas queria que soubesse disso antes de o fato se tornar um grande problema. O que acha?

Nesse exemplo, o confrontador parte do princípio de que a pessoa precisa apenas ser informada da situação e lhe dá a chance de expressar o seu pensamento sobre o assunto. Quando o outro realmente não tem consciência, normalmente esse "empurrão" basta para que a mudança aconteça.

Seja humilde

> *Ser humilde é conhecer a si mesmo, como realmente você é, com suas qualidades e defeitos.*

Encare a pessoa e a situação com humildade. Ser humilde não é achar que você é *inferior* à outra pessoa. É *conhecer a si mesmo, como realmente você é*, com suas qualidades e defeitos. "... Ninguém tenha de si mesmo um conceito mais elevado do que deve ter; mas, ao contrário, tenha um conceito equilibrado, de acordo com a medida da fé que Deus lhe concedeu" (Rm 12.3).

Cada um de nós tem seu "ponto cego", sua impercepção em relação a alguma coisa. É por isso que, freqüentemente, a Bíblia ensina sobre a responsabilidade de falar a verdade uns com os outros. Precisamos ouvir a opinião das outras pessoas para enxergar melhor uma situação: "Portanto, cada um de vocês deve abandonar a mentira e falar a verdade ao seu próximo, pois todos somos membros de um mesmo corpo" (Ef 4.25). Não fale como alguém que já sabe de tudo, mas reconheça, também, seus erros e a necessidade de graça e ajuda.

Sem humildade, você pode acabar assumindo um tom superior ou autoritário: "Às vezes, noto que você se torna controlador em nosso relacionamento e em outros grupos de convivência.

Posso perceber isso porque fazia a mesma coisa e me lembro dos problemas que enfrentava antes de conseguir crescer nessa área. É por isso que posso ajudá-lo". Essa atitude denota que você está olhando a outra pessoa de um nível superior, e essa conduta pode impedi-la de encarar o problema com você e tornar impraticável a sua solução.

Uma atitude melhor seria: "Noto que, às vezes, você se torna controlador em nosso relacionamento e em outros grupos de convivência. Por favor, não me entenda mal. Sei que você não é pior, nem eu sou melhor. Tenho vários problemas dos quais venho tratando há algum tempo, por isso estou na mesma posição que você. Minha intenção é mostrar-lhe esse problema não como um juiz, mas como um amigo".

Tenha empatia

Quando você procurar levar alguém a tomar consciência de um problema, mostre empatia pela pessoa. Empatia é a capacidade de se identificar com os sentimentos de outra pessoa. Pense numa ocasião quando alguém tenha sido insensível ou rude com você, tentando lhe mostrar um problema, sem que você tivesse tomado consciência dele. Pense também numa ocasião em que alguém o tenha levado a reconhecer a existência de um problema, quando você foi capaz de acatar aquela palavra. Provavelmente, no segundo caso, a empatia e o afeto acompanharam a revelação da verdade.

Quando não permitimos que nosso coração seja sensível à situação do próximo, em geral não conseguimos demonstrar a empatia de que a outra pessoa precisa. Podemos até dizer coisas do tipo: "Não dá para acreditar que você não saiba o que está fazendo" ou "Você é tão cego assim?". Esse tipo de atitude magoa as pessoas e não lhes passa qualquer informação.

Quando você reconhece quanto você mesmo necessita de empatia e bondade, a dinâmica da conversa muda: "Quero que saiba de sua irresponsabilidade com o dinheiro. Se eu estivesse no seu lugar, gostaria que alguém me fizesse ver a verdade, mostrando importar-se com minha situação o bastante para se arriscar e buscar confrontar-se comigo. É assim que me sinto em relação a você. Estou do seu lado e sei que não é fácil ouvir esse tipo de coisa. Vamos enfrentar isso juntos".

Descubra até que ponto vai a falta de conscientização da pessoa

Descubra até que ponto a pessoa tem consciência de si mesma e do efeito de seus atos na vida dos outros. Alguns, por motivos diferentes, não conseguem olhar para si mesmos e perceber o que estão fazendo ou por que estão agindo assim. Em geral, não tiveram muitas experiências relacionais nas quais tivessem de atentar para si mesmos. Não raro, esse tipo de pessoa sofreu por causa de sua falta de percepção. Ela pode ter perdido oportunidades na área do amor, dos relacionamentos e do trabalho por causa da incapacidade de analisar a si mesma e de se corrigir.

Você pode precisar orientar esse tipo de pessoa para que ela chegue ao mundo da autoconsciência. Ela pode não entender totalmente o que você está lhe dizendo. Não perca a paciência. Diga apenas: "Tudo o que você faz, bem ou mal, me afeta. Quando é boa para mim, sinto-me amado e ligado a você. Mas se você explode quando quero lhe ensinar alguma coisa, isso me machuca e me afasta de você". Essa clareza e especificidade permitem que a pessoa faça algumas associações entre o seu comportamento e o seu relacionamento com você.

Existe outro tipo de pessoa, entretanto, que tem plena consciência de si mesma, de seus defeitos e erros e, além disso, é bastante autocrítica. Ao mesmo tempo, ela pode ter um "ponto cego". Pode não ter consciência, por exemplo, de que afasta as pessoas emocionalmente ou é controladora.

Para alguém consciente, provavelmente não é preciso dizer muito para que entenda. De fato, você deve ter cuidado para não assumir um tom crítico, dizendo: "Você é muito fraco nessa área". Isso pode piorar o problema da autocrítica. Em vez disso, você tem muito mais chances de fazer essa pessoa se conscientizar e até sentir-se agradecida se insinuar gentilmente o que sabe: "Gostaria que tivesse consciência de um problema. Lembre-se, porém: não é essa a sua única característica. Você tem muitas qualidades. E isso sobre que vou falar não é tão ruim assim". Dessa forma, você está permitindo que ela se apóie no amor, e isso a ajudará a se corrigir sem ficar com raiva de si mesma.

Existe também aquele que faz de tudo para não tomar consciência de sua má atitude. Pode ter receio de olhar para si mesmo, com medo de se julgar má pessoa; pode ser presunçoso e achar que não deve tomar consciência de si ou, ainda, estar atribuindo seus erros a outras pessoas ou a outras coisas, como, por exemplo, culpar o tráfego por seu atraso, em vez de assumir ter saído muito tarde para chegar ao seu destino a tempo.

Pode ser necessário tentar fazê-lo perceber não apenas um problema, mas também a dificuldade que tem de se ver a si mesmo. Se isso não for tratado, você corre o risco de nunca ser capaz de tocar o sentimento dessa pessoa.

Se você perceber que a pessoa não quer tomar consciência do problema, poderá, por exemplo, tentar falar da seguinte forma: "Quero conversar sobre sua instabilidade no trabalho. Acho que é um problema sério, mas não sei como falar disso, porque você costuma ignorar tudo o que penso e sinto sobre um problema, quando você acha que não o está enfrentando. Assim, fica muito difícil conversarmos, e isso me afasta de você. Estou preocupado e acho que isso está lhe fazendo mal também. Gostaria que ouvisse o que penso". Se a pessoa conseguir se sentir bastante segura para ouvi-lo, essa abordagem pode realmente dar certo.

Seja direto

A melhor maneira de fazer alguém tomar consciência de um problema é mostrar-se sempre amável, mas direto.

> ***Fazer alguém tomar consciência de um problema é mostrar-se sempre amável, mas direto.***

Se a pessoa não sabe o que está fazendo, é inútil lhe dar pistas ou indiretas sobre o que você sabe ser verdade. Lembre-se de que ela não está vendo o seu próprio comportamento, por isso não tem condições de entendê-lo. Quanto mais claro você for, maiores serão as chances da outra pessoa enxergar o que você está dizendo sobre ela. É assim que Deus faz conosco. Embora ele seja cheio de graça, não dá oportunidade a desentendimentos e interpretações erradas sobre suas confrontações. Como disse Jesus à sua igreja sobre as fraquezas que ela portava: "No entanto, tenho contra você algumas coisas: você tem aí pessoas que se apegam aos ensinos de Balaão, que ensinou Balaque a armar ciladas contra os israelitas, induzindo-os a comer alimentos sacrificados a ídolos e a praticar imoralidade sexual" (Ap 2.14).

No intuito de sermos gentis ou de não magoarmos a pessoa, normalmente lhe fazemos apenas observações disfarçadas a respeito do problema. No entanto, poupar os sentimentos nesse momento pode significar mágoas no futuro. É perfeitamente possível que você deixe a pessoa triste ou magoada. É um dos efeitos da verdade: ela se magoa porque acusa um problema. Entretanto, a sua franqueza também pode dar vida a alguém que precise de ajuda.

Procure evitar as abordagens indiretas e as armadilhas dos exemplos a seguir.

Indireta: Você acha que poderia passar para me pegar dentro do horário hoje à noite?

Melhor: Por favor, não se atrase quando vier me pegar hoje à noite.

Indireta: Eu realmente "adoro" quando você coloca os pratos sujos dentro da pia!...
Melhor: Por favor, coloque os pratos sujos na máquina de lavar pratos, e não na pia.

Indireta: Você não se sente desconfortável quando me trata tão mal desse jeito?
Melhor: Por favor, não me corrija na frente dos convidados.

Indireta: Tem certeza de que você quer comprar esse aparelho de DVD?
Melhor: Por favor, não compre esse aparelho de DVD. É muito caro para nós.

A pessoa confrontada pode interpretar essas abordagens como sugestões ou idéias, não como problemas que você quer que ela reconheça. Ela pode facilmente ouvir e apreciar suas sugestões, mas não tratá-las como um verdadeiro problema.

Em vez disso, apresente a realidade que você quer que ela conheça, de maneira clara e não distorcida:

> Quero que saiba que, quando tento falar de um problema, você foge de mim.
>
> O seu hábito de beber lhe faz mal e atrapalha o nosso relacionamento.
>
> Quando você faz alguma promessa e não cumpre, causa um grande problema, e acho que isso pode piorar.
>
> Notei um padrão de comportamento em você que realmente me preocupa. Você me ataca violentamente, sem pensar.

Essas confrontações oferecem mais chances de a pessoa tomar consciência do que você quer.

Seja específico

Usar exemplos específicos pode ajudar o outro a ter consciência de que tem um problema. Se for um problema sério, é bom dar vários exemplos que possam mostrar que ele tem um problema que afeta negativamente sua vida e seus relacionamentos.

Os fatos dão importância e sentido à exposição do problema. Eles revelam o que você está tentando provar, dão sustentação e esclarecem o seu argumento. A Bíblia contém muitos exemplos de Deus apresentando os fatos quando queria ver o seu povo tomar consciência do que ele estava fazendo: "O povo da terra pratica extorsão e comete roubos; oprime os pobres e os necessitados e maltrata os estrangeiros, negando-lhes justiça" (Ez 22.29).

Quando usar exemplos específicos, fale com a pessoa partindo do princípio de que ela aceitará o que você está lhe dizendo. Dê-lhe a oportunidade para a dúvida. Não raro, quando tem bom coração, a pessoa fica surpresa diante das provas de que traz um problema. Às vezes, até fica com remorso e se sente mal pelos efeitos de suas ações. Esses tipos de resposta são bons indicadores de que ela está levando os fatos a sério e fará alguma coisa para resolver a questão.

Porém, mesmo que a pessoa se mostre mais resistente, não deixe de apresentar os fatos. Eles podem ajudar a derrubar suas defesas. Mas se a pessoa estiver determinada a não enxergar ou admitir o problema, você precisará não apenas mostrar os fatos, mas também tratar dessa resistência subjacente (v. cap. 18).

Os fatos podem ser informações objetivas, comprováveis, ou podem ser pessoais e de natureza sentimental. As informações objetivas, como horas, datas e descrições de eventos, podem ajudar a pessoa a enxergar com mais clareza o problema. As informações sentimentais, como emoções e impressões, podem tocar seu coração. Vejamos alguns exemplos de como a abordagem específica pode ajudar a pessoa a tomar consciência de um problema:

> Quinta-feira, pedi a você que buscasse o Dylan depois do jogo, mas Pam teve de trazê-lo para casa porque você não apareceu.
>
> No restaurante, você foi tão rude que os Thompson me disseram que não querem mais sair conosco.
>
> Você ficou tão bravo na semana passada que esmurrou a parede da sala.
>
> No mês passado, você se fechou e ficou carrancuda três vezes, quando discordei do lugar aonde queria ir para jantar.
>
> Lembro-me da última vez em que você tomou a iniciativa de se abrir comigo e estreitar nosso relacionamento. Foi em novembro, quando saímos para dar um passeio a pé.
>
> Seu desempenho e assiduidade no trabalho caíram significativamente no ano passado. Veja só os registros.
>
> Quando disse que queria ficar com você na noite passada, você mudou de assunto e se afastou de mim.

Evite o uso de exemplos globais ou vagos e de terminologia que não confira a clareza que deseja. Isso também pode comunicar que a pessoa e o problema são piores do que parecem:

> Você nunca demonstra interesse por mim.
>
> Você nunca respeita os sentimentos dos outros.
>
> Sempre que conversamos, você não quer resolver o assunto.
>
> Você não consegue ir ao *shopping* sem gastar demais.

Pense bastante e escolha os exemplos que têm mais probabilidade de fazer a pessoa reconhecer o problema.

Leve a pessoa a enxergar os efeitos

Para ajudar a pessoa a tomar consciência do que faz, você precisa levá-la a reconhecer os efeitos do seu comportamento. Essa abordagem ajuda a tornar a sua confrontação mais pessoal e real, e menos abstrata; o problema não existe sozinho. Em geral, a pessoa fica profundamente abalada quando descobre que está prejudicando a si mesma e magoando os outros. Você mostra o que ela faz no contexto de sua vida e de seus relacionamentos. Isso pode incluir preocupações em relação aos efeitos no presente e também ao que pode acontecer se nada mudar. Vejamos três tipos de efeitos que você pode levantar.

O efeito sobre ela

Mostre-lhe os efeitos de seu comportamento ou atitude em sua própria vida. Diga-lhe que se preocupa com ela e não quer que o problema atrapalhe sua qualidade de vida, seus objetivos e sonhos, sua saúde, e assim por diante.

Tenha cuidado para não falar de efeitos que digam respeito somente a você. Se não lhe forem pertinentes, dificilmente você a levará a reconhecê-los: "Talvez você não seja muito estável para ter uma esposa, filhos e um lar". Se preferir ficar solteira, essa confrontação não convencerá a pessoa a se dedicar mais ao trabalho.

Antes, fale de coisas importantes: "Quero que tenha consciência de que parece meio perdido no que se refere a ter um trabalho e seguir uma carreira. Isso pode causar um péssimo efeito em sua vida. Sei que tem sonhos e vontade de fazer alguma coisa importante e interessante com seus talentos. Mas estou preocupada porque, se continuar a não fazer caso de sua carreira, você poderá perder as oportunidades de trabalho que gostaria de ter".

O efeito sobre você

Não raro, a pessoa se torna mais consciente do seu problema quando você mostra que suas ações o afetam. Para não ter consciência de algum problema, as pessoas, com freqüência, dizem a si mesmas: *Não estou prejudicando ninguém, a não ser a mim mesma, com essa decisão.* Entretanto, quase sempre os outros são envolvidos.

Deus nos criou para termos cuidado uns dos outros. A natureza do relacionamento é que nossa vida e sentimentos se liguem, mesmo no sofrimento: "Quando um membro sofre, todos os outros sofrem com ele; quando um membro é honrado, todos os outros se alegram com ele" (1Co 12.26). Quando você mostra que está sendo afetado, o cuidado e a preocupação que a pessoa tem por você podem ajudá-la a entender que o problema é sério.

Não cometa o erro de exagerar nos efeitos de suas ações. Essa distorção pode fazer com que ela se sinta culpada ou simplesmente negue o que você está dizendo. Fale dos efeitos de seu comportamento sobre você. Evite confrontações do tipo: "Você passa a maior parte do tempo com seus amigos, em vez de estar com sua família. Isso me deixa arrasada, e não sei se vou agüentar". Ou: "Jamais serei feliz e me sentirei realizado na vida se você continuar a ser negativa comigo".

Mostre de maneira realista e direta o efeito que a pessoa causa em você:

> Sua falta de interesse nos assuntos espirituais me distanciam de você.
>
> Você me deixa magoada quando me critica.
>
> Você sempre ignora a minha opinião; isso me deixa com raiva. Faz-me pensar que você não gosta de mim.
>
> Quando você quer ser o centro das atenções, sinto-me distante, como se você não fosse a pessoa que conheço e amo.

O efeito sobre os outros

Você pode também reforçar a consciência da pessoa colocando diante dela informações sobre o efeito que o problema pode causar nos outros. Essa abordagem leva em conta sua preocupação pelas pessoas importantes em sua vida. Isso pode incluir relacionamentos com:

- cônjuge ou namorado(a)
- amigos
- filhos
- pais
- outros parentes
- vizinhos
- colegas

Por exemplo, conheço muitos dependentes químicos que só tomaram consciência de que tinham o problema quando descobriram quanto prejudicavam os filhos. Seu amor por eles criou uma base segura para que analisassem o que estavam fazendo. Um forte exemplo disso é uma intervenção formal, usada em situações como alcoolismo e dependência química (v. o primeiro tipo de situação de consciência a seguir).

Peça uma mudança

Ao ajudar uma pessoa a se tornar consciente, você precisa levá-la a passar por uma mudança. Como ainda não percebeu que seu comportamento ou atitude é um problema, ela talvez não saiba o que fazer sobre isso ou mesmo se deve fazer alguma coisa. Pedir uma mudança ajuda a mostrar o que é esperado e cria uma estrutura para a pessoa restabelecer uma ligação com você.

O pedido de mudança deve ser específico. Deve, também, preservar a liberdade da pessoa. Em outras palavras, não deve ser uma exigência; você sabe que essa pessoa tem liberdade de escolha. Além disso, o pedido deve partir do coração; ele precisa partir da sua preocupação pela pessoa. Vejamos algumas maneiras de se pedir uma mudança:

Gostaria que você começasse a freqüentar o grupo de estudo da igreja comigo.

Quero ver o seu esforço para fazer o que promete. Assim, eu poderei confiar em você. Nós poderemos criar um esquema no qual pagaremos uma taxa sempre que não cumprirmos nossa palavra.

Por favor, deixe-me terminar o meu raciocínio e ouça aquilo que estou dizendo antes de responder.

Preciso que você controle a sua raiva; tanto eu quanto as crianças ficamos assustados com ela. Gostaria que esta semana você consultasse um terapeuta meu conhecido.

Situações na tomada de consciência

Quando tiver que ajudar uma pessoa a tomar consciência de um problema, saiba com que tipo de situação você está lidando, pois contextos diferentes requerem tratamentos diferentes. A seguir, apresentamos três situações e maneiras de tratá-las.

1. Pelo bem da pessoa, sem nenhum interesse de sua parte

Nesse caso, a pessoa precisa tomar consciência de um problema visto por você, mas que não afeta diretamente a sua vida. Por exemplo:

- Seu pai é um alcoólatra. Você não depende mais dele, mas está preocupado com a sua situação.
- Você tem uma amiga casada que está prestes a ter um caso extraconjugal.
- Seu filho adolescente está saindo com uma turma da pesada e seu desempenho escolar está piorando.

Nesses tipos de situações, procure direcionar a confrontação para o bem-estar da pessoa, não para o seu próprio bem-estar. É ela que está se prejudicando. Embora certamente você sofra por sentir empatia e queira que ela saiba da maneira como o problema a afeta emocionalmente, o propósito da confrontação deve ser fazê-la buscar ajuda.

> Seu hábito de beber está prejudicando a sua saúde, seus relacionamentos e seu trabalho. Gostaria que você buscasse ajuda.
>
> Estou preocupado com o que está acontecendo entre você e Bill. Sei que você gosta dele, mas desejo vê-la consciente de todos os riscos para o seu casamento, sua família e sua fé, por causa disso.
>
> Sei que você não vê nada de errado em seus amigos e em suas notas, mas há muitos erros envolvidos nisso tudo. Quero que tenha liberdade de escolha, mas vejo as escolhas feitas por você afetando-o negativamente. Devo insistir para que tratemos desse assunto como um grande problema.

Um exemplo sério desse tipo de situação é a *intervenção formal*, na qual a pessoa tem um problema que pode arruinar sua vida, mas não tem consciência do que está fazendo. No processo de intervenção, são tomadas todas as medidas para que haja um encontro surpresa com as pessoas mais íntimas (família, amigos, vizinhos etc.). Todos se juntam para conversar e se sentam num círculo em volta da pessoa. Ela é orientada a não falar; apenas responder.

Então, cada pessoa do círculo lhe conta, às vezes com um discurso preparado, como seu comportamento tem afetado sua vida. A filha pode falar como se sentiu quando o pai apareceu bêbado em sua festa de formatura. Um colega de trabalho pode dizer quanto seu hábito de beber afeta a empresa. A mãe pode falar de sua tristeza ao ver o filho estragar a própria vida. Essas declarações costumam ajudar a acabar com o estado negativo da pessoa e fazê-la admitir para si mesma que realmente tem um problema.

No fim, as pessoas pedem que ela busque um tratamento. Às vezes, suas malas já estão prontas e um táxi à sua espera para levá-la a uma clínica de desintoxicação.

As pessoas do grupo também podem dizer-lhe que, se resistir, as relações serão cortadas e não entrarão em contato até concordar em procurar ajuda. As intervenções são os últimos recursos poderosos para se lidar com alguém que corre o perigo de causar um sério dano a si mesmo. Elas são muito fortes emocionalmente. Em geral, as reações da pessoa são extremas, passando da raiva de ser exposta ao profundo remorso pelo que fez e gratidão pelas pessoas se preocuparem tanto com ela.

As intervenções são complexas e se baseiam em muita pesquisa. Com freqüência, são orientadas por profissionais com treinamento específico para esse tipo de abordagem, que ensinam à família e aos amigos o que fazer. Se você estiver nessa situação, procure um especialista em intervenções e deixe que ele conduza o processo. Suas chances de sucesso são muito maiores com um profissional.

2. Pelo bem da pessoa, com interesse de sua parte

Em outro caso, o problema da pessoa afeta diretamente a sua vida. Quer dizer, a pessoa com quem você está se confrontando precisa ganhar consciência pelo bem de si mesma e do relacionamento de vocês. Vejamos algumas situações que têm um impacto direto sobre a vida dos outros:

- Seu marido é tão egoísta sentimentalmente que você não sente mais o amor que sentia por ele e está preocupada com a sobrevivência do casamento.
- Sua namorada fica extremamente aborrecida e mostra-se crítica quando você discorda dela. Você gosta dela, mas ela o machuca muito.

- Um colega tem um péssimo desempenho por causa da irresponsabilidade, e isso afeta as avaliações que são feitas sobre você.

Nessas situações, há uma preocupação com o bem-estar de vocês dois; portanto, leve a pessoa a uma confrontação, tendo isso em mente. Você quer que ela tome consciência do que está acontecendo do ponto de vista de seu interesse e de seu afeto e relação com você:

> Você é responsável e bom marido. Mas há um sério problema: só consegue olhar para si. As crianças e eu não conseguimos mais nos relacionar com você porque você não pensa em ninguém. Estou preocupada porque você as está perdendo; elas estão se afastando cada vez mais de você. Sei que isso está afetando seu trabalho e suas amizades. Estou começando a perder o amor que sinto por você. É difícil dizer quanto me preocupo com o nosso casamento e aquilo que estou sentindo com relação a isso. Quero que procure ajuda junto comigo o mais rápido possível.
>
> Quando não enxergamos as coisas do mesmo modo, uma parte de você, que eu não conheço, emerge, e sinto como se, na verdade, você mesma não soubesse disso. Você fica irada, me humilha e parece até que perde o controle. Isso não é bom para você, emocional, espiritual ou socialmente. E isso realmente me machuca. Sinto como se me odiasse e quisesse me arrasar. Cada vez que isso acontece, preciso de um tempo para me recuperar. Tal fato me faz questionar se devemos continuar nos vendo. Preciso que tenha consciência de que isso é um problema real.
>
> Quero que saiba que existe um problema sério em você preparar os relatórios para mim a tempo. Sei que isso afetou suas avaliações e que deve ser difícil para você. Ao mesmo tempo, como estamos na mesma equipe, seu desempenho afeta o meu.

> Recebi avaliações negativas por causa do atraso dos seus relatórios. Uma irresponsabilidade que não faz bem a nenhum de nós. Vamos pensar juntos numa forma de você se tornar mais pontual. Quero continuar na mesma equipe que você, mas, se a situação não melhorar, pedirei para ser transferido para outra.

Essas confrontações visam a preservar tanto a situação da outra pessoa quanto a sua. Tal abordagem pode abrir os olhos do outro para a gravidade das atitudes que está tendo.

3. A pessoa tem consciência, mas acha que não precisa mudar

O maior objetivo da tomada de consciência é o *arrependimento*. Em outras palavras, a pessoa realmente muda de idéia em relação ao que está fazendo e, conseqüentemente, muda sua vida. João Batista disse: "Dêem fruto que mostre o arrependimento!" (Mt 3.8). Essa é a melhor maneira de se resolver os problemas e restaurar relacionamentos.

Em algumas situações, entretanto, a pessoa pode perceber os erros cometidos por ela, tomar consciência da opinião que você tem a respeito do problema, e até mesmo reconhecer que ele existe. Mas ela não vê necessidade de mudar ou de se arrepender.

Essa questão pode ser séria, pois você não pode contar que a tomada de consciência bastará para tocar seu coração e estimulá-la a mudar. Ela tem mais alguma coisa errada dentro de si, como uma distorção na percepção da gravidade do problema, incapacidade de sentir empatia pelos outros ou egocentrismo. O que geralmente acontece é que *os outros começam a sentir os efeitos de um problema que ela deveria assumir*. Isso pode ser desastroso para muita gente. Vejamos alguns exemplos:

- Seu marido vê pornografia na internet. Você descobriu e o procurou para uma confrontação, mas ele diz que isso não é realmente um problema.

- Sua mulher gasta demais. Você teme pela repercussão nas finanças e quer resolver o problema, mas ela ri do assunto e diz que você precisa se acalmar.
- Uma amiga a envolve num problema com outros. Em vez de dizer às pessoas o que sente, ela o procura. Você não gosta de ficar nessa posição, mas ela sempre faz isso.

Embora esses problemas sejam desanimadores, você pode encontrar uma forma de ajudar. Você precisará estruturar a sua confrontação com a pessoa de forma a fazê-la encarar a sua própria falta de preocupação.

- Procure explicitar a sua preocupação. Você não quer que ela fique confusa ou seja mal informada.
- Trate da falta de preocupação da pessoa como um problema em si. Diga como sua falta de interesse em mudar afeta você e o seu relacionamento com ela.
- Se ela persistir em não fazer nada, estabeleça restrições e limites para proteger a si próprio e aos outros diante do problema, responsabilizando-a por ele.

Esses elementos lhe darão a melhor chance possível de ajudar a pessoa. Vejamos alguns exemplos de como dizer isso:

> Sei que você pensa que a pornografia não é um problema, mas isso não é verdade. É um grande problema. Estou preocupada com o seu próprio bem-estar emocional e espiritual; tenho receio de que você se vicie. E tenho receio de mim mesma; estou arrasada. Sinto-me traída, desprezada e enganada. Nem sei mais o que penso sobre nós. Isso deixou o meu mundo de cabeça para baixo. No entanto, você insiste em pensar que não está me afetando nem nos prejudicando. Vou insistir para que trate disso e o faça agora. Quero deixar uma coisa bem clara: não aceitarei pornografia em nossa casa. Se você não concordar em parar

> agora e buscar ajuda, tomarei medidas mais sérias para resolver o problema.
>
> A verdade é que, embora você pense que estou apenas sendo avarento, analisei seus gastos com o nosso contador. Estamos correndo o risco de não ter dinheiro suficiente para pagar os estudos de nossos filhos ou para nossa aposentadoria. A situação está ficando séria, e quero que você pense bem nisso. Você me irrita quando dá de ombros e me faz pensar que minha opinião não significa nada para você. Quero que sejamos responsáveis financeiramente. Mas, se insistir em fazer a sua vontade, terei de proteger as finanças de nossa família, dos seus gastos, até que você mude.
>
> Sinto muito pelos problemas que você está tendo com Nancy e Beth. Mas, como já disse, você não deve me procurar para falar delas. Você precisa ir diretamente a elas. Fico numa posição muito desconfortável quando me procura porque você me envolve numa fofoca e não quero ter nada a ver com isso. Sinto-me perturbada com a idéia de que não encare a fofoca como um problema e continue falando desses assuntos comigo. Infelizmente, se não parar, terei de limitar o tempo que passamos juntas até você resolver isso.

São limites difíceis de traçar, mas essa costuma ser a abordagem mais eficaz. Se for esse o seu caso, procure outras pessoas prontas para apoiá-lo, a fim de dizer e fazer o que precisa. Lembre-se também de que todo mundo tem muitas, mas muitas coisas do que se arrepender na vida. Deus está extremamente empenhado em nos ajudar a mudar de idéia sobre as coisas: "Eu não vim chamar justos, mas pecadores ao arrependimento" (Lc 5.32). Peça a Deus, que nos ama tanto, que o ajude a buscar uma confrontação com a pessoa que lhe está causando problema.

Outra leitura de Fay

Voltemos agora a Fay, que provavelmente poderia ter se beneficiado de uma confrontação com amor. Vejamos um exemplo de como alguém poderia tê-la confrontado:

> Fay, adoramos que você participe de nossas reuniões. Você contribui muito para nossa vida. Mas gostaria de mencionar um problema comum quando está conosco. Não é nada grave, mas é importante que esclareçamos o assunto.
>
> Há momentos em que, durante as conversas com as pessoas, você muda de assunto e começa a falar de si mesma. Adoramos ouvir sobre a sua vida, mas, às vezes, isso é difícil para os outros. Apreciaria muito se você se limitasse mais ao que as pessoas estão falando e falasse de si mesma no mesmo nível que os outros.
>
> Realmente, não quero magoá-la com isso e gostaria que você se sentisse sempre bem-vinda em nosso meio. Poderia fazer isso ou lhe causaria algum tipo de problema? Gostaria de saber, porque não quero lhe causar nenhuma dificuldade.

Se Fay ouvisse essas palavras com o mesmo espírito com que elas são ditas, as reuniões familiares seriam muito mais agradáveis.

Outra situação de importância é enfrentar um comportamento ou atitude problemática contínua, sem o menor sinal de que será resolvida. No próximo capítulo, mostraremos uma forma de confrontar essa situação de maneira construtiva para que as coisas melhorem.

17

Fazer um comportamento cessar

Linda ligou para o nosso programa de rádio porque estava aborrecida com o marido. Quando lhe perguntamos qual era o problema, ela disse que, na rua, o marido costumava olhar para outras mulheres. Num restaurante, quando uma mulher bonita passava, ele torcia tanto o pescoço que só faltava cair da cadeira. Linda se sentia desprezada.

Quando lhe falava sobre quanto esse comportamento a constrangia, ele tentava fazer tudo parecer normal e, às vezes, até a atacava: "Do que você está falando? Eu não faço isso. Além do mais, se você mantivesse a forma, eu não olharia para as outras mulheres. Você já pensou nisso?". Linda acabava se sentindo triste e desesperada. De nada adiantou tentar falar sobre o problema. Por isso ela parou de tocar no assunto.

Mas na noite anterior ao dia em que ela ligou para nós, aconteceu algo que trouxe o problema à tona de novo. Ela acordou à noite e não viu seu marido na cama. Decidiu verificar o que ele estava fazendo e o encontrou diante do computador, navegando em *sites* pornográficos. Agora o problema "olhar para outras mulheres" tinha ido longe demais. Ela sabia que precisava fazer alguma coisa. Mas, por causa das brigas que já haviam tido, ela não sabia o quê.

— O que você fez? — perguntei.

— Disse-lhe achá-lo um pervertido, e que há muito tempo eu já sabia disso. Disse-lhe simplesmente não querer que ele se aproximasse mais de mim, e fui para a cama. Chorei a noite inteira. Passei a noite em claro e não sei o que fazer.

— Você falou com ele depois disso?

— Não; nem saberia o que dizer. Não sei se estou mais triste ou furiosa. Sinto-me péssima! O que devo fazer? — disse com desespero.

Pense por um momento sobre esta questão: Existe alguém em sua vida tomando alguma atitude que o magoa? Você gostaria de ver uma mudança de comportamento nessa pessoa? Provavelmente não será difícil pensar em alguém que faz algo que o aborrece. Na verdade, pensando melhor, provavelmente você se lembrará de mais de uma pessoa que o aborrece com seu comportamento. A maioria das pessoas diria que, em várias situações na vida, certos relacionamentos seriam melhores se a outra pessoa passasse por transformações em suas atitudes, parando de fazer determinadas coisas. Outras iriam além do "tornar-se melhor" e diriam que o próprio relacionamento e até mesmo a vida dessa pessoa poderiam ser salvos.

Em geral, o comportamento que se deveria ver cessar se enquadra numa destas categorias:

1. Se ele parasse de fazer isso, você não ficaria mais aborrecida ou magoada.
2. Se ela parasse de fazer isso, seu relacionamento melhoraria.
3. Se ele parasse de fazer isso, seria melhor.

4. Se ela parasse de fazer isso, as outras pessoas não se machucariam mais ou se sentiriam melhor.

Nem todas as coisas são tão dolorosas quanto o que o marido de Linda fez. Há coisas bastante simples que podem ser resolvidas apenas com uma conversa. Considere as seguintes possibilidades, que podem ser complicadas ou simples, desagradáveis ou ameaçadoras:

- Chegar tarde
- Ser ofensivo
- Ter vícios
- Agredir verbal ou fisicamente
- Ser irresponsável
- Ser controlador
- Trair ou ser infiel
- Ser desonesto
- Abusar da generosidade de um amigo ou de um membro da família
- Ser desordeiro
- Gastar demais ou não ter controle sobre as finanças
- Ser insensível
- Ser passivo ou não cumprir as promessas
- Ser desrespeitoso

A lista continua. Sempre existe outra maneira de machucar as pessoas. Mas estamos sempre evitando nos confrontar com quem deveríamos, e, geralmente, quando juntamos coragem suficiente para isso, a conversa não vai bem. Neste capítulo, veremos os princípios que devemos aplicar nesse difícil tipo de conversa, quando o problema é o comportamento da outra pessoa. Poderá ser uma das situações mais constrangedoras que você já viveu ou também uma das mais compensadoras.

Prepare-se antes da confrontação

Quando conversamos, Linda nos contou mais sobre sua situação. Disse-nos como havia se confrontado com o marido e sobre as vezes que, ao longo dos anos, não o procurara para uma confrontação. Aparentemente, ele tinha um sério problema de caráter. Mas, à medida que ela ia descrevendo a situação, senti duas coisas que sempre percebo em tais circunstâncias. Primeiro, fiquei triste pelo que havia acontecido e, depois, tive esperança de que as coisas poderiam melhorar com um tipo diferente de confrontação, para o qual ela estivesse mais preparada. Se existe uma coisa que diminui as chances de sucesso numa confrontação é a falta de preparo. Disso falaremos nos capítulos 19 e 20.

Neste momento, gostaríamos de enfatizar apenas um desses princípios. Uma das melhores maneiras de se confrontar uma pessoa sobre seu comportamento é descrita no livro de Miquéias: "Ele mostrou a você, ó homem, o que é bom e o que o SENHOR exige: pratique a justiça, ame a fidelidade e ande humildemente com o seu Deus" (Mq 6.8).

Se você se preparar antes de uma confrontação e se lembrar dessa posição antes de agir, terá muito mais chances de ter um bom resultado do que se apenas agir instintivamente ou reagir e confrontar-se no "calor do momento", como Linda fez ao longo do tempo. Vejamos três abordagens vigorosas de confrontação:

1. Agir com justiça
2. Amar com misericórdia
3. Caminhar humildemente com Deus

"Agir com justiça", no caso em questão, quer significar a importância da justiça, ou do que é certo e bom. Em outras palavras, quando alguma coisa está errada, devemos tomar uma atitude para resolver a questão. No campo dos relacionamentos, precisamos "julgar" uns aos outros, no bom sentido, tal como

Paulo ensina que devemos julgar nossos comportamentos e dizer a verdade em amor (1Co 5.12; Ef 4.15). Paulo diz que cresceremos se fizermos isso. E, como o provérbio nos lembra: "... quem ouve a repreensão obtém entendimento" (Pv 15.32). Obviamente, para tanto, é necessário que alguém faça uma confrontação.

Por isso, quando você se preparar para confrontar o comportamento de alguém, lembre-se de que está fazendo uma coisa boa. É a coisa certa a fazer e é para ajudar. Isso fará com que seja sincero na confrontação e o ajudará a evitar a tendência de minimizar o problema ou a questão e o levará a tomar uma posição firme contra o que está errado. Ter isso em mente o ajudará a "ir até o fim" e não recuar.

"Amar com misericórdia" basicamente é demonstrar bondade e compaixão. Significa curvar-se a alguém em bondade, generosidade e boas ações, ou seja, ser "bom" para a outra pessoa, mostrando compreensão e amor. É muito fácil ser "mau" no exercício da justiça, já que a verdade pode ser dura. Mas "amar com misericórdia" responde à necessidade de administrar a verdade na confrontação, de ser bom e compassivo, além de honesto. Ao "julgarmos", não devemos condenar, mas "analisar" sem reprovação.

Quando juntamos esses dois atributos — justiça e misericórdia —, como Deus nos ensina, as possibilidades de sucesso são muito maiores do que se administrássemos apenas um deles isoladamente — ou a justiça, ou a misericórdia. Todos precisam das duas coisas. Para que uma pessoa seja confrontada com eficácia, ela precisa saber que o confrontador está "do seu lado", e não "contra ela". A melhor fórmula que conheço dessa combinação partiu de um amigo meu. Ele revelou que, ao fazer uma confrontação, procura ter sempre em mente o seguinte preceito: *Seja duro com o assunto e suave com a pessoa.*

Seja duro com o assunto e suave com a pessoa.

Se você permanecer firme quanto ao assunto e for brando com os sentimentos e o coração da pessoa, terá mais chances de alcançar um bom resultado. Então, acrescente o terceiro lado do triângulo: caminhe humildemente com Deus.

Isso significa que você não assume o papel de Deus como juiz, condenando a pessoa ou aplicando-lhe um castigo. Em vez disso, na sua "avaliação", você se identifica com ela como um lutador imperfeito, e não como um "governante sobre ela". Vocês permanecem em igualdade.

Além disso, ser humilde diante de Deus significa responder a ele, estar aberto à correção divina, em relação às suas atitudes, e manter-se "temente" a ele, no bom sentido, significando que o Senhor está "acompanhando" o processo no qual você se vê inserido. Quando nos machucamos ou nos sentimos irados, somos tentados a lidar com esses sentimentos de maneira destrutiva. Mas Deus nos ensina a praticarmos a bondade. Isso nos ajuda quando desejamos seguir seus desígnios e nos tornar semelhantes a ele.

Portanto, coloque em ação essa atitude diante de uma confrontação, e terá mais chance de alcançar um bom resultado.

Saiba quando confrontar e quando esquecer o assunto

Uma das coisas em que as pessoas demonstram ter dificuldade de se sair bem é avaliar a adequação de uma confrontação. Na cultura atual, em que se cresce e aprende a não "permitir", há aqueles que agem como se fossem crianças com um novo brinquedo. Julgam todo comportamento que não lhes agrada como incorreto, devendo ser sempre confrontado. Isso pode ser um problema.

Às vezes, a confrontação se faz necessária; outras vezes, devemos esquecer o assunto. Algumas pessoas alimentam idéias erradas em relação ao nível de crescimento espiritual e ciclo de maturidade dos outros. Suponhamos, por exemplo, que um homem não está buscando o crescimento espiritual e se dedicando à liderança da família porque enfrenta uma depressão. Está paralisado e não consegue assumir seu papel. Nesse caso, seria recomendável que a esposa falasse com ele a fim de estimulá-lo a buscar ajuda para seu problema emocional, em vez de levá-lo a uma confrontação por não estar cumprindo suas responsabilidades como chefe de família. Além disso, a própria pessoa, sozinha, pode abandonar esse comportamento. Por isso, é bom ser paciente e agradecer por ela não se desviar do caminho.

Então, antes de confrontar a pessoa, pergunte-se: "Este é o momento certo para isso? Existem outros problemas que essa pessoa precisa entender antes de ser confrontada? Ela precisa se sentir segura antes que eu traga o assunto à tona?". Avalie cuidadosamente a pessoa e o relacionamento para saber se essa é ou não a melhor hora para uma confrontação.

Há coisas pelas quais não vale a pena lutar. Lembre-se de que o mais importante é o relacionamento. Se expressar uma opinião o ajudará a ganhar um conflito, mas o levará a perder a guerra, então é melhor esperar. Como ensina Provérbios: "A sabedoria do homem lhe dá paciência; sua glória é ignorar as ofensas" (Pv 19.11). Às vezes, quando a pessoa é ofensiva e existe um problema maior para se resolver, é melhor esquecer o assunto.

Esclareça as motivações

Falaremos muito mais sobre motivações no capítulo 20, mas agora gostaríamos de enfatizar que, quando você esclarece as motivações, o "porquê" ou o propósito da confrontação, pode realmente afetar o resultado. Em poucas palavras, vejamos alguns bons motivos para uma confrontação na qual você quer que alguém cesse de apresentar determinada atitude:

- Você busca uma confrontação para ajudar a si mesmo — o comportamento da pessoa está lhe causando problemas.

- Você busca uma confrontação para ajudar o relacionamento — o comportamento da pessoa está acabando com a intimidade ou com a viabilidade do relacionamento.
- Você busca uma confrontação para ajudar a outra pessoa — seria melhor para ela mudar o comportamento.
- Você busca uma confrontação para ajudar outras pessoas — o comportamento da pessoa está prejudicando os outros.

Quando você sabe por que está buscando a confrontação, é mais fácil se manter concentrado no problema.

Eu (Henry) estava dando um seminário quando, certa noite, na sessão de perguntas e respostas, uma mulher levantou a mão e disse que queria conversar com o pai sobre suas atitudes. Quando lhe perguntei por que, ela disse que gostaria que ele experimentasse o mesmo crescimento pelo qual tinha passado. Sugeri, então, que ensaiássemos uma conversa entre ela e o pai, na qual eu faria o papel dele.

Ela começou dizendo quanto gostava dele e queria que aprendesse e experimentasse as coisas boas que ela mesma tinha aprendido e, por essa razão, queria falar com ele. Isso parecia bom. Mas, então, falou quase exclusivamente sobre si mesma: ele a tinha magoado muito, era muito crítico e mau para com ela e era ele quem precisava mudar.

Logo a interrompi e perguntei:

— Espere um minuto! Para quem você está falando isso? Pensei que estivesse querendo ajudar seu pai. Isso parece mais um desabafo. No lugar de seu pai, posso dizer que isso não está ajudando muito!

Conversamos sobre o que tinha dito, e ela viu que o propósito e a intenção de sua conversa não estavam claros. Primeiro, disse que queria ter uma conversa para ajudar seu pai. Mas, na verdade, estava mais concentrada em seu próprio bem do que no dele. Disse-lhe ser perfeitamente compreensível ela desejar conversar com seu pai sobre sua mágoa no relacionamento com ele e buscar entendimento, perdão e reconciliação. Mas ela não deveria agir como se sua missão fosse ajudá-lo.

Quando você descobrir dentro de si mesmo o propósito da confrontação, poderá ser muito mais claro e mais concentrado na conversa em si.

Compreenda as três possíveis reações a uma confrontação

Começamos o livro com uma visão positiva da importância da confrontação. Vimos todas as coisas boas que ela pode produzir na vida e num relacionamento. Na verdade, não existe um bom relacionamento sem que haja confrontação.

Lembre-se de que a confrontação nem sempre acontece tranqüilamente e pode até não terminar "bem", entendendo por "bem" todos se abraçando e dando as mãos. Mas, mesmo que não termine bem, a confrontação pode ter um grande valor como início ou mesmo como uma conversa entre as muitas que você terá com a pessoa. Se ela ouvir a mesma música repetidamente, um dia poderá experimentar uma inovação. E você fará parte dessa "cadeia de verdade". Então, não fique desanimado se uma confrontação não acontecer com tranqüilidade ou não terminar "bem".

Basicamente, três coisas podem acontecer depois de uma confrontação. Primeiro, você pode ser bem recebido, a pessoa entender o seu objetivo e tudo terminar bem. Como diz o provérbio, "... repreenda o sábio, e ele o amará" (Pv 9.8). Ele pode lhe agradecer por isso, se tiver a mesma atitude do rei Davi:

> Fira-me o justo com amor leal e me repreenda, mas não perfume a minha cabeça o óleo do ímpio, pois a minha oração é contra as práticas dos malfeitores (Sl 141.5).

Ou veja Mateus 18.15, que fala de situações nas quais precisamos confrontar alguém que pecou contra nós. Jesus disse: "Se o seu irmão pecar contra você, vá e, a sós com ele, mostre-lhe o erro. Se ele o ouvir, você ganhou seu irmão".

Segundo, você pode encontrar resistência, atitudes defensivas ou outro tipo de oposição. Vejamos como Provérbios descreve isso:

> Quem corrige o zombador traz sobre si o insulto; quem repreende o ímpio mancha o próprio nome. Não repreenda o zombador, caso contrário ele o odiará; repreenda o sábio, e ele o amará (Pv 9.7,8).
>
> O zombador não gosta de quem o corrige, nem procura a ajuda do sábio (Pv 15.12).
>
> O filho sábio acolhe a instrução do pai, mas o zombador não ouve a repreensão (Pv 13.1).

Terceiro, você pode encontrar não apenas resistência, mas também vingança. Se isso acontecer, a única coisa que você pode fazer é se proteger e tomar a atitude apropriada. Às vezes, em casos extremos e quando a situação não pode ser resolvida com mais confrontação, pode ser necessário contratar um advogado ou chamar a polícia. Por exemplo, alguém pode ter tentado repetidamente falar com o cônjuge que está tendo um caso extraconjugal e também tomando medidas para se divorciar. Nesse caso, dependendo do que está acontecendo, a pessoa pode precisar de uma orientação jurídica e financeira e, às vezes, quando há agressão física, até de proteção.

Então, esteja preparado para as diferentes possibilidades quando confrontar alguém sobre seu comportamento.

Escolha a melhor hora e o melhor lugar

Muitos cometem o erro de confrontar o outro no momento em que o problema está acontecendo. Em conflitos mais difíceis, essa pode não ser a melhor hora para conversar. Quando há faíscas saindo por todo lado, dificilmente dá certo.

Escolha outra hora quando as coisas estiverem mais calmas. Então, quando estiverem menos agitados, haverá mais chances de tudo dar certo. No outro dia, provavelmente as emoções não estarão confusas, e você poderá analisar, sem partidarismo, o conflito em si. É melhor estarem com a cabeça fria.

Reaja com graus de intensidade diferentes

O interruptor é uma chave com apenas duas posições: desliga e liga. Não há graus de intensidade. Não há mudança de velocidade, como no acelerador do carro. Um interruptor é parecido com um míssil: está em repouso, mas voando a toda velocidade.

Algumas pessoas reagem aos erros dos outros como um interruptor. Aconteça o que acontecer, ou atacam com força total ou não atacam. Reagem da mesma forma tanto para o que é importante como para o que não é. O atraso de alguém em um encontro provoca a mesma ira e desgaste que uma traição provocaria.

Lembre-se de que há vários níveis de erros, danos e transgressões. Não é verdade que "... todo pecado é pecado". Como disse Jesus, há "... os preceitos mais importantes da lei: a justiça, a misericórdia e a fidelidade..." (Mt 23.23). Em outras palavras, há os delitos espirituais e inter-relacionais, além dos comportamentais. Veja se o seu nível de preocupação é adequado para o que está acontecendo. Não confronte um beijo nos lábios à mesa do jantar com a mesma intensidade que confrontaria uma mentira ou um roubo. E não minimize a mentira ou o roubo como se fossem algo simples como um beijo.

Conheço um casal que rompeu o relacionamento porque a mulher não tinha capacidade de reagir com diferentes níveis de intensidade às imperfeições do homem. O que quer que ele fizesse, grave ou não, ela o atacava com força total. Finalmente, ele se cansou de viver em meio a uma guerra nuclear por causa de pequenas coisas. Foi uma pena. Se ela tivesse compreendido esse conceito, eles ainda poderiam estar juntos.

Saiba fazer diferença entre o que você prefere e o que está errado

Antes de falar com alguém sobre mudar seu comportamento, descubra se o que ele está fazendo é realmente "ruim" ou apenas algo de que você não gosta. Esse é o teste chamado "Deus e os caipiras concordariam". Algumas coisas não passam de coisas de que você não gosta e desejaria que elas mudassem. Isso não significa, porém, que alguém tenha agido erradamente. Dependendo de sua formação, a coisa pode ser aceitável ou não. O que é bom para o Jeca Tatu pode não ser bom para você. Ele pode criar um guaxinim dentro de casa, mas, se seu cônjuge fizesse isso, realmente deixaria você zangado. Tudo é uma questão de gosto.

Mas maltratar as pessoas ou não assumir a responsabilidade pelas próprias ações ou princípios, seria considerado errado tanto por Deus quanto pelos caipiras. Essas atitudes são entendidas da mesma forma por quase todas as pessoas. Antes de prosseguir, verifique se o que o incomoda se enquadra numa categoria de "preferência" ou de "um comportamento errado para seres humanos civilizados". Se for apenas uma preferência, entenda que você não tem uma "base moral superior" para exigir algo e que na verdade está pedindo um favor.

O erro de não fazer essa distinção em geral acontece em um relacionamento no qual uma pessoa é mais estruturada do que a outra. Uma pode ser mais ordeira, pontual, econômica ou organizada do que a outra. A menos estruturada é mais desprendida e não se importa quando as coisas correm mais "soltas". Normalmente, a que possui princípios estruturais acredita que suas atitudes são as mais "corretas" e começa a conversa dessa maneira. Isso sempre acaba em tragédia. Em vez de exigir um comportamento melhor, deveria sugerir que entrassem num acordo e simplesmente pedir à outra que fizesse as coisas um pouco mais do seu jeito.

No caso, as regras são semelhantes às do capítulo 15, quando dizemos o que queremos. Lembre-se: peça como se não tivesse "direito" ao que está pedindo, respeite a liberdade do outro de recusar ou discordar e não julgue. Assim, você terá muito mais chances de conseguir o que deseja.

Evite a velha frase "Precisamos conversar"

Você já recebeu alguma mensagem de voz ou recado de alguém importante, ou que tivesse autoridade sobre você, nestes termos: "Precisamos conversar. Por favor, ligue para mim?". O que você sentiu? Pensou que tinha ganhado na loteria ou ficou apreensivo, imaginando o que teria feito de errado para essa pessoa? Dependendo das experiências que teve na vida, você pode ficar muito apreensivo quando ouve a frase "Precisamos conversar".

Quando for confrontar alguém, lembre-se de que, no momento da conversa, essa pessoa sentirá certa ansiedade. Coloque-se no lugar dela e lembre-se de que ouvir os próprios erros é muito desagradável e pode causar medo. Ela pode ter vivido experiências dolorosas de confrontação no passado e estar esperando o mesmo de você, ou pode sentir muita culpa e vergonha. Então, quando convidar alguém para ter uma conversa, tente falar isso da maneira mais agradável possível:

> — Que tal sairmos para tomar um café amanhã? Pensei em algumas coisas que poderiam ajudar nosso relacionamento e gostaria de saber a sua opinião.

Isso é muito melhor do que "Precisamos conversar", a menos que tenha um relacionamento no qual a outra pessoa entenderia isso de maneira positiva.

Às vezes, a pessoa quer saber qual o assunto sobre que irão conversar, mas você pode não estar pronto para dizer. Os homens, em especial, ficam mais ansiosos para saber do que se trata e resolver logo o assunto. Podem pressionar para saber: "Do que se trata?". Se achar que aquele momento não é apropriado para falar no assunto, simplesmente mencione que quer falar sobre aquilo mais tarde e diga algo apropriado para tranqüilizá-lo: "É sobre a maneira de nos relacionarmos. Não é nada que não possamos resolver, nada tão importante. Não se preocupe".

É possível não ser apropriado tranqüilizar a pessoa, mas, sim, mostrar empatia pela situação dela. Por exemplo, se já tiveram várias confrontações sobre o assunto, ou se esse for muito sério, não será sincero dizer que não é nada tão importante ou que a pessoa não precisa se preocupar. Apenas mostre empatia e diga: "Compreendo que você pode ficar frustrado se eu não falar sobre isso agora, mas preciso esperar até amanhã [ou até outro dia]. Não me sinto à vontade para falar sobre o assunto agora; se isso for difícil para você, me desculpe".

Diga algo positivo

Como dissemos anteriormente, quando confrontar alguém a respeito de algo negativo, lembre-se da importância de se referir ao resultado ou ao que é esperado para a outra pessoa, para o relacionamento ou para você. A pessoa confrontada precisa saber que sua intenção é boa, não má. Pode ser bom começar dizendo algo tranqüilizador:

> Joe, amo você e estou comprometida com nosso relacionamento. É por isso que quero falar com você sobre esse assunto. Acho que conversar ajudará a nos aproximarmos mais.

> Susan, quero falar-lhe e preciso ouvir o que você tem a dizer no mesmo espírito que eu. Alguma coisa em relação a você está me preocupando e vou dizê-la na esperança de que isso a ajudará. Estou fazendo isso *por* você, não para magoá-la.

> Terry, não quero que pense que sou contra você ou a seu favor. Quero apenas o que for melhor para nós, e existem algumas coisas atrapalhando o nosso relacionamento.

> Sam, o motivo de o termos chamado é que estamos preocupados. Queremos o melhor para você e achamos que está correndo risco, perigo, por isso precisamos conversar. Desejamos ajudá-lo.

> Jerry, quero que saiba de uma coisa antes de tudo. O que vou lhe dizer agora pode não ser muito fácil de ouvir. Preciso conversar sobre algumas coisas sérias. Espero que possa ouvir com a mente aberta e me ajudar a encontrar uma boa solução. Quero que, no fim do dia, estejamos mais próximos e encontremos mais entendimento, não o contrário.

Não existe uma maneira certa de deixar a pessoa segura; em alguns casos, isso pode nem ser preciso. No entanto, provavelmente você sabe quando deve encorajar e validar. As palavras não são tão importantes quanto transmitir a mensagem de que você deseja o bem da pessoa e do relacionamento. Revele seu objetivo maior de querer que tudo melhore.

Seja específico e claro

Depois de preparar a conversa apropriadamente e encorajar a outra pessoa, é hora de tratar do assunto. Seja tão específico e claro quanto possível, fazendo declarações na *primeira pessoa* (eu) quando estiver falando de si mesmo e na *terceira pessoa* (você) quando falar da outra pessoa. Não misture as duas. Em seguida, trate do assunto em si. *Lembre-se sempre de que há três coisas em jogo: você, a outra pessoa e o problema. Fale de cada uma de maneira apropriada.*

> *Há três coisas em jogo: você, a outra pessoa e o problema. Fale de cada uma de maneira apropriada.*

Uma forma de fazer isso é usar a velha fórmula: "Quando você faz 'A', eu me sinto 'B', não gosto disso nem quero que aconteça de novo". Os três lados do triângulo estão presentes: você, o problema, eu.

> Joe, você faz algo que está me incomodando. Como estamos namorando, parece-me que sou uma causa ganha para você. Deixe-me dar alguns exemplos. Na semana passada, você não me ligou nenhum dia e então, na sexta-feira, às quatro horas da tarde, me liga para saber o que eu queria fazer à noite, como se eu tivesse que ficar esperando por você. Na segunda-feira, você deixou todo o equipamento de esqui alugado na minha casa com um bilhete para que eu o devolvesse à locadora. Disse que teria de ser devolvido até aquela noite para evitar sobretaxas, presumindo que eu certamente o faria. Quando você faz essas coisas, é como se eu fosse uma causa ganha. Quero que pergunte quando precisar de alguma coisa, como sair ou fazer um favor, em vez de presumir que farei automaticamente o que você quer.

> Sally, o motivo de eu querer conversar é o seguinte: estamos preocupados com o seu hábito de beber. Nossa preocupação já tem algum tempo, mas você chegou a um ponto no qual não podemos mais ficar calados se formos realmente seus amigos. Estamos preocupados com a sua segurança e também com o fato de a bebida nos afetar e ao nosso relacionamento. Vou lhe dar alguns exemplos. Na festa de aniversário de Jesse, você bebeu tanto que passou mal no banheiro. Antes de isso acontecer, você foi tão barulhento e impertinente que algumas pessoas decidiram ir embora. Por causa disso, o aniversário de Jesse foi afetado. Na reunião do Natal, decidimos que você ficaria encarregado de entregar os presentes das crianças no orfanato. Quando nos ligaram e contaram que não os tinham recebido, liguei, e você não atendeu. Fui à sua casa para pegar os presentes, pois achei que os tinha esquecido. Ao chegar lá, você estava bebendo e tinha esquecido completamente do assunto. Sábado passado, quando saímos para jantar, fiquei totalmente sem

graça no restaurante, quando você começou a falar cada vez mais alto e todos ficaram olhando para a nossa mesa. Poderia lhe dar outros exemplos, mas foi por causa desses que viemos aqui hoje.

Jared, quero falar-lhe sobre o modo como me trata. Quero que entenda quanto isso me machuca. Por exemplo, outro dia, quando me perguntou sobre o relatório da reunião, sendo que eu o tinha deixado na minha sala, você disse: "Muito bem, Einstein! Só faltava isso". Ontem, quando estávamos com James e ele me perguntou sobre a aplicação do empréstimo, você disse: "Ela não saberia identificar uma boa taxa nem que a esfregasse em seu nariz". Não sei o que pretende com esses comentários, mas quero que saiba que não gosto deles. Eles machucam. Não quero que faça mais isso.

Tom, quero falar sobre a nossa vida sexual. Ultimamente, quando nos relacionamos sexualmente, não tem sido muito bom para mim. Parece que estamos distantes. Vou explicar. Em geral, antes de irmos para a cama, você mal conversa comigo ou, às vezes, não é muito gentil e, depois, quer fazer sexo. Com freqüência, ainda estou me sentindo solitária pelas horas que passamos juntos sem conversar, embora eu tenha tentado. Outro exemplo é quando critica o jantar ou outra coisa. Não conversamos sobre isso, e me sinto distante de você. Sinto que estamos *realmente* distantes. Quero que seja diferente. Quero que conversemos primeiro, para que eu sinta você ao meu lado e saiba que estamos ligados. Quero que o sexo seja uma experiência de intimidade, não apenas um ato fisiológico.

Ron, quero falar-lhe sobre o tempo que você está perdendo aqui. Depois que se formou, voltou a morar conosco para pensar no que queria fazer, e sua mãe e eu dissemos que não havia problema. Agora que já se passaram meses, ainda não conseguiu emprego e, pelo que entendo, não está fazendo nenhum progresso nesse sentido. Demos-lhe dinheiro quando precisou, porque achávamos que, com o tempo, você descobriria uma ocupação. Mas parece que não está fazendo nada. Então, quero que pare de desperdiçar seus dias dentro de casa ou jogando basquete, em vez de ir às entrevistas. Quero que se submeta a um prazo final a fim de arranjar um emprego, para que eu me sinta melhor com esta situação. Sinto-me usado. Estou fazendo a minha parte para ajudá-lo a se arranjar, mas você não está fazendo a sua.

Em todos esses exemplos, as pessoas que estão buscando a confrontação são claras e diretas sobre o comportamento problemático. Não minimizam o problema nem fazem rodeios.

Ouça e procure entender

Depois dessas conversas, a resposta da pessoa pode variar: ela pode se desculpar e assumir a responsabilidade ou ficar na defensiva e negar sua culpa. É uma parte importante do diálogo. É bom conseguir uma resposta, pedir a opinião dela sobre o que você disse. Vejamos como as pessoas nos exemplos que demos poderiam pedir uma resposta.

> O que acha do que eu disse, Joe? O que pensa disso?
>
> Sally, gostaria de saber o que pensa do que eu disse e também como vê o seu hábito de beber.
>
> Jared, o que acha da forma como me trata?
>
> Tom, o que acha do que sinto?
>
> Ron, como vê o que tem feito? Estou interessada em conhecer a sua opinião.

O que queremos mostrar é que a confrontação não é um monólogo, mas um diálogo. E é importante a outra pessoa saber que você quer conhecer o seu pensamento. Esperamos que seja compreensiva e responsável ou dê uma boa explicação para o comportamento que está tendo que o ajude a vê-lo de forma diferente. Mas ela pode assumir uma posição defensiva ou tentar tirá-lo da linha. Se isso acontecer, você precisará fazer alguma coisa para se manter concentrado e na sua posição. A fórmula a seguir poderá ajudá-lo.

Fale dos sentimentos e retorne ao assunto

Às vezes, nos perdemos totalmente numa confrontação porque a outra pessoa nos tira do curso.

Lembre-se da fórmula de resposta: *Mostre empatia pelos sentimentos ou pela posição do outro e volte ao assunto. Mostrar empatia e voltar.*

Vejamos como o confrontador pode usar essa fórmula em nossos exemplos:

Joe: Do que você está falando? Eu lhe dou muita atenção. Como pode dizer que a tenho como se fosse uma causa ganha? E todo o tempo que passamos juntos, não conta?

Você: Sei que você pensa mostrar seu respeito por mim de muitas outras formas. Sou grata por isso. O que estou dizendo é que as coisas que faz e as quais acabei de citar me incomodam muito. É isso o que precisa entender.

Mostre empatia e consideração pelo que a pessoa diz e, depois, *volte a falar claramente do assunto que você deseja confrontar. Não se desvie.*

Jared: Como é? Não acredito que você tenha entendido minha palavra dessa forma. Você vive brincando com as pessoas aqui. É hipocrisia sua me dizer isso.

Você: Sei quanto é difícil para você entender. Fico feliz por você encarar isso como brincadeira e não como uma tentativa de ferir. No entanto, estou dizendo apenas que isso me incomoda. Não se esqueça disso! Não gosto quando falam comigo desse jeito.

Ron: Isso não é verdade. Estou me esforçando para arranjar um emprego. Não está fácil; com a recessão, não estou encontrando nada. Ninguém está contratando ninguém. Não acredito que veja a coisa dessa forma. Você já está realizado na vida e esqueceu de quanto é difícil começar. Tudo lhe parece fácil.

Você: Sei que está passando por um momento difícil em sua vida. É verdade. Mas vou ser claro sobre o que quero a fim de evitar esse problema. Não passe mais nenhum dia jogando bola enquanto eu o estiver sustentando. E tem mais: faça um plano detalhado, por escrito.

Não se desvie nem se deixe levar na conversa. Apenas mostre empatia pela resposta da pessoa e volte ao assunto. Mantenha-se concentrado.

Peça uma mudança específica

Muitas vezes, a confrontação começa bem, mas a pessoa que a buscou não faz um pedido bastante específico para que a conversa surta o efeito desejado. Ela consegue apenas arejar um pouco o ambiente. Embora seja importante comunicar os sentimentos, resolver os problemas também é. Pense com antecedência nas mudanças que irá requerer. O pai de Ron é um bom exemplo de alguém que fez um pedido específico de mudança. Ele pediu a Ron que parasse de desperdiçar o tempo jogando, em vez de procurar emprego, e que fizesse um plano detalhado, por escrito.

A namorada de Joe é outro bom exemplo disso. Ela queria que ele lhe avisasse com antecedência quando precisasse de alguma coisa. Se ele quisesse sair, não deveria esperar que ela saísse com ele de um momento para o outro. Se quisesse um favor dela, ele deveria pedir antes, e não presumir que ela o faria automaticamente.

Se os amigos de Sally continuassem, poderiam pedir que ela participasse das reuniões dos *Alcoólicos Anônimos* e encontrasse um mentor ou fizesse um tratamento. Ou eles poderiam lhe pedir apenas que ela concordasse em não beber mais na presença deles. É um pedido que ela provavelmente não seria capaz de atender, mas é bastante específico para dar abertura a muitos outros pedidos, como o de buscar um tratamento.

A colega de Jared poderia pedir a ele que não fizesse aquele tipo de comentário com ela ou com respeito a ela, pois isso lhe daria abertura para que ela lhe avisasse quando ele ultrapassasse os limites com suas brincadeiras e, então, concordasse em respeitá-los.

A esposa de Tom poderia pedir que ele procurasse saber se ela se sentia bem antes de fazer uma investida sexual.

Às vezes, é preciso pedir à pessoa não apenas que pare de se comportar de certa forma, mas também que pense na situação toda. O pedido a Sally para fazer um tratamento é um exemplo. Outro exemplo seria o da esposa de um viciado em sexo pedir-lhe que não apenas parasse de se envolver com pornografia, mas também entrasse em um grupo de terapia sexual, consultasse um pastor ou um conselheiro, ou tomasse outra atitude que mostrasse sua decisão de resolver o problema. Esse passo é geralmente dado somente depois de muitos pedidos de mudança no comportamento. Se Ron não arranjar um emprego, seu pai pode lhe pedir que faça um curso preparatório para entrevistas ou se inscreva numa agência de empregos ou coisa parecida, com o intuito de resolver o problema e poder continuar a morar com ele. Pedidos mais extensos como esse podem ajudar a se alcançar mais rápido o objetivo de impedir que o problema afete outras pessoas.

Nesse caso, também não existem pedidos "certos". Cada situação é diferente e, às vezes, você nem tem um pedido para negociar. Mas se estiver determinado a resolver o problema, seja específico sobre o que quer de modo que a outra pessoa possa saber o que fazer e ambos sejam capazes de dizer se isso foi feito ou não.

Se for o caso, faça conhecer os limites

Não raro, nesse tipo de confrontação, chega-se a um ponto em que é necessário impor limites. Se a negação ou atitude defensiva notadas nos encontros anteriores não tiverem sido resolvidas, será hora de impor limites. Os limites podem ser impostos de muitas formas, mas os mais importantes e comuns são poucos.

O primeiro é não admitir ser participante no comportamento. O limite está em você mesmo.

> Joe, não vou mais sair com você quando sentir que estava contando com isso. Portanto, se ligar para mim em cima da hora, não sairei. Ou se deixar que eu faça as coisas por você sem que primeiro me peça, não o farei.
>
> Sally, não queremos mais que beba na nossa presença. Queremos que você procure ajuda. Se insistir em beber, iremos embora e não sairemos mais com você, até que faça alguma coisa sobre o seu problema.
>
> Jared, se continuar a fazer isso, largarei tudo e não falarei com você até que reconheça o problema e se desculpe. Não posso impedi-lo de agir como age. Mas não sou obrigada a partilhar de suas atitudes.
>
> Tom, se não procurar descobrir como me sinto ou se não quiser me ouvir quando tento falar com você, não farei sexo com você enquanto me sentir magoada ou solitária.
>
> Ron, se continuar a matar o tempo quando deveria estar procurando emprego, ou se não traçar um plano para conseguir

> emprego até sábado, não lhe darei mais dinheiro, e você não terá mais lugar em nossa casa.

Outro limite envolve conseqüências que vão além da sua participação.

> Joe, se você não entender e não parar de agir assim, teremos de dar um tempo para que eu possa pensar no que vou fazer.
>
> Sally, se a pegarmos dirigindo depois de beber, chamaremos a polícia.
>
> Jared, se continuar a fazer isso, farei uma reclamação no departamento de recursos humanos.
>
> Tom, se não nos entendermos nesse ponto, só falarei sobre isso na presença de um terapeuta.
>
> Ron, se não cumprir o prazo, terá de ir embora.

É triste quando um relacionamento chega ao ponto em que é necessário impor limites e conseqüências. Mas, às vezes, como escrevemos no livro *Limites*, esse é o único momento em que o relacionamento começa a mudar. Se não houver mudança, pelo menos a dor e a destruição serão menores para você, para a pessoa (como Sally e Ron) e para os outros.

Trace um plano para depois da conversa

Se necessário, planeje o que deve acontecer depois da conversa. Isso é necessário especialmente quando o comportamento continua e você duvida da disposição ou capacidade de mudar que a pessoa apresenta. Não raro, a pessoa confrontada dá uma desculpa aparentemente muito sincera, e a confrontação termina, mas o comportamento reaparece depois. Obviamente, é preciso tempo para mudar. Mas, às vezes, a pessoa exibe um padrão que não admite mudanças, em vez de perseguir o caminho da verdadeira mudança. Então, é melhor estar preparado para a falta de mudança. E uma das melhores maneiras de fazer isso é perguntar.

> Aceito as suas desculpas e a sua preocupação. Fico feliz por se comprometer dessa forma. Espero que realmente aconteça. Mas o que acha que devemos fazer se você se comportar dessa maneira outra vez? O que me sugere fazer se isso voltar a ocorrer?

As opções podem variar de um simples "faça-me lembrar", que é totalmente coerente e útil para alguém no caminho da verdadeira mudança, até as conseqüências para quem não persegue esse caminho.

> E, se numa próxima vez, eu perceber esse comportamento e lhe chamar a atenção, você estará pronto para me ouvir?

> Obrigado por dizer que fará isso. Espero que aconteça assim. Mas quero que saiba: se não acontecer, irei embora e não voltarei para casa até você recuperar o controle de sua raiva.

Em situações muito difíceis como no caso de dependência química, infidelidade ou agressão física, a pessoa confrontada deve se comprometer em participar de um processo que resolva a causa do problema. Então, se interromper esse processo, outras conseqüências deverão ser aplicadas.

A melhor situação é quando ambos concordam em seguir um plano: "Avise-me se eu fizer com que se sinta assim de novo" é uma ótima resposta para uma confrontação. Então, crie um plano e peça que a pessoa participe dele.

> Agradeço por querer mudar. O que acha de fazermos um plano caso isso volte a acontecer? Gostaria de sugerir...

Quando planejar uma conversa difícil com alguém, lembre-se do seguinte princípio: É melhor saber com antecedência o que fará no futuro. Existem muitas opções. Se o problema tiver ocorrido apenas uma vez e você estiver com uma "pessoa inteligente" que enxerga o problema e se compromete a resolvê-lo, provavelmente não será necessário traçar um plano. A menos que precise de ajuda para ver que errou novamente, ela cumprirá a palavra por si mesma. Com outras pessoas, é melhor traçar um plano para o futuro.

Lembre-se também, como vimos no capítulo 14, de que o perdão pelo passado não nos obriga a confiar no futuro. A confrontação em si pode estruturar um plano para que a pessoa volte a se mostrar "confiável". Um dos maiores problemas que encontramos acontece quando uma pessoa ouve um pedido de desculpa e deixa que a outra volte a ter poder sobre seu coração. Se a confiança foi seriamente danificada, tenha mais cuidado.

Você: Obrigado por pedir desculpas. Eu o perdôo. Mas precisamos conversar sobre as mudanças por que você precisa passar para eu poder me abrir com você novamente. Quero que se comprometa a se recuperar, procurando participar de um programa de ajuda. E, então, daqui a X tempo, veremos se conseguimos nos reaproximar. Até lá, conversaremos apenas na presença do terapeuta.

A outra pessoa: Mas, mas, mas...

Você: Sei que isso é difícil para você e que esperar não é fácil [empatia]. Eu preciso agir assim para ter a certeza de que mudanças estão acontecendo [reafirme sua posição].

Espere por uma justificativa

A confiança e a reconciliação depois de uma confrontação acontecem quando a outra parte assume ter um problema e reconhece que esse problema a afeta (v. próximo capítulo para lidar com atitudes defensivas). Mas lembre-se de que, se a pessoa não assumir o problema, situações já ocorridas se repetirão.

Se ela o culpar, pedir desculpas ou minimizar o problema, mostre empatia por sua visão do fato, mas volte à sua posição.

> Sei que você pensa ter agido de maneira coerente. Mas não importa o motivo de ter feito o que fez, isso não está certo. Quero saber se entende isso, para ter a certeza de que não voltará a acontecer.

Seja paciente, mas nem sempre

Quanto tempo você levou para chegar ao seu nível de maturidade? Existem áreas nas quais você ainda erra? Não está feliz por Deus e os outros lhe darem tempo para se corrigir? Acho que todos nós nos sentimos assim.

Entretanto, às vezes, não somos muito pacientes com os outros e esperamos mudanças imediatas ou que não haja qualquer deslize da parte deles. Não damos tempo para as pessoas mudarem. O que você deveria fazer? Quantas vezes deveria perdoar? Jesus tinha uma resposta para essa pergunta: "... 'Se o seu irmão pecar, repreenda-o e, se ele se arrepender, perdoe-lhe. Se pecar contra você sete vezes no dia, e sete vezes voltar a você e disser: 'Estou arrependido', perdoe-lhe'" (Lc 17.3,4).

É preciso ter muita paciência. O segredo, porém, é a palavra *arrepender-se*. Arrependimento significa mais do que dizer "Sinto muito". Significa que a pessoa realmente tem a intenção de mudar seu comportamento e passa a demonstrar isso mudando de rumo. Ela dá meia-volta e faz, de maneira diferente, o que vinha fazendo. Nesse processo de mudança, pode ser que ela dê alguns passos em falso. Mas, em geral, dá para perceber se ela mudou ou não. Se seguir firmemente o que foi planejado, mas errar, se arrepender e voltar ao plano, seja paciente. Se o arrependimento não causar uma mudança de direção, você deve voltar a impor limites.

Você pode ser paciente com algumas coisas, enquanto essas são resolvidas, sem dar oportunidade à pessoa para machucá-lo.

Paciência não significa abaixar a guarda e cancelar todos os limites. Algumas coisas, como agressão física ou abuso de drogas, são muito prejudiciais e perigosas para serem apenas perdoadas e esquecidas. Perdoe e lembre-se de ter cuidado enquanto for paciente. Com coisas menos sérias, e se o padrão de comportamento estiver sendo tratado, perdoe e esqueça. Faz parte da vida errar e seguir em frente.

Seja duro, se necessário

Sempre me lembrarei do dia em que um de meus clientes mostrou ter mudado de comportamento. Ele era obcecado por sexo e teve várias recaídas que realmente machucaram sua esposa e estavam destruindo sua alma. Houve muitas confrontações e vários pedidos de desculpa. Mas ele estava sempre deixando de freqüentar o grupo de apoio, passando por recaídas. Nesse dia, em especial, ele me procurou depois de ser "pego" pela esposa.

— O que aconteceu? — perguntei.

— Se ela suprisse melhor minhas necessidades, isso não teria acontecido — ele respondeu. — Ela só reclama e quer que tudo seja perfeito. Não enxerga as coisas boas que faço. Sinto como se nunca fosse ganhar. E então, acabo extrapolando. É como se ela me levasse a fazer isso.

— Ora, pare com isso! Não quero mais ouvir você falar dessa maneira — disse olhando para ele. — Você já me falou sobre essa questão antes, eu o ajudei a entender e você compreendeu que culpar sua esposa pelo seu comportamento não é justificável. Tive mais paciência do que você merecia em muitas ocasiões, mas agora chega. Estou cheio de mentiras, traições e acusações, e quero que ouça o que está dizendo. Você parece um alcoólatra fracassado que está a um passo de dar com a cara no chão e desperdiçou a vida. Vou lhe dizer a verdade: estou muito preocupado com sua vida. Você está muito perto de perdê-la. Receio por você. E pode tomar isso como se fossem palavras de

Deus [e acredito que ele diria isso mesmo!]. Você está a um passo da ruína e, se não voltar para o seu grupo de apoio e seguir o programa, acabará perdendo tudo. Você cuspiu na paciência, no perdão e na compreensão por muito tempo. Tome juízo, ou então estou fora!

Fiquei surpreso com a seriedade de minhas palavras. Foi uma grande advertência, sem espaço para intervenções.

Ele me olhou e, como um cãozinho arrependido, acatou a minha advertência. Eu o toquei. Sua obstinação estava subjugada. E ele mudou. Às vezes, uma pequena repreensão ou correção faz maravilhas, como dissemos. Passei muito tempo concedendo graça, compreensão, encorajamento e apoio a esse homem. Eu lhe ensinei muita coisa sobre o processo de recuperação e a importância de permanecer em seu grupo de apoio. Eu o avisei, com bastante delicadeza e aceitação, muitas vezes. Mas, há ocasiões em que uma abordagem "mais severa" é necessária (Tt 1.13), como a que fiz naquele dia. As palavras precisam ser mais sérias e graves no tom de advertência.

Mantenha o autocontrole

> O insensato revela de imediato o seu aborrecimento, mas o homem prudente ignora o insulto (Pv 12.16).

Quando fizer uma confrontação e tiver se preparando como sugerimos, então terá autocontrole para avaliar e falar do comportamento da outra pessoa. Mas a preparação não o torna um robô sem sentimentos ou reações.

Em geral, as pessoas difíceis têm uma estratégia para transtornar e provocar os outros. Assim como uma criança provoca os pais até ter controle sobre eles, descontrolando-os, as pessoas difíceis são capazes de nos enfurecer até assumirem o controle sobre nós. De fato, pessoas com problemas comportamentais e crianças possuem muitas semelhanças estruturais. O segredo é não regredir e agir como criança também!

Mantenha o controle sobre a única pessoa que você pode controlar: você mesmo. Não diga nada de que possa se arrepender; se sentir que isso vai acontecer, respire fundo ou faça uma pausa antes de falar qualquer coisa. Não há nada de errado em dizer "Conceda-me um minuto" ou "Preciso de um momento para pensar". É melhor ficar em silêncio do que proferir palavras das quais poderá se arrepender. Há momentos em que é melhor seguir estes dois provérbios:

> A resposta calma desvia a fúria,
> mas a palavra ríspida desperta a ira.
> A língua dos sábios torna atraente o conhecimento,
> mas a boca dos tolos derrama insensatez (Pv 15.1,2).

Mantenha o controle e siga o seu plano. Esse encontro é seu, foi você que o marcou!

Pergunte: "Como posso fazer isso?"

Às vezes, se a pessoa reagir mal aos seus comentários a ponto de interromper o processo, pare por um momento e faça-lhe uma pergunta.

> Joe, existe uma forma de eu lhe dizer o que penso sobre seu comportamento que não seja ofensiva para você?

> Joe, você está aberto para ouvir minha opinião? Se estiver, então diga-me como posso fazê-lo para que me ouça com disposição.

> Susie, como é possível dar minha opinião sem você achar que a considero "má" ou não lhe dou a devida atenção?

> Sarah, como posso dizer-lhe o que sinto sem que fique brava comigo?

Se a pessoa não souber que está sendo defensiva, fazer esse tipo de pergunta lhe dará a chance de observar sua atitude e controlá-la. Ela precisa perguntar a si mesma: "Sou realmente o tipo de pessoa que não aceita uma opinião?". Esse pensamento, às vezes, nos ajuda a recuperar o equilíbrio com muita rapidez.

Fale do que realmente interessa

Seja qual for a situação, você estará lidando com dois fatores: o problema em si e a capacidade que a pessoa tem de lidar com ele. Quanto mais capaz ela for de ouvir o que você tem a dizer e lidar com o problema, mais tranqüila será a conversa. Mas se ela não quiser ouvir, você pode ter de deixar de lado o problema a ser resolvido e atacar um problema maior: a incapacidade de resolver problemas e de ouvir a opinião dos outros.

Às vezes, você pode ter de parar de confrontar determinado problema se perceber que a pessoa não está lhe dando atenção. Então, mude de foco. Confronte o problema que a pessoa tem de não saber ouvir, em vez de se preocupar com o problema original. Diga algo mais ou menos assim:

> Joe, quero conversar sobre a sua capacidade de resolver problemas. Parece que quando toco num assunto que me incomoda, você fica bravo comigo e não me ouve. Não consigo nada e fico desanimada. Não sei como lhe falar sobre essas coisas para que você me ouça e não fique bravo. Quero conversar sobre isso.

Se estiver dirigindo um carro e ele mudar de direção para a outra pista, você tem um problema que poderá ser resolvido, se virar a direção e dirigir o carro para a pista certa. Mas se a direção não funcionar, você terá outro problema para resolver. Precisará parar assim que possível, com segurança, e examinar o mecanismo da direção. O mesmo acontece com os relacionamentos. Se a direção (sua sugestão e correção) não funcionar, saia da estrada para resolver esse problema antes de tratar dos outros. Pode ser preciso ligar para uma terceira pessoa, se aquela com quem você está conversando se recusar a ouvi-lo.

Esclareça tudo para ter a certeza de que vocês conseguiram chegar a um acordo

Às vezes, no fim de uma confrontação, é bom pedir à pessoa que repita o que você disse. Dessa forma, você pode esclarecer qualquer confusão e eliminar qualquer sentimento que possa interferir na resolução. Assim, os dois poderão entender o problema da mesma forma.

Você: Joe, por favor, diga o que entendeu do que eu disse. Quero ter certeza de que assimilou.

Se ele disser o que você queria que ele entendesse, siga em frente. De outra forma, você pode precisar voltar a esclarecer as coisas.

Você: Não, Joe. Eu não disse que estava "cheia de você". Eu reafirmei o meu amor por você, mas quero que esse seu comportamento mude.

Quando souber o que a pessoa ouviu ou sentiu, será capaz de falar disso e se certificará de que ela o estará ouvindo. Além do mais, reforçará o compromisso que ela fez de mudar, se a levar a afirmar isso.

Joe: Você está magoada com meu comportamento de .... e quer que eu nunca mais repita isso. Entendi.

Não faça isso sozinho

No capítulo sobre a preparação para a conversa, falamos sobre o "sanduíche da confrontação" no qual o aconselhamos a buscar apoio de um terapeuta ou de um grupo de apoio confiável, antes e depois desse confronto difícil. Mas você não precisa fazer a confrontação sozinho também. Na verdade, em alguns casos, é melhor não fazê-lo. Jesus diz que, se as confrontações anteriores com a pessoa não foram boas, devemos levar uma ou duas pessoas conosco e, se isso não funcionar, devemos levar mais pessoas ainda (Mt 18.16). Esse é o significado da "intervenção": várias pessoas que se unem para ajudar a colocar um fim num padrão de comportamento. Se você desejar promover uma intervenção, procure a ajuda de uma pessoa objetiva que saiba como intervir (v. cap. 16).

Você também pode querer ter alguém presente como apoio ou testemunha do que está acontecendo. Em geral, isso é feito em situações de trabalho para disciplinar um funcionário. Se um funcionário não ouve o que está sendo dito, outro gerente é chamado para testemunhar a reunião e encerrá-la. Pode ser preciso que alguém o ajude na própria confrontação também. A pessoa que você está confrontando pode ser muito difícil, tornando-lhe penoso enfrentar sozinho a situação. Veja o que Jesus disse sobre isso:

> Se o seu irmão pecar contra você, vá e, a sós com ele, mostre-lhe o erro. Se ele o ouvir, você ganhou seu irmão. Mas se ele não o ouvir, leve consigo mais um ou dois outros, de modo que "qualquer acusação seja confirmada pelo depoimento de duas ou três testemunhas". Se ele se recusar a ouvi-los, conte à igreja; e se ele se recusar a ouvir também a igreja, trate-o como pagão ou publicano.
>
> Digo-lhes a verdade: Tudo o que vocês ligarem na terra terá sido ligado no céu, e tudo o que vocês desligarem na terra terá sido desligado no céu (Mt 18.15-18).

Você pode "fazer mais pressão" progressivamente se a pessoa for difícil. Mas levar alguém com você significa muito mais do que fazer pressão; é ganhar força como confrontador, para aumentar a sua capacidade de cumprir seu dever. Observe que Mateus 18.19 fala sobre a força de duas pessoas que concordam sobre alguma coisa: o que elas pedem será feito. Você pode precisar da força de outros por vários motivos, um dos quais é que pode se sentir muito vulnerável para fazer isso sozinho. Se estiver muito exposto e o confrontado for propenso a discussões, você poderá se desviar e se machucar ainda mais. Se precisar de ajuda, não faça isso sozinho.

Dizer a alguém que saiu da linha é uma tarefa difícil. A possibilidade de haver uma cura milagrosa e uma reviravolta são tão grandes quanto a de ter uma decepção. É por isso que não tratamos desse assunto levianamente. Mas queremos encorajá-lo quando pensar em ter essa conversa difícil. Depois de escrever *Limites*, soubemos de muitas situações aparentemente sem esperança que mudaram com uma boa confrontação. Oramos para que você alcance o mesmo resultado. No entanto, mesmo que isso não aconteça, "Se, porém, você advertir o ímpio e ele não se desviar de sua impiedade ou dos seus maus caminhos, ele morrerá por sua iniqüidade, mas você estará livre dessa culpa" (Ez 3.19).

Estamos certos da possibilidade de que boas confrontações mudem situações. E esperamos que isso aconteça da melhor forma. Mas, como mencionamos, existe sempre a possibilidade de um contra-ataque ao tentar confrontar alguém. Infelizmente, mesmo quando você se mostrar complacente, ainda assim a outra pessoa pode tomar uma atitude de vingança. O próximo capítulo mostrará o que se deve fazer quando se sofre um contra-ataque e outros problemas são enfrentados.

18

Enfrentar acusações, contra-ataques e outros problemas

Jennifer e eu (John) estávamos conversando sobre seu casamento com Roger. Como todo casal, eles tinham suas desavenças, mas estavam casados havia um bom tempo e se amavam. Quando lhe perguntei sobre qual era, na opinião dela, a maior limitação de seu marido, Jennifer me respondeu:

— Assumir a parte de responsabilidade dele pelos nossos problemas.

— O que você quer dizer com isso? — perguntei.

— Ele não aceita bem quando coloco um problema. Seja qual for a questão, joga a culpa em mim, nos outros ou simplesmente age como se aquilo não fosse nada.

— Parece difícil. Por que você considera o fato de ele não assumir a responsabilidade pelos seus problemas como sendo o maior responsável pelos conflitos entre você e ele?

— Bem — disse ela, depois de pensar um pouco —, acho que se não tivéssemos esse problema, poderíamos resolver quase todos os outros. Quer dizer, somos pessoas bastante generosas.

Poderíamos ver o que estamos fazendo e mudar. Mas, no nosso casamento, os problemas que temos hoje são os mesmos que tínhamos anos atrás. Temo que, enquanto Roger não enxergar sua participação nas coisas, esses conflitos nunca mudarão.

— E se ele nunca enxergar?

— Se está querendo saber se eu o abandonaria, a resposta é não; eu não faria isso. Eu o amo e gosto do nosso relacionamento. Mas tenho medo de precisar me contentar com muito menos amor e felicidade do que gostaria de ter.

Precisei concordar com ela. Como psicólogo, concluí há muito tempo que um casal que tem grandes problemas, mas que é capaz de ouvir, assumir sua responsabilidade por eles e mudar, tem mais chance de manter uma boa convivência do que um casal que enfrenta pequenos problemas, mas que não tem capacidade de assumi-los. Quando uma pessoa se recusa a enxergar, assumir sua responsabilidade e mudar suas ações, é como se represasse um rio. O relacionamento se arrasta, engasgado pela incapacidade de processar os problemas e florescer no amor. Os relacionamentos entre duas pessoas que sabem ouvir e aproveitar a visão uma da outra fluem com muito mais facilidade: "A repreensão faz marca mais profunda no homem de entendimento do que cem açoites no tolo" (Pv 17.10).

O problema de se recusar a ouvir

Falar a verdade em amor pode ser difícil para nós, mas é um dos principais meios que Deus utiliza para resolver problemas, aproximando mais as pessoas num relacionamento e fazendo-as crescer. A confrontação, como já dissemos neste livro, existe para ser nossa aliada, não nossa inimiga. Em um mundo ideal, todas as pessoas em nossos relacionamentos mais importantes pediriam nossa opinião e correção, assim como nós o faríamos.

A verdade, infelizmente, é outra. Desde a Queda, achamos difícil aceitar a verdade a respeito de nós mesmos: "Disse o homem: 'Foi a mulher que me deste por companheira que me deu do fruto da árvore, e eu comi'" (Gn 3.12). Quase nada mudou desde que Adão culpou Eva.

Muitas pessoas evitam a confrontação a todo custo. Ela faz com que se sintam desprezadas, más, derrotadas, envergonhadas ou ofendidas. Às vezes, sentem-se perseguidas com as sugestões dos outros, como se fossem vítimas de malfeitores, quando, na verdade, seu próprio comportamento vitima os outros. Então, não aceitam a verdade quando é dita pelos que fazem parte de sua vida em qualquer contexto: casamento, namoro, família, trabalho ou amigos.

> *As pessoas que se recusam a ouvir negam exatamente aquilo que pode lhes dar esperança...*

A ironia é óbvia: as pessoas que se recusam a ouvir negam exatamente aquilo que pode lhes dar esperança, melhorar sua vida ou mesmo salvar seus relacionamentos (para ter uma análise mais profunda sobre o problema, leia *Hiding from Love* [*Fugindo do amor*]).

O resultado disso são as principais maneiras de se resistir à confrontação. Quanto mais conscientes formos disso, mais estaremos preparados para lidar com a questão.

Atirar no mensageiro

Quando alguém o ataca por tocar num problema, está "atirando no mensageiro". O gatilho não é o fato de a pessoa não gostar do problema, mas de entender que você é um problema por tê-lo mencionado. Ela não consegue ou não quer olhar para o problema à sua frente porque terá de encarar algum defeito próprio. Fica também aborrecida com você por ter falado uma verdade que perturbou o seu bem-estar, uma sensação que normalmente nada tem a ver com a realidade.

Por exemplo, um homem pode abrir a fatura do cartão de crédito e, sem nenhuma raiva, sem fazer comentários ou dar opiniões, simplesmente dizer: "Ultrapassamos o nosso limite este mês". A esposa, então, explode: "Lá vem você de novo! Você está sempre me criticando!". Na verdade, ele não a estava criticando. Estava mostrando uma realidade que ela não queria ver. A paz e a tranqüilidade dela foram perturbadas pela verdade, e ela o culpou por isso.

Racionalização

As pessoas podem querer encontrar razões para seu comportamento, a fim de satisfazerem sua necessidade de auto-aprovação. Mas são imprecisas e reduzem sua responsabilidade. As que agem assim não estão negando que o problema existe, mas em busca de motivos que, na verdade, só fazem sentido para si mesmas.

Digamos que seu namorado é um rapaz divertido e charmoso, mas sempre se atrasa para os compromissos: jantar, cinema, esportes e igreja. Quando você diz: "Você está 45 minutos atrasado, de novo", ele responde: "Bem, essas coisas nunca começam no horário marcado mesmo". Ou: "Achei que estava dentro do horário. Tem certeza de que estou atrasado?". Com o tempo, você percebe que ele sempre usa as mesmas desculpas e, quando tenta adverti-lo, ele apresenta várias justificativas. O que ele raramente diz, no entanto, é: "Sinto muito. A culpa é minha e de mais ninguém".

Minimização

As pessoas que tentam minimizar um problema não estão negando sua existência, mas falam dele com menos seriedade do que deveriam. Elas não vêem quanto seu comportamento incomoda ou machuca os outros, porque para elas não há nada de errado no que fazem.

Você pede ao colega que trabalha na sala ao lado da sua, por exemplo, para falar mais baixo quando estiver ao telefone. Para minimizar, ele dirá: "Não estou falando tão alto; isso também não é assim tão ruim". Mas você queria ouvir: "Puxa, desculpe-me! Tentarei falar mais baixo. Avise-me se isso acontecer de novo".

Culpa

Quando uma pessoa culpa outra, encontra uma fonte externa que, para ela, foi a causa do problema. Como na racionalização, a outra pessoa não nega que o problema existe, mas atribui a responsabilidade aos outros. Enquanto a racionalização enfatiza a razão, a culpa procura a origem. Como Adão culpou Eva, que por sua vez culpou a serpente, trata-se de uma tentativa antiga e muito usada para se eximir da responsabilidade.

Quando dizemos a um adolescente que suas notas são inaceitáveis, por exemplo, ele imediatamente reclama que seu professor é muito exigente e que você é injusto. Quando você não está preparado para assumir a culpa, pode ser pego de surpresa e, inexplicavelmente, começar a se defender, em vez de lidar com o problema.

Negação

Alguns negam até que o problema existe. É uma resistência grave, porque, quando a pessoa confrontada nega a existência do problema, fica impossível encontrar uma base comum de condições e impressões para se resolver a questão.

Às vezes, a negação é a maneira que uma família inteira encontra para lidar com os problemas. Você pode ser a única pessoa da sua família, por exemplo, a perceber que seu pai é alcoólatra. Sua mãe e seus irmãos dizem: "Isso não é verdade. Ele só bebe socialmente". Normalmente, as pessoas negam a existência de problemas porque não processam muito bem os fatos. Não exploram as situações difíceis e as questões; não têm muita curiosidade. Negam e mudam de assunto.

Projeção

A projeção existe quando uma pessoa nega a sua responsabilidade por um problema, passando a vê-lo nos outros. Os que fazem isso são incapazes de aceitar que têm um defeito; entretanto, como ele existe, atribuem-no a outra pessoa.

Jesus falou do processo de projeção quando ensinou:

> Por que você repara no cisco que está no olho do seu irmão, e não se dá conta da viga que está em seu próprio olho? Como você pode dizer ao seu irmão: "Deixe-me tirar o cisco do seu olho", quando há uma viga no seu? Hipócrita, tire primeiro a viga do seu olho, e então você verá claramente para tirar o cisco do olho do seu irmão (Mt 7.3-5).

Às vezes, essas pessoas tentam controlar aqueles em quem projetaram os próprios defeitos, para se manter isentas de erros. Chamamos a isso "identificação projetada". Em poucas palavras, entretanto, a projeção é enxergar os próprios problemas nos outros.

Em determinado grupo com que eu estava trabalhando, levei uma mulher à confrontação por ela demonstrar simulação e insinceridade com o grupo. Ela sempre se vangloriava de ser boa pessoa, e o que eu dizia era inaceitável para ela. Até me surpreendi quando ela me repreendeu, dizendo: "Eu não, você é que não é sincero!".

Um obstinado a resistir

Quem resiste à confrontação procura não assumir o problema usando várias das abordagens acima numa única conversa. Pode ser muito confuso e, às vezes, a intenção é mesmo confundir.

Tomemos, por exemplo, uma pessoa crítica que sempre o deprecia e magoa. Quando você levanta o problema, ela responde: "Lá vem você de novo, falando mal de mim [ataque]. Meu comportamento não é tão ruim como você diz; na maioria das vezes, estou apenas brincando [minimização]. Mas isso não aconteceria se você não me provocasse [culpa]". A combinação de táticas de resistência usadas pela outra pessoa o impede de conseguir uma confrontação direta a respeito do que está acontecendo.

Enfrentando a resistência

Se há em sua vida uma pessoa resistente, a primeira atitude que deverá tomar para aprender a lidar com ela é: *Parar de se surpreender por ela não aceitar a verdade.* Nada acontecerá enquanto você não aceitar a realidade de que, por algum motivo, ela evita a confrontação. A maioria dos que querem confrontar alguém adotam uma posição de "falsa esperança"; simplesmente esperam que um dia aquela pessoa chegue a apreciar uma sugestão sua. Embora um dos propósitos deste livro seja ajudar a tornar isso possível, não basta ficar esperando. Portanto, siga as etapas abaixo para aumentar suas chances de que, com o tempo, essa pessoa veja a verdade como uma possibilidade de cura e de uma vida melhor.

Demonstre graça e amor

> *Sem graça e amor, dificilmente sua conversa será compensadora.*

Quando você estiver se preparando para confrontar uma pessoa resistente, lembre-se de que ela também precisa de relacionamento, segurança e graça. Ela pode resistir por causa das más experiências vividas no passado que lhe tornaram a verdade perigosa e insegura. *Graça e amor podem não ser tudo; entretanto, são os elementos mais importantes de que a pessoa precisa.* Além disso, *sem graça e amor, dificilmente sua conversa será compensadora.*

Vá para a conversa estando "a favor" dela, consciente de que você também precisa de amor e graça: "Sobretudo, amem-se sinceramente uns aos outros, porque o amor perdoa muitíssimos pecados" (1Pe 4.8). Isso não significa evitar a verdade. Graça não é ausência de verdade. Ela permite que a verdade seja aceita e digerida com mais facilidade.

É fácil você se esquecer disso, especialmente quando já tentou várias vezes tratar dos problemas e ficou frustrado ou magoado porque a pessoa se esquivou. Você pode começar dizendo algo mais ou menos assim: "Estou cheio de tentar falar com você. Duvido que esta conversa adiante alguma coisa, porque as outras de nada valeram. Mas tentarei mais uma vez fazer você entender. Não ficarei surpreso se você jogar isso de volta na minha cara, como já fez um milhão de vezes". Se você estiver se sentindo dessa forma, talvez precise também receber um pouco da graça dos outros para processar suas próprias emoções sobre a dificuldade da situação.

Diga, por exemplo, que você quer confrontar sua colega de quarto sobre ter que arrumar a bagunça que ela faz no apartamento, mas ela costuma desviar a conversa para longe de seu problema. Uma boa maneira de começar com graça e amor poderia ser: "Gostaria de conversar sobre manter o apartamento arrumado. É desagradável encontrar pratos sujos e roupas espalhadas pela casa, e gostaria de encontrar uma solução para esse problema. Ao mesmo tempo, quero que saiba que não estou tentando repreendê-la. Eu realmente valorizo nossa amizade e gosto de estar com você. Na verdade, estou tocando nesse assunto porque o problema está atrapalhando o nosso relacionamento. Gostaria que ficássemos mais próximas, não distantes uma da outra".

Obviamente, não existe nenhuma garantia de que sua colega de quarto reagirá bem, embora, logo de início, você tenha feito de tudo para criar uma base para tentar alcançá-la. O próximo passo dependerá dela, que poderá aceitar ou recusar essa tentativa. Mesmo que ela recuse, você agiu bem ao começar com graça e amor.

Não reaja às reações

Se a pessoa que você está confrontando reagir de uma das formas que mencionamos, você será tentado a pagar na mesma moeda: raiva com raiva, culpa com culpa. É a coisa mais natural do mundo. Quando somos atacados, nos protegemos e, às vezes, contra-atacamos. Ao mesmo tempo, a coisa mais natural do mundo pode não ser a melhor, a mais proveitosa ou a mais sensata a se fazer: "Não retribuam a ninguém mal por mal. Procurem fazer o que é correto aos olhos de todos" (Rm 12.17). É por isso que você precisa ter controle e saber como reagir a um ataque. Caso contrário, a conversa pode se transformar rapidamente numa discussão ou alienação.

Suponhamos, por exemplo, que você diga à sua esposa que gostaria que ela fosse menos distante e demonstrasse mais interesse na sua vida. Ela pode dizer: "Você é que é distante. Você não liga para o que eu sinto ou penso; tudo gira em torno de você. Por que você nunca conversa comigo sobre o que eu faço?".

Você pode se sentir tentado a responder: "Ouça o que está dizendo. Você acabou de provar o que eu disse. Nem cheguei a dizer o que sinto e já jogou a culpa em mim. Será que uma vez na vida poderia ouvir o meu lado sem me culpar por tudo?".

Mesmo que isso seja verdade, não ajuda em nada.

Abdique do direito de pagar em espécie. Lembre-se de que é preciso que haja pelo menos um adulto presente para que o problema seja resolvido. Talvez seja preciso "refrear" sua língua (Tg 1.26) e falar com maturidade, não com mágoa ou raiva.

Você pode responder à sua esposa da seguinte maneira: "Eu realmente sinto muito por se sentir dessa forma. Não quero que pense que não estou interessado no que lhe acontece. Precisamos ver isso juntos, porque talvez mostrando-me quando menosprezo seus sentimentos, eu possa evitar isso. Mas, no momento, gostaria de tentar resolver o problema de eu não sentir que você está interessada no que acontece comigo".

Não existe nenhuma lição ou exercício de poder nessa resposta. É uma abordagem direta de ouvir a reação, tratar dela e retornar à questão principal. Em geral, é possível vencer as reações com paciência, oferecendo a outra face e tratando do problema.

Esse exemplo também ilustra outra questão importante sobre as reações: não se concentre no contra-ataque ou na atitude defensiva logo de início. Talvez isso não seja preciso, porque seu amor e equilíbrio podem vencer para que consiga resolver o problema. Normalmente, ao ver que você não reagiu à reação dela, a pessoa deixa isso de lado e se concentra no problema. Tente ignorar a resistência: "A sabedoria do homem lhe dá paciência; sua glória é ignorar as ofensas" (Pv 19.11).

Às vezes, é mais fácil usar uma justificativa [racionalização] ou culpar a pessoa do que ignorar sua resistência naquele momento. Entretanto, se você vencer naquela questão, a outra pessoa pode achar que está esperando para provar que ela está errada, e você corre o risco de não alcançar o objetivo principal: resolver o problema e reconciliar-se. Não seja precipitado; mantenha seu principal objetivo em mente.

Vejamos o que você poderá fazer caso a atitude de ignorar a resistência não funcione.

Resolva a atitude defensiva

Se você fez várias tentativas de ouvir e ignorar a minimização ou projeção feitas pela outra pessoa e, no entanto, ela persiste em fugir à responsabilidade diante do problema, pode ser preciso tratar de sua atitude diretamente. Isso é necessário quando está claro que a resistência continuará a atrapalhar a busca de solução. Se você ignorá-la, ela poderá bater o pé por tempo indefinido ou até mostrar-se mais resistente, o que pioraria todo o processo. Com freqüência, a pessoa nem tem consciência de que está sendo defensiva ou transferindo a culpa. Ela está preocupada em se defender. Levantar o assunto pode ajudá-la a enxergar o que está fazendo, a assumir sua responsabilidade por isso e parar de agir do modo como vem agindo. Portanto, pode ser bom deixar o assunto de lado para falar sobre o motivo de ela não conseguir conversar sobre ele. Vejamos duas maneiras de fazer isso:

Primeira abordagem: Preciso falar-lhe. Notei que, sempre que tento conversar sobre seu temperamento, você fica bravo e joga toda a culpa em mim. Tentei deixar isso de lado várias vezes e estou ficando desanimada porque não consigo falar do problema que gostaria de resolver nem consigo me aproximar de você. Não quero irritá-lo, mas, sim, falar sobre seu temperamento, para que possamos nos aproximar mais. Existe alguma forma de eu falar para que possa ouvir o que eu tenho a dizer, sem me culpar? Por exemplo, se quiser que eu saiba que eu o irrito também, talvez possamos falar sobre isso primeiro, se garantir que, depois, poderemos voltar ao assunto sobre você.

Segunda abordagem: Você notou que não podemos falar sobre seu temperamento sem que fique zangado comigo e comece a me culpar? Não sei se tem consciência disso e gostaria que me dissesse antes de continuarmos. Talvez possamos deixar esse assunto de lado por enquanto e falar sobre o que sente em relação a esta conversa, para ver se conseguimos nos entender. Podemos voltar à minha pergunta depois.

Evite bancar o psicólogo. Não assuma um tom professoral: “Parece que você está reagindo à minha confrontação. Talvez tenha medo de se machucar ou guarde alguma raiva do passado. Quer falar sobre isso?”. Assim, você força a pessoa a se afastar, simplesmente para salvar as aparências.

Ouça e seja apaziguador

Na última seção, sugerimos que você convide a pessoa que está na defensiva a lhe contar o problema surgido com você. Além de ajudá-lo a assumir a sua parte de responsabilidade, isso também pode ajudar a outra pessoa a se mostrar menos resistente na hora em que for confrontada. Quando a pessoa sente que é ouvida e compreendida sem avaliações e julgamentos, reage menos negativamente.

Isso também pode requerer que você não apenas ouça o ponto de vista da outra pessoa, mas também encare suas emoções negativas, como a raiva ou a decepção em relação a você. Se puder ficar com ela e enfrentar suas emoções sem reagir, a ajudará a suportá-las e processá-las. Ajudar uma pessoa a lidar com suas emoções, ficando ao seu lado, ouvindo-a e não reagindo, significa *levá-la ao equilíbrio e à moderação; significa apaziguá-la*. A mãe que conforta e acalma o bebê que chora, que está experimentando emoções muito fortes e primitivas que ele não é capaz de suportar sozinho, o ajuda a agir de maneira comedida. Ela age como um apaziguador, como um moderador dos sentimentos do filho, para que ele possa aprender com o tempo a suportar seus sentimentos sem entrar em pânico ou se sentir oprimido (para saber mais sobre as funções apaziguadoras da maternidade, leia *The mom factor* [*O fator mãe*]).

Lembre-se de que ouvir e apaziguar não significa concordar. Você pode ter um ponto de vista bastante diferente da outra pessoa, que, por sua vez, tem objeções legítimas ou ilegítimas em relação a você. Sua tarefa é simplesmente ajudá-la a falar de seus sentimentos.

Quando não há apaziguamento, a conversa pode ficar prejudicada, pois a pessoa se sente reprovada ou diminuída. Por exemplo:

> Minha culpa? Como esse tipo de coisa poderia ser minha culpa?
>
> Sei que acha que provoquei isso em você, mas é o que pensa, é sua opinião.

> Não, não entendo o seu lado. Não faz sentido.
>
> Sua raiva contra mim é irracional e injustificável.

Uma atitude melhor seria estar emocionalmente presente sem emitir suas opiniões:

> Diga-me por que você acha que é minha culpa. O que acha que eu faço?
>
> Deve ser difícil se sentir ligado a mim, achando que eu o provoco. Em que tipo de situação isso acontece?
>
> É difícil entender por que pensa que eu faço isso. Poderia explicar melhor isso?
>
> Fico triste por ter ficado tão zangado comigo. Isso atrapalha a nossa relação. Deve ser realmente difícil para você.

Para ouvir e apaziguar, precisamos abandonar nosso ponto de vista e interesse próprio para entender os sentimentos da outra pessoa. Precisamos colocar em prática nossa capacidade de nos identificar com a dor e a experiência do outro, da mesma forma que Jesus se humilhou para nos ajudar: Ele "... esvaziou-se a si mesmo, vindo a ser servo, tornando-se semelhante aos homens" (Fp 2.7).

Porém, apaziguar não significa permitir que a outra pessoa o machuque. Avalie se a raiva e a negatividade manifestadas por ela são desagradáveis ou prejudiciais em relação a você. Se estiver em uma fase difícil de sua vida ou se a pessoa exerce muito poder sobre você, pode ser necessário limitar o que será capaz de tolerar até sua situação mudar.

Pense na sua contribuição

Quando você confrontar uma pessoa defensiva sobre um problema, certamente ela tentará encontrar outra causa para a questão. Isso significa que provavelmente o atacará. Entretanto, mesmo que ela esteja fugindo à responsabilidade, não descarte o que você está ouvindo por ser um ataque. Ouça e reflita sobre o que ouvir para ver se é verdade. Se o problema estiver piorando, é melhor tomar ciência disso.

Além disso, *mesmo que você não seja acusado de qualquer coisa, tome a iniciativa de analisar a situação para ver se não é você quem está provocando o problema.* Não espere para ser confrontado; auto-avalie-se e corrija-se: "... 'Vigiarei a minha conduta e não pecarei em palavras; porei mordaça em minha boca enquanto os ímpios estiverem na minha presença'" (Sl 39.1). Tenha em mente esse princípio durante a conversa sobre limites que terá com a outra pessoa. Ele pode contribuir muito para evitar uma atitude defensiva.

Um desvio cometido pela outra pessoa durante uma confrontação pode nos levar também a nos desviarmos do objetivo da conversa. Isso pode ser um erro. Por exemplo, você pode, impensadamente, fazer o seguinte:

- Desqualificar seus comentários por causa de seu comportamento: "Depois do que fez, você não tem direito de me criticar".
- Esconder-se por trás de uma comparação moral: "Sou inocente nessa história. Jamais faria o que você disse".
- Usar a atitude defensiva para negar: "Você só está dizendo isso porque não quer olhar para si mesma".

Essas declarações diminuem a chance de a pessoa enxergar o que está fazendo e oferecem mais oportunidades para que o foco do problema recaia sobre você. Vejamos algumas maneiras de levar a conversa para o rumo certo:

Se você concordar: Sabe? Acho que você está certo quando diz que eu importuno você por não ajudar nas tarefas da casa. Sei que isso não facilita as coisas para você. Por isso, estou realmente disposta a analisar isso com você e mudar. Mas, por enquanto, preciso falar do problema que mencionei no início.

Se você não concordar: Pode ser verdade que eu o importune. Não tenho certeza, mas pensarei sobre o caso. Se for verdade, quero realmente conversar sobre isso e mudar. Mas, agora, preciso voltar ao problema a que me referi.

Esses exemplos mostram como você pode deixar a discussão de sua parte para depois. Mas isso não é uma regra. Você poderá dar sua contribuição para a solução do problema imediatamente, contanto que haja tempo e disposição e que tenha certeza de que a pessoa voltará ao assunto quando terminarem:

> Explique como eu o importuno, para que eu possa saber quando isso acontece. Peço desculpas, porque não quero fazer isso nem piorar ainda mais nossos problemas.

Finalmente, seja sincero, não manipulador. Olhar para si mesmo não é, em essência, uma estratégia para resolver um conflito, mas uma atitude que você deve tomar em relação à sua própria alma, ao seu crescimento e à sua responsabilidade. Use o que está ouvindo para descobrir as fraquezas das quais precisa se arrepender para mudar e crescer.

Fale dos efeitos sobre você

Embora os ataques e o jogo da culpa protejam a pessoa da confrontação, também causam outro efeito: eles afetam negativamente a pessoa que está fazendo a confrontação, ou seja, você. É difícil conseguir tocar num problema, não se colocar na defensiva e confrontar esse problema enquanto a outra pessoa está usando de hostilidade. Isso rompe o relacionamento e machuca. Fale à pessoa a respeito dos efeitos que a resistência mostrada por ela têm produzido em você. Isso pode ajudá-la a despertar a parte dela que se preocupa com você e pode impedi-la de magoá-lo.

Quando fizer isso, entretanto, evite o erro de responsabilizá-la pelo seu equilíbrio emocional e bem-estar. Isso indica uma dependência tão profunda que poderia causar problemas.

> **Uma resposta ruim:** Quando tentei falar-lhe sobre nosso problema e você agiu como se a culpa fosse toda minha, fiquei arrasado, deprimido e não consegui trabalhar.

Se for verdade, procure um contexto seguro e de crescimento no qual possa trabalhar com segurança fora da questão de dependência.

> **Uma resposta melhor:** Quando tentei falar-lhe sobre nosso problema e você agiu como se a culpa fosse toda minha, fiquei muito magoado. Não esperava aquela resposta; fiquei triste e me senti desprezado. Não consigo conversar com você sobre os problemas sem que me ataque; não consigo me sentir ligado a você e procuro me distanciar internamente.

Confronte a atitude defensiva com uma atitude adulta

Depois de você ter sido gentil, não ter reagido, ter mostrado ser humilde e apaziguador, a outra pessoa pode ainda continuar a evitar olhar para si mesma. Para ir além desse ponto, pode ser preciso enfrentar esse comportamento com firmeza. Assuma uma atitude adulta, não a posição de um pai que fala com um filho.

Entretanto, você pode ser tentado a responder num tom paterno quando ouvir uma acusação imatura. Você pode acabar dizendo coisas como:

> Você devia sentir vergonha de si mesmo pelo modo como justifica sua participação na situação.

> Esperava muito mais de você. Como pode agir como se nada disso fosse sua culpa?
>
> Pare agora mesmo de negar a verdade.

Essas atitudes somente servirão para forçar a pessoa a se colocar numa posição defensiva, afastando-se ainda mais, para evitar a culpa e o ataque que está sofrendo.

Contudo, você pode se sentir tão intimidado pela pessoa, a ponto de nem conseguir pensar direito. Especialmente se, antes, lhe tiver atribuído muito poder, talvez você tenda a regredir a um estado emocional infantil. Se isso acontecer com você, poderá dizer algo como:

> Sinto muito; por favor, não fique bravo. Você está certo, a culpa é minha. Não falarei mais nisso, mas não fique com raiva ou aborrecido.

O medo de enfrentar a raiva e as acusações da outra pessoa faz com que você fuja à verdade e à objetividade sobre a situação.

No papel de adulto, nem a criança nem o pai funcionam. Cabe-lhe, então, continuar a defender suas idéias e permanecer firme, sem ataques ou condenações:

> Quando você joga a culpa em mim por ver pornografia na internet, fico aborrecida. Mas o mais importante é que isso não é verdade. Quero falar disso e resolver o problema, mas não está certo me responsabilizar pelo que faz. Não continuarei a me relacionar com você dessa forma até que esteja disposto a assumir a sua parcela de responsabilidade no problema.
>
> Não levantei o problema para julgá-lo ou criticá-lo. Nem você nem eu somos perfeitos, sei disso. Não ajuda nada em nosso relacionamento você ficar me atacando e agindo como se fosse um juiz. Será que poderia tentar me ouvir sem olhar para mim como se eu fosse seu pai? Não quero assumir esse papel.

Ao mesmo tempo, não posso ignorar sua atitude, porque ela nos impede de resolver qualquer coisa.

Se você fica zangado quando levanto um problema, as coisas ficam difíceis entre nós, e isso impede que nos aproximemos e encontremos a solução para o problema. Sua raiva é desagradável, mas não me impedirá de tentar resolver esse assunto. Precisamos encontrar uma forma de você pensar nesses problemas com segurança, sem perder o controle.

Admita sua falta de poder

Quando confrontar uma pessoa que está determinada a medir forças com você, pode ser preciso mostrar que ela pode ganhar a disputa pelo poder. Esse tipo de pessoa se recusará a ver o seu lado a todo custo, insistirá para você enxergar seu ponto de vista ou tentará mostrar que você não pode controlá-la.

Deixe que ela ganhe. Em primeiro lugar, ela está certa: você não pode fazê-la ver o seu lado; de fato, você precisa enxergar o lado dela e não pode controlá-la. Então, não lute contra a realidade; as coisas são assim. Embora você tenha muitas opções diante de si, não pode controlá-la. Na verdade, o Espírito Santo nos dá autocontrole (Gl 5.23), mas nunca oferece a capacidade de controlar os outros.

Além disso, se entrar no jogo do poder, poderá até fazer a pessoa se sentir mais ameaçada, tornar-se mais competitiva e piorar o conflito. Assim, um problema simples pode se tornar uma disputa acirrada quando as pessoas começam a brigar pelo poder.

Ao admitir que não tem poder para ir adiante, você está se expondo à outra pessoa. Com isso, a arena deixa de ser o poder e passa a ser o relacionamento. Isso pode ajudar a outra pessoa a ver que você está aberto e que ela pode analisar a situação com segurança também.

Vejamos um exemplo do que não se deve dizer:

Você: Queria que enxergasse que a sua negatividade afeta a mim e ao nosso relacionamento.

O outro: Você está exagerando.

Você: Não, não estou. Você realmente me desanima, desanima as crianças e todo mundo.

O outro: Você necessita tanto ver as coisas de maneira positiva que não vive a realidade.

Você: De jeito nenhum. Tente enxergar os dois lados. Você nem tenta fazer isso.

Essa conversa poderia continuar para sempre. Ela está se defendendo, jogando a culpa em você, e você continua tentando chamar a atenção de uma pessoa que não está interessada nisso. Veja uma atitude melhor:

Você: Queria que enxergasse que a sua negatividade afeta a mim e ao nosso relacionamento.

O outro: Você está exagerando.

Você: Sei que pensa assim, mas gostaria de explicar o que vejo e sinto.

O outro: Não importa! O problema são as suas reações, não a minha negatividade.

Você: Se está dizendo que não está interessado em conhecer o meu lado do problema, então eu aceito. Não posso convencê-lo nem mudá-lo. Acho que estou de mãos atadas então. Não sei o que fazer.

Esse não é o fim da conversa, mas imprime uma ampla possibilidade para que a outra pessoa seja emocionalmente mais responsiva à sua vulnerabilidade, evitando que ela pense que você quer controlá-la. A seguir, veremos o que você pode fazer depois de admitir que não tem poder para mudar a situação.

Estar certo ou fazer a coisa certa

Muitos tendem a fazer uma confrontação como se ela fosse uma disputa. Em uma disputa, cada um toma um lado e apresenta seus argumentos, com a intenção de provar quem está certo e quem está errado. Nas confrontações pessoais, entretanto, e especialmente com alguém que resiste diante delas, isso pode ir contra o seu desejo de resolver o problema. Tenha em mente que, acima de tudo, você quer que a outra pessoa tenha uma atitude reparadora em relação à questão. Procure investir suas emoções mais em fazê-la ver a verdade do que em ganhar a discussão: "Façam todo o possível para viver em paz com todos" (Rm 12.18).

Quando confrontar a outra pessoa, provavelmente você tentará provar sua posição diante de uma atitude defensiva ou de uma negação apresentada por ela. Você pode precisar dizer a verdade sobre o comportamento dessa pessoa para acabar com o artifício da negação. Entretanto, discordar a respeito de uma verdade é diferente de tentar provar que você está certo e que o outro está errado. A segunda atitude pode até dar a impressão de que você está mais interessado em vencer o debate do que em cuidar do seu relacionamento. Em geral, você percebe ter ido longe demais quando a pessoa fica tão aborrecida que não consegue mais entender a sua posição, ou tão distante que a discussão perde a importância. Nesse momento, pode ser necessário se reorganizar.

Vejamos um exemplo de quem, numa confrontação, determinou provar que está certo:

Você: Você está bebendo muito. Sei disso. Tive experiências que comprovam ser verdade.

O outro: Não estou bebendo muito.

Você: Claro que está. Posso lhe dar vários exemplos.

O outro: Não é verdade.

Você: Está sim. Ouça o que estou falando!
O outro: Não importa o que você diz. Está errada.
Você: Não, não estou. Você é quem está errado.

Esse tipo de conversa deteriora rapidamente uma confrontação, a ponto de provocar o afastamento e tornar inútil a discussão. Se a pessoa ficar na defensiva e não demonstrar nenhum interesse na verdade revelada por você, passe a dizer-lhe o que deseja, sem insistir em alcançar dela a concordância:

Você: Acho que você está bebendo muito. Sei disso. Tive experiências que comprovam ser verdade.
O outro: Não estou bebendo muito.
Você: Quer saber o que eu acho da bebida?
O outro: Não importa o que diga, está errada. Não tenho problema com bebida.
Você: Se não quer ouvir o meu lado da história, não tentarei convencê-lo. Não posso fazer isso se não quiser me ouvir, não quero forçá-lo a nada. Mas isso me deixa triste porque tudo o que eu fizer sobre esse problema, farei sem o seu envolvimento, e realmente gostaria que tratássemos desse assunto juntos.

Nessa situação, você mostrou que se importa com a pessoa e quer apenas resolver o problema. É uma tentativa de manter a paz, e você não ficou parada; tentou mostrar à pessoa que ela está errada. Essa é a melhor maneira de aumentar as chances de uma reação positiva por parte dela.

Persista e espere

Quando a pessoa que você está tentando confrontar joga a culpa em você, procura se justificar ou atacá-lo, não raro é porque passou um bom tempo evitando o dissabor de ouvir a opinião dos outros e criando maneiras de contornar a situação. Isso significa que, provavelmente, você não terá uma única conversa com ela, mas várias outras. Isso parece desencorajador, mas o tempo e a persistência podem ajudar.

Mesmo diante da resistência de seu povo, Deus continuou a repetir seu apelo para que ele lhe fosse obediente: "Desde a época em que tirei os seus antepassados do Egito até hoje, repetidas vezes os adverti, dizendo: Obedeçam-me" (Jr 11.7). Deus não insiste para que nos tornemos corretos imediatamente, porque sabe quanto somos imperfeitos.

> *A persistência e o tempo permitem que a confrontação surta efeito.*

A persistência e o tempo permitem que a confrontação surta efeito. A segurança e a graça que você concede podem ajudar a amolecer um coração endurecido. A verdade que você diz pode ajudar a esclarecer. A opinião que você emite pode oferecer uma perspectiva sobre a forma como as ações da outra pessoa afetam aqueles que ela ama.

A atitude defensiva de algumas pessoas é como uma fina camada de medo, carência e vulnerabilidade. Elas podem requerer menos tempo e esforço para aceitar a sua confrontação. Outras demonstram pouco ou nenhum interesse em um relacionamento mais profundo, ou têm um autoconceito tão elevado que não aceitam nenhuma crítica. Nessas situações, embora seja necessário mais tempo e persistência, também pode ser preciso impor conseqüências e limites com a conversa (v. a próxima seção).

Uma atitude errada nessa área seria dizer: "Você continua me atacando por tocar no problema. Isso é inaceitável. Não quero que me persiga por lhe dizer a verdade". Nesse caso, não houve muita conversa nem tempo para tratar do problema desse jeito.

Seria melhor dizer: "É realmente difícil falar-lhe sobre qualquer problema que afete o nosso relacionamento, quando você me ataca por tocar no assunto. Assim, nos afastamos ainda mais; não quero isso. É a primeira vez que toco nesse assunto, e pode ser uma novidade e uma surpresa para você. Mas devo insistir nisso porque acho que é muito importante para o nosso relacionamento. Se você não quiser falar sobre isso agora, será que poderíamos conversar numa hora melhor para você?".

Então, nas conversas seguintes, você poderá dizer: "Preciso falar de novo sobre os ataques que me faz quando falo de algum problema. Na última vez que conversamos, pensei que tivéssemos avançado um pouco nesse assunto, mas isso está se repetindo muito. Não quero esquecer a situação; é muito importante para a saúde e o futuro do nosso relacionamento". Com uma atitude equilibrada, de preocupação, mas firme, a pessoa com resistência fica mais propensa a se entender com você à medida que o tempo passa.

Se necessário, mantenha as conseqüências em mente

Por mais que você tente, às vezes a pessoa insiste em se desviar, transferir a culpa e evitar falar sobre o problema. Essa atitude impedirá que qualquer tipo de crescimento ou mudança aconteça. Quem não reconhece ou não assume um problema, é incapaz de analisá-lo e resolvê-lo. Por causa disso, pode ser preciso determinar quando é hora de parar de conversar e começar a impor as conseqüências apropriadas.

Existe a hora certa para desistir de corrigir alguém com suas palavras. Como disse Salomão: "Não repreenda o zombador, caso contrário ele o odiará; repreenda o sábio, e ele o amará" (Pv 9.8). Para alguém totalmente determinado a pensar que está sempre certo ou a achar que os outros estão sempre errados, ser acusado de maus-tratos pode incitá-lo a mais raiva e ressentimento.

Nessas situações, pode ser preciso que a pessoa saiba que você não está desistindo. Entretanto, está desistindo de suas tentativas de confrontá-la, pelo menos, até as coisas mudarem. A essa altura, você pode querer revelar que não está mais interessado em discutir o fato de ela estar cumprindo ou não a sua recomendação. Você já sabe, pois verificou cuidadosamente os fatos com os outros, com Deus e com seu próprio coração. Então, não importa se transfere a culpa, minimiza, ataca ou projeta; tudo isso torna-se irrelevante. Agora, você enfrentará o problema como achar melhor, sem a cooperação da outra pessoa.

Isso nos leva ao limite de uma conversa sobre limites. Quer dizer, as palavras fizeram o que podiam. A atitude da pessoa em relação ao problema requer que você passe a um outro nível, o das conseqüências e ações. Mas é importante avisá-la a esse respeito, para que ainda tenha a chance de mudar. Se for necessário dizer alguma coisa, certifique-se de dizer com graça e verdade.

Pense sobre a que problema específico você está impondo um limite. Pode ser que você esteja impondo limite a um comportamento que persiste, como irresponsabilidade, autoritarismo ou retraimento. Pode ser que seja a uma atitude defensiva, como racionalização, negação ou culpa, que evita qualquer tentativa de processar os problemas. Determine que mudanças você está exigindo com base nos problemas mais sérios do relacionamento.

Evite ser controlador quando falar das conseqüências:

> Você não assume a responsabilidade pelos problemas que causa em nosso relacionamento. Muito pelo contrário, nega a sua parte e inventa uma desculpa. Por isso, estou lhe dizendo que seria melhor se começasse a assumir o que faz.

Isso não é um limite; é uma tentativa de controlar a pessoa. Em vez disso, dê liberdade e seja muito claro sobre as conseqüências:

> Você não assume a responsabilidade pelos problemas que causa em nosso relacionamento. Em vez disso, nega a sua parte e inventa uma desculpa. Parece que nada do que eu digo faz alguma

> diferença no modo como você vê a situação. Por isso, quero que saiba: não posso continuar a admitir as coisas como estão. Se não tratar disso, pelo menos admitindo a sua tendência de deixar as coisas acontecerem e me culpar por elas, começarei a tomar algumas medidas. Entrarei em um grupo de apoio e conversarei com o nosso pastor sobre o que fazer a respeito. Também mudarei a maneira de me relacionar com você no casamento. Isso pode significar que não serei tão aberta e disponível para você como tenho sido. Quero resolver isso com você, mas, se não demonstrar nenhum interesse, não vou insistir. Mas quero deixar claro que, enquanto não mudar, as coisas não serão as mesmas em nosso relacionamento, em nossa intimidade e nas coisas que aprecia na nossa relação.

Finalmente, apresente sempre uma saída, caso a pessoa venha a se arrepender mais tarde:

> Se decidir mudar, ficarei feliz em parar de aplicar essas conseqüências, pelo menos aquelas que possam ser suspensas. Avise-me se mudar de idéia.

Não é fácil ser firme e atencioso quando você está confrontando alguém que o está atacando. Entretanto, você pode ser o primeiro a dar realmente ao outro a dose certa de graça e verdade de que precisa para ter consciência, admitir e se arrepender de seu problema.

Não é pouca coisa abordar alguém fazendo uma confrontação. Para agir de forma correta, você precisará pensar em como quer que isso aconteça. A parte IV — "Como se preparar para a conversa" — tem por objetivo ajudá-lo nessa preparação.

QUARTA PARTE

Como se preparar para a conversa

19

Por que você precisa se preparar

— Como foi? — eu (Henry) perguntei à minha paciente, Sandy.

— Horrível! — ela respondeu. — Na verdade, não quero nem falar sobre isso porque foi muito mal. Estou constrangida.

Por sua linguagem gestual e sua expressão, dava para perceber que aquilo era realmente verdade.

Sandy estava falando sobre a confrontação que tinha tido com seu namorado, Rollie. Depois de sofrer com o relacionamento por aproximadamente seis meses, ela finalmente decidiu contar-lhe que, embora achasse que tinham muitas coisas boas, Rollie possuía alguns padrões de relacionamento que a magoavam e ele a ignorara quando ela tentou lhe falar a respeito disso.

Rollie era negligente com o tempo. Às vezes, ia buscá-la para sair com uma hora de atraso, sem, antes, ter ligado para avisá-la. Outras vezes, não planejava nada até o último minuto e, depois, esperava que ela saísse com ele. Além disso, quase sempre colocava seus interesses em primeiro lugar, desprezando completamente o relacionamento que mantinham. Ele também a pressionava muito para que se sentisse à vontade na relação física.

Nas poucas vezes em que nos encontramos, Sandy contou que seu relacionamento era muito desgastante. Ela não tinha dúvidas de que precisava ter uma conversa séria com Rollie para impor alguns limites. Antes, numa conversa que teve com ele sobre seus padrões negativos de comportamento, o rapaz não lhe deu atenção. Dessa vez, ela havia planejado dizer-lhe de seu desejo de dar um tempo no relacionamento para ele pensar melhor nas coisas que a incomodavam. Assim, poderiam voltar e conversar para ver se ele estaria pronto a levar suas preocupações a sério.

— Por que não foi muito bem? Ele não aceitou bem a sua palavra? O que aconteceu? Ele ficou aborrecido, explodiu ou alguma coisa assim? — perguntei.

— Não, não foi nada disso. Não foi nada disso. Ele foi muito bom, mostrou o seu melhor lado. No início da conversa, ele mostrou ser a pessoa de quem eu gostava.

— Então o que saiu errado? Parece que não foi tão difícil assim lidar com ele. Como foi o rompimento? Você lhe disse isso?

— Sim. Disse todas as coisas nas quais tinha pensado e que precisava dar um tempo.

— Até aqui, tudo bem. Então, por que você disse que a conversa foi terrível? Parece que foi tudo bem. Um bom começo. Como terminou?

— Fui para a cama com ele — ela disse timidamente, como uma garotinha envergonhada.

Notava-se que a vergonha não era apenas por ter feito sexo com Rollie. Era, também, por causa da incapacidade de defender sua posição na conversa. Ela sabia que tinha cedido e *fracassado*.

— Puxa!... — murmurei, sem saber o que dizer.

Certamente, não queria que ela se sentisse ainda mais culpada. Estava claro o seu sentimento de culpa. Fiquei com muita pena dela. Dava para ver que se deixara levar por alguma fraqueza, tinha se envolvido em algo que lhe estava fazendo mal. Mas ela não fora capaz de fugir, como Gálatas 6.1 recomenda.

— Que coisa! — foi tudo o que consegui dizer.

Pense na guinada de 180 graus que Sandy deu. Foi conversar com Rollie, planejando confrontá-lo sobre um problema perturbador e impor-lhe alguns limites. Tinha planejado se proteger dizendo "basta" para ele, mas se traiu. Entregou-se e permitiu ser usada de uma forma que, no final, continuou tudo do mesmo jeito. Rollie não a tratou como uma pessoa a quem prezasse, mas como um objeto de gratificação. Ela queria ter uma conversa para acabar com aquele comportamento, mas, em vez disso, piorou tudo. Qual tinha sido seu erro?

Ela queria ter uma conversa para acabar com aquele comportamento, mas, em vez disso, piorou tudo. Qual tinha sido seu erro?

A necessidade de estar preparado

Em resumo, Sandy não estava pronta. Tinha ido para a confrontação com a melhor das intenções, mas não estava preparada para lidar com a maior arma de Rollie: seu jeito charmoso de acabar com os planos dela e impor os seus. A intenção dela era analisar os motivos de estar se sentindo infeliz, colocar um ponto final em seu sofrimento. A intenção dele era usar seu charme para levá-la a pensar que tudo seria diferente e, assim, ao final, conseguir o que queria. E ele venceu.

De muitas maneiras, Sandy não estava preparada para lidar com as armas de Rollie. Precisaria de muito aconselhamento para dominar as fraquezas que causaram o seu fracasso. Tinha uma grande necessidade de ser amada. Não havia relacionamentos em sua vida que pudessem lhe dar apoio e forças para resistir a um homem como ele. Olhava para Rollie de uma maneira bastante distorcida: quando ele foi romântico e charmoso, ela não foi capaz de sentir e de se lembrar de suas mágoas. E possuía muito pouca experiência em defender uma idéia sobre algo que considerava importante. Estava muito interessada em encontrar amor para descobrir o que realmente precisava.

No entanto, embora Sandy tivesse muito que melhorar ainda, sabia que havia algo mais. Ela não precisava chegar à maturidade plena para saber lidar com homens como Rollie. Já vira isso acontecer. Quando a pessoa tem uma pequena noção do que está acontecendo, certa habilidade, um pouco de treinamento e apoio, é incrível o que é capaz de fazer, mesmo antes de "estar com tudo pronto".

A boa notícia é que colocamos mãos à obra, e o resultado foi muito diferente. Sandy se preparou e teve a conversa com Rollie; hoje, ela é casada com um homem incrível e tem dois ótimos filhos. Tremo só de pensar que ela poderia ter ficado com Rollie. Que canseira isso seria! Se não tivesse melhorado a capacidade de "ter aquela conversa que estava evitando", outra não teria sido sua sorte.

Vamos examinar algumas formas de você se preparar para aquela conversa difícil, para que não precise dar uma volta de 180 graus no caminho de solucionar um problema.

Uma armadura com muitas fendas

Talvez você não se identifique com o fracasso de Sandy. Não conceba a idéia de encontrar-se com alguém a fim de terminar um relacionamento e acabar indo para a cama com essa pessoa. Mas, provavelmente, seja como for, *poderá* se identificar com algumas fraquezas que o impedem de alcançar numa confrontação o resultado esperado. Talvez possa se identificar com algumas destas coisas:

- Você dá muitas voltas e não é tão direto quanto gostaria de ser.
- Você fica muito zangado e irritado, em vez de permanecer calmo e ser claro.
- Você sente pena da pessoa e torna-se suave demais.
- Você fica muito ansioso.
- Você "desaba" e é dominado pela dor que tudo isso lhe causa.
- Você sabe exatamente quais os limites que pretende impor e cede mais do que deveria.
- Você teme tanto as conseqüências da confrontação (rejeição, desaprovação, conflito) que isso o impede de resolver o problema.
- Você tem outra fraqueza pessoal que atrapalha.

Em geral, as pessoas fazem pelo menos uma tentativa de ter a conversa que estavam evitando, mas surge alguma coisa difícil de ser superada. Então, sem saber o que fazer, sentem-se imobilizadas ou, pior, sentem-se desanimadas e sem esperança de alcançar melhores condições no relacionamento.

Isso não precisa acontecer. Conhecemos muitas pessoas que aprenderam as habilidades necessárias para superar suas dificuldades tendo conversas sobre limites. Isso acontece todos os dias. Mas você precisa se preparar para confrontar os problemas de uma forma que o deixe totalmente pronto e dê à confrontação mais chance de ser compensadora para a outra pessoa e para o próprio relacionamento. Vejamos a primeira coisa que precisa ser feita para você se preparar a fim de enfrentar os problemas com outra pessoa.

Tirar a viga do olho

Como mencionamos, Jesus diz que primeiro precisamos remover a viga de nosso próprio olho, para podermos enxergar claramente e remover o cisco do olho de outra pessoa (Mt 7.3). Esse versículo contém muita sabedoria aplicável à arte de se preparar para uma boa confrontação.

Note, em primeiro lugar, que Jesus diz para remover "primeiro" a viga do nosso olho. Em outras palavras, precisamos resolver nossos próprios problemas antes de nos prepararmos para uma confrontação. Pode ser preciso mudar algumas coisas em nós, a fim de que estejamos prontos. Então, o conceito "primeiro" é extremamente importante, como Sandy descobriu.

Em segundo lugar, note que Jesus usa os termos "viga" e "cisco". Uma viga certamente é muito maior que um cisco. Uma maneira óbvia de interpretar isso é que, se tivermos um grande problema a reconhecer, não estamos em condições de confrontar ninguém sobre qualquer coisa.

Em terceiro lugar, Jesus diz que, quando encaramos primeiro a nós mesmos, passamos a enxergar tudo com clareza. Em nossa experiência clínica, descobrimos que essa é uma das verdades mais profundas sobre as pessoas que se confrontam. Quem não reconhece os próprios "defeitos" tem grande dificuldade de ver, do outro lado da mesa, com quem está lidando. Sua tendência de distorcer tudo por causa de seus "pontos cegos" pode atingir várias direções. Às vezes, não vêem quanto o outro é destrutivo e não tomam uma posição firme. Não enxergam e não resolvem a própria co-dependência. Outras vezes, enxergam a pessoa como vilã e a vêem sob uma perspectiva mais negativa do que a realidade. Conseqüentemente, a confrontação não dá certo, não resolve nem melhora o relacionamento.

Por isso, esperamos tê-lo convencido de que precisa olhar para si mesmo antes de confrontar alguém. No próximo capítulo, veremos algumas coisas comuns que você precisa preparar antes de estar pronto para ter uma boa conversa sobre limites.

20

Como se preparar

— Estou furiosa com ele! — exclamou Terri. — Desperdiça o meu tempo e os meus compromissos! Sempre acha que posso lhe fazer favores. E também a forma como fala comigo é humilhante. Estou cheia disso!

— O que ele diz quando você lhe revela como se sente? E por que não diz "não" aos favores que lhe pede e que você não lhe quer prestar? — eu (Henry) perguntei.

— Ainda não conversei com ele sobre isso... — admitiu depois de hesitar um pouco.

— Bem, então acho que não tem por que ficar tão furiosa. Afinal, talvez ele nem saiba que você acha seus pedidos fora de propósito. Provavelmente, pensa que você é uma pessoa generosa, que tem prazer em ajudar. Não pode ficar zangada se concorda com o que ele pede. Esse problema é seu, não dele.

— Agora, o fato de humilhá-la é diferente — continuei. — Não se deve falar dessa maneira com ninguém, e tenho certeza de que você não gosta disso. Então, por si mesma e por ele, deve lhe explicar como o que ele diz a afeta. Vai ver, ele também não sabe disso.

— Mas a minha grande preocupação é outra — prossegui. — Por esperar tanto tempo e ser tão passiva com ele, abrigou muito ressentimento. Seria melhor tratar disso primeiro e ver como sua própria passividade contribuiu para essa situação, a fim de não se mostrar tão zangada. Então, poderá conversar com ele diretamente e, espero, resolver o problema.

Terri me olhou com uma expressão de quem tinha sido pega no pulo fazendo algo de errado. Sabia que aquilo era verdade. Se admitisse isso, poderia resolver sua parte no problema.

Admitir o próprio fracasso para confrontar é uma das oito medidas que você deve tomar no sentido de se preparar para ter aquela conversa difícil que está evitando. Falaremos dessas medidas e depois apresentaremos cinco estratégias específicas que você pode empregar para perder o medo da confrontação.

1. Admitir o próprio fracasso para confrontar e parar de bancar a vítima

O princípio por trás dessa primeira medida é: *Ao permitir que uma pessoa faça algo que o desagrada, você se torna parte do problema.*

Como diz a Bíblia: "Não guardem ódio contra o seu irmão no coração; antes repreendam com franqueza o seu próximo para que, por causa dele, não sofram as conseqüências de um pecado" (Lv 19.17).

A palavra *repreender* não incorpora necessariamente uma idéia negativa. Ela pode significar "refletir juntos" ou "corrigir". Esse versículo liga o nosso ressentimento diretamente ao nosso fracasso de falar com alguém sobre um problema. Agora, se não falamos nada, nos tornamos parte do problema e

> *Agora, se não falamos nada, nos tornamos parte do problema.*

perdemos o direito de ficar zangados como normalmente ficaríamos.

Assim que admitimos o fato de que nossa raiva é resultado de nosso fracasso em não falar com alguém, a confrontação flui muito melhor. Não culpamos o outro e falamos com ele com menos raiva e mais determinados a "resolver o problema". Além disso, achamos que a conversa o ajudará, pois ele tomará consciência de um possível defeito. A conversa se torna um projeto de amor e, ao mesmo tempo, nos livra do ressentimento para que possamos amar a pessoa mais livremente e ter um relacionamento melhor com ela.

A grande ironia de assumir a responsabilidade é a seguinte: Quando você reconhece que o problema é a sua própria passividade, e deixa de se ver como "vítima", tem mais chance de resolver o problema por meio da conversa. Quando foge desse sentimento, sabe que está apenas comprando mais infelicidade, e a culpa é sua. Use isso para seguir em frente!

2. Admitir suas motivações

Existem inúmeras razões para nos confrontarmos com alguém — algumas são boas, outras, nem tanto. Em geral, há várias motivações ou, pelo menos, vários sentimentos que nos estimulam ao confronto. Vimos com Terri como o ressentimento pode atrapalhar a idéia que fazemos de alguém.

Vivemos segundo nossas motivações, de uma forma ou de outra. Elas aparecem na nossa frente, na escolha de palavras, nos sentimentos que levamos para uma confrontação e, às vezes, até na maneira que construímos ou planejamos o resultado dela. Se a sua intenção for punir, por exemplo, sua conversa com a outra pessoa e seu plano para o futuro serão muito diferentes daqueles que você desenvolveria se sua intenção fosse ajudar a pessoa e o relacionamento.

Nosso primeiro conselho para admitir suas motivações é: Não seja tão duro consigo mesmo. Todo mundo tem reações, sentimentos e respostas desagradáveis de vez em quando, especialmente quando somos feridos. Como disse Salomão: "Não dê atenção a todas as palavras que o povo diz, caso contrário, poderá ouvir o seu próprio servo falando mal de você; pois em seu coração você sabe que muitas vezes você também falou mal de outros" (Ec 7.21,22). Em outras palavras, ter sentimentos negativos e pouco afetuosos é humano. Então, esteja aberto a isso, confesse esses sentimentos a Deus e a alguém (1Jo 1.9; Tg 5.16), pedindo a ajuda divina nesse trabalho pessoal.

Quando se encontrar num "estado de concessão de graça" em relação a si mesmo, dê uma boa olhada em suas motivações. Trate das ruins primeiro e, depois, passe para as boas. Lembre-se de que as ruins são aquelas que não podem ajudar você, a outra pessoa ou o relacionamento; elas apenas produzem mais coisas ruins. Vejamos alguns exemplos de motivações ruins:

- O desejo de punir e de se vingar
- O desejo de fazer alguém se sentir "mal", como vergonha ou culpa destrutiva
- O desejo de descontar em alguém coisas mal resolvidas
- O desejo de fazer uma aliança com uma terceira pessoa contra outra
- O desejo de sentir poder quando não o possui e fazer o outro se sentir fraco
- O desejo de controlar quando se foi controlado pela outra pessoa e inverter os papéis
- O desejo de abafar a dor e a mágoa
- O desejo de usar a outra pessoa como alvo para outros erros semelhantes que você tenha sofrido

Agora vejamos alguns exemplos de motivações boas:

- Acabar com o que de ruim acontece com você e parar de sofrer
- Esclarecer as contribuições dadas por você e pela outra pessoa a um problema para que possam seguir em frente
- Restaurar uma parceria
- Conquistar maior intimidade
- Restaurar uma brecha no relacionamento
- Corrigir o que está errado no relacionamento
- Ajudar a outra pessoa a reconhecer o que ela precisa enxergar
- Ajudar a outra pessoa a crescer
- Deter um ciclo, hábito ou comportamento destrutivo na vida de alguém
- Proteger alguém de um mau comportamento de outra pessoa
- Resolver problemas quando se está num impasse ou se vê um comportamento destrutivo
- Esclarecer uma mudança no relacionamento
- Expor seus desejos ou expectativas
- Confessar seus erros e consertar, diante de uma pessoa, algo que ela, com razão, tenha contra você

Portanto, lembre-se de que suas motivações provavelmente acabarão vindo à tona. Como diz Provérbios 4.23: "Tome cuidado com suas emoções porque elas afetam toda a sua vida" (BV). Se você não examinar bem suas motivações em seu coração, criará outros problemas em sua vida com os quais terá de lidar. Esses problemas voltarão a assombrá-lo, pois colhemos aquilo que semeamos. Semeie boas motivações em uma confrontação e, por fim, colherá bons frutos.

3. Admitir seus medos

Sandy tinha medo de perder Rollie. Era tanto o medo de ficar sozinha que não conseguiu lhe dizer "não". Fechando os olhos para os problemas, fez de tudo para ficar com ele. Foi dominada pelo medo.

Você já pensou no que tem medo que venha a acontecer numa confrontação que precise ter com outra pessoa? Se não pensou, seus medos provavelmente intervirão nessa confrontação, e você não alcançará o resultado que deseja. Vejamos alguns medos comuns:

- Medo de rejeição
- Medo de desaprovação
- Medo de vingança
- Medo da perda
- Medo da raiva da outra pessoa
- Medo de magoar a pessoa
- Medo de exigir responsabilidade da outra pessoa
- Medo de privar alguém de alguma coisa
- Medo de conflito
- Medo de ser mau
- Medo de ser visto como uma "pessoa má"
- Medo de não saber como confrontar
- Medo de não resolver um relacionamento ou conflito
- Medo da própria imperfeição e da idéia: "Por que vou confrontar se também sou imperfeito?"
- Medo de ser manipulado
- Medo de ser oprimido ou magoado

O medo afeta muito o nosso desempenho. Ter muito medo pode afetar a nossa capacidade de pensar rapidamente, de falar, de tomar uma posição e de fazer outras coisas também. Cuidado com seus medos; procure resolvê-los. Saber quais são eles e estar consciente deles o ajudarão a identificá-los quando eles surgirem, a observá-los e a não ceder diante deles. Você pode parar de agir, usando-os como "sinais" para recuar. Dessa forma, o medo funciona como advertência para pararmos. As pessoas nem sabem que estão com medo até recuarem automaticamente. Saber do que tem medo e como costuma recuar pode ser ato de consciência que o ajudará a tomar melhores decisões.

Posteriormente, ainda neste capítulo, apresentaremos algumas estratégias para lidar com o medo. Se seus medos forem muito grandes para resolvê-los pela observação e decisão de tomar uma atitude diferente, procure ajuda. Fale com um amigo confiável ou consulte um terapeuta.

4. Admitir as reclamações legítimas da outra pessoa em relação a você

Como já falamos desse assunto com detalhes no capítulo 10, agora apenas diremos que, antes de ter uma conversa difícil, você precisa admitir sua parte no problema. Se olhar para si mesmo e para suas contribuições para o problema no relacionamento *antes* da conversa, estará muito mais preparado quando a outra pessoa falar sobre elas. Não será pego desprevenido, não se defenderá ou sentirá culpa, não reagirá, não tentará explicá-las, não se julgará tão "mau", nem jogará a culpa de suas contribuições no comportamento do outro.

Além disso, se tratar da sua participação no problema, estará numa posição melhor para falar dela com a pessoa e mostrar todas as coisas boas que acontecem quando se faz um pedido de desculpa. Algumas pessoas dizem injustamente que não têm nenhuma responsabilidade de pedir desculpas a alguém por seus erros. Elas dizem: "Bem, se ele tiver algum problema comigo, deve me chamar e me falar sobre isso. Esse é o problema". Mas isso não é totalmente verdade.

É verdade que a outra pessoa deveria vir até você e lhe falar. Mas não é verdade que "o problema é dela". Se alguém tem algo contra você, o problema é seu também. Você deve procurar essa pessoa primeiro, ser proativo, e fazer tudo o que puder para se corrigir. Jesus disse: "Portanto, se você estiver apresentando sua oferta diante do altar e ali se lembrar de que seu irmão tem algo contra você, deixe sua oferta ali, diante do altar, e vá primeiro reconciliar-se com seu irmão; depois volte e apresente sua oferta" (Mt 5.23,24).

Ser proativo é bom não apenas para o relacionamento, mas também para você. Você se apresenta de coração puro diante de Deus e dos outros e faz todo o possível para se corrigir (Rm 12.18). Você *sempre* sai ganhando quando é claro e puro diante das situações. Isso afetará não apenas o relacionamento, mas também o resto de sua vida, de uma forma que jamais imaginou.

5. Admitir suas distorções em relação à outra pessoa

Uma mulher me procurou outro dia para pedir ajuda em seu casamento. Ao descrever o marido, disse que ele era tão "poderoso" e "intimidador" que simplesmente não tinha coragem para conversar com ele sobre as coisas que a incomodavam.

— Por que você simplesmente não fala com ele sobre essas coisas? — perguntei.

— Ah, eu não conseguiria — ela respondeu. — Ele é tão forte, tão intimidador, que não sei o que fazer.

Depois de ver que não adiantaria nada sugerir que ela falasse com o marido, perguntei se eu poderia marcar uma hora para me encontrar com ele. Respondeu que diria isso a ele.

Não fazia a menor idéia de onde estava me metendo.

No dia de sua próxima consulta, fui até a sala de espera e encontrei a mulher sentada ao lado de um homem pequeno, de aspecto frágil. Ele se levantou e disse, com sua voz esquisita e nada ameaçadora:

— Olá, dr. Cloud. Estou feliz por conhecê-lo!

Lembro-me de tê-lo descrito depois como tímido. Ele passou por mim como um sopro de gente.

Percebi imediatamente que sua esposa e eu tínhamos um caminho longo a percorrer. Precisava ajudá-la a descobrir de onde ela havia tirado a imagem distorcida de um marido poderoso e intimidador. Depois de muitas sessões de terapia, descobrimos que, por ter tido um pai poderoso, intimidador e "invencível", essa mulher enxergava todos os homens dos quais precisava da mesma maneira. Ela nunca havia trabalhado essa sua tendência de distorcer a figura masculina.

Todo mundo tem esse tipo de "transferência" ou tendência de ver as pessoas sob a luz de experiências passadas. Nós distorcemos figuras de autoridade, homens, mulheres, ligações românticas, carências e imperfeições.

Trabalhei, há muitos anos, como consultor em um departamento da igreja, no qual a solução era impossível de ser alcançada por causa das distorções que os líderes tinham uns dos outros. Eles superestimavam tanto seus erros que não conseguiam ver nada de bom uns nos outros. Não sei exatamente de onde vinham aqueles fantasmas, mas certamente não eram das pessoas que eles acusavam.

No namoro, a mulher costuma representar idealmente o seu namorado. Isso ela faz de tal modo que não enxerga nele nenhum problema que deva ser confrontado. Ela constrói com tanta obstinação esse homem ideal a ponto de não confrontar os problemas existentes. Mas depois essa figura acaba desmoronando. Ou o "seu modelo ideal" perde interesse porque tem muito poder no relacionamento. Sempre que alguém é construído como ideal, o desequilíbrio de poderes prejudica ou até destrói a relação.

Em algumas organizações, às vezes, os integrantes imaginam seus líderes como pessoas tão ideais que não enfrentam os conflitos e problemas surgidos entre eles. Mas depois, quando fracassam, passam a odiá-los. Os problemas vêm à tona e, então, se descobre que a idealização encobria muita raiva e muitos conflitos. Da mesma forma, enxergamos as pessoas como "totalmente más", às vezes, e, longe de tê-las como ideais, temos dificuldade em ver suas qualidades. Nessa situação, a confrontação se torna uma execução sumária. A distorção desperta uma raiva destrutiva, que é direcionada à pessoa tida como "totalmente má" aos olhos do confrontador (isso acontece muito no rompimento de um namoro).

Em terapia empresarial, ouvi muitos chefes e gerentes dizerem que desejavam que seus subordinados lhes contassem diretamente alguma coisa mais sobre suas impressões negativas em relação a eles e aos problemas que ali enfrentavam. Mas, por causa das distorções que faziam a respeito de seus chefes, esses funcionários permaneciam em silêncio.

Outra situação bastante comum é alguém se mostrar permissivo com relação ao outro e, depois, enfrentar o medo de impor limites por temer que essa atitude venha a destruir a pessoa que considera "fraca". Obviamente, quando se está em posição vulnerável, a confrontação não é uma boa idéia. Se a pessoa correr de fato algum risco ou se realmente não for capaz de cuidar de si mesma, afastá-la seria crueldade. Muitas vezes, por exemplo, uma família pode se revelar inábil quando um de seus membros se encontrar doente, tornando-se dependente de outra pessoa. A família passa a vê-lo como fraco e indefeso. O melhor é que essa distorção seja esclarecida e o doente seja visto como um passarinho gordo que precisa sair do ninho para aprender a voar.

A questão é a seguinte: Tenha uma visão realista da pessoa com quem está interagindo e busque perceber as tendências que você tem de:

- idealizar e romantizar;
- vê-la como "totalmente boa" ou "totalmente má";
- vê-la como extremamente poderosa;

- vê-la como extremamente carente ou frágil;
- vê-la como uma figura de autoridade paterna.

Ao se conscientizar dessas distorções, pense também nos comportamentos e nas escolhas que elas o levaram a fazer e use essa consciência para mudar o que for preciso.

6. Buscar a compreensão da outra pessoa

Normalmente, olhamos para um problema sem procurar entender o que causa os conflitos e a atitude defensiva da outra pessoa. Só sabemos que não gostamos de suas atitudes e mostramos nossa irritação e aborrecimento.

Sem dúvida, esses sentimentos são compreensíveis, mas é sempre bom antes de uma confrontação analisarmos a razão por que o outro está agindo daquela forma. Ele foi ferido no passado? Teve algum bom exemplo de como deve ser um relacionamento? Está passando por um momento de muita dor? A maneira como você reagia no passado faz parte do problema?

Analise bem a pessoa e, como diz o velho ditado, "Caminhe mais uma milha com seus sapatos". Pode fazer bem abordar o confronto com mais compreensão, empatia e sensibilidade. Isso não significa que você deva evitar lidar com as coisas diretamente, mas, quando o fizer, tenha uma atitude diferente. Sua raiva ou idéia de ser perseguido pode mudar quando perceber que, na maior parte do tempo, as pessoas não tentam magoar intencionalmente, mas isso acontece por causa de seus próprios problemas.

7. Cuidar de suas emoções em outro contexto

— Simplesmente perdi o controle — Jeri disse. — Fui ter uma conversa com minha irmã sobre o que está acontecendo na família, e, quando me criticou, explodi. Toda a mágoa que sentia há muito tempo jorrou. Fiquei péssimo e não consegui continuar.

Disse que conversaria com ela outra hora e fui embora. Não agüentei.

Você se identifica com a situação de Jeri? Já participou de uma conversa com tanta mágoa ou raiva guardada que, quando alguém tocou no local da ferida, tudo veio abaixo? Os sentimentos afetaram sua capacidade de permanecer concentrado e ser objetivo.

Lembro-me de uma reunião há muitos anos na qual esclareceria algumas coisas para o grupo com o qual tinha um projeto. Uma pessoa do grupo não estava fazendo sua parte do trabalho, mas criticava todos que estavam dando duro para fazer a sua parte e a dela. Sabia exatamente qual era o problema e que solução eu queria aplicar. Tudo parecia muito simples.

Assim que iniciamos a reunião, entretanto, essa pessoa não apenas criticou o modo como todo o grupo estava lidando com o projeto, mas também disse que não estava aproveitando dele tudo o que merecia. Quando mencionei que ela não estava participando do trabalho, ficou zangada e fez fortes declarações em contrário.

Foi o que faltava para me tirar do sério, e tudo o que eu sentia atrapalhou a minha capacidade de lidar efetivamente com o problema. Fiquei tão zangado e farto de tudo, que disse: "Muito bem! Para mim chega!", e fui embora.

Nunca tinha feito isso na minha vida e, felizmente, nunca mais fiz. Mas aprendi uma lição: Cuide de suas emoções *antes* de ter uma conversa difícil. Além de se sair melhor nessa conversa, você não será destrutivo com os outros num processo como esse. Na verdade, aprendi duas lições naquele dia. Tinha esquecido meu carro na loja e precisava pedir uma carona até minha casa para uma das pessoas do grupo. Depois de sair daquele jeito da reunião, não podia simplesmente voltar e pedir esse favor. Por isso, acabei retornando a pé para casa. Obviamente, tive muito tempo para pensar em minhas ações. Moral da história: Cuide de suas emoções e não perca o controle se não tiver como voltar para casa!

Como terapeuta, recebi muitas pessoas que, como parte de seu tratamento de cura, tinham sido instruídas a "confrontar" seus pais ou malfeitores que as tivessem explorado na infância. No entanto, fazer isso significava apenas que elas se machucariam novamente. Esse tipo de confrontação normalmente não traz a cura.

Acredito nos relacionamentos restauradores e no diálogo quando isso puder ajudar pessoas separadas a se ligarem. Mas esses diálogos não são feitos para curar feridas. Procure ser curado e se fortalecer antes de ter uma conversa difícil. Encontre sua cura em algum outro lugar, desassociado daqueles que o feriram, e, então, tome alento e esteja pronto para conversar e restaurar o relacionamento.

Nas situações em que você ainda estiver ferido ou magoado, vá a um lugar que possa lhe oferecer ajuda e cuide de suas emoções. Assim, estará mais bem equipado para enfrentar a conversa, porque não se sentirá tão ferido e magoado e terá uma perspectiva melhor e mais clara. Além disso, sua reação será melhor do que se agisse segundo seus instintos primitivos.

8. Buscar a cura

Busque a cura para todas as fraquezas que afetam sua capacidade de confrontar — de medos a distorções. Em geral, conversando com um amigo ou lendo um livro, você poderá ganhar visão, consciência e descobrir novas habilidades e estratégias para superar essas fraquezas. Mas, às vezes, isso não basta.

Se, por exemplo, você tem tanta necessidade de amor e aprovação que se sente vazio e desolado quando não recebe boa dose dessas coisas, provavelmente é porque precisa de uma cura estruturada como a que encontramos na terapia, em um grupo de apoio ou de reabilitação. O mesmo vale para medos enfraquecedores, abandono ou situações de abuso, histórico de dependência química ou relacionamentos com dependentes químicos, ou ainda um padrão de maus relacionamentos. Essas coisas podem ser bem resolvidas por pessoas com experiência no assunto, e recomendamos que você procure esse tipo de ajuda.

Busque a cura primeiro para que você possa se concentrar no problema de comportamento da outra pessoa. Nem o objetivo nem o programa dizem respeito à sua cura. Caso contrário, além de não conseguir o que precisa no momento para que essa cura se efetive, você perderá a objetividade e poderá se ferir ainda mais. Dificilmente encontrará a resposta. Então, torne-se o mais forte possível. Isso o ajudará tanto na confrontação dos problemas encontrados no relacionamento como em toda a sua vida.

Estratégias específicas de preparação

Além de "tirar a trave do olho", podem ser necessárias outras medidas antes de ter uma conversa difícil, "frente a frente". Vejamos algumas estratégias que foram muito úteis para algumas pessoas que conhecemos, tendo feito, inclusive, toda a diferença entre o sucesso e o fracasso dessas pessoas.

1. Conecte-se

Como algumas confrontações são difíceis e como seus medos e sua necessidade de amor e aceitação podem torná-lo vulnerável, entre em contato com sua base de apoio antes de buscar uma confrontação. Encontre pessoas com as quais você já analisou problemas, enfrentou fraquezas, chorou e treinou, para ter certeza de que, se precisar, encontrará apoio nessas pessoas. A Bíblia diz que, às vezes, somos fracos e precisamos de ajuda (1Ts 5.14). Mas, mesmo que não precisemos disso, somos humanos, por isso tudo vai bem melhor quando temos alguém do nosso lado. Pense no que disse Salomão:

> É melhor ter companhia do que estar sozinho, porque maior é a recompensa do trabalho de duas pessoas. Se um cair, o amigo pode ajudá-lo a levantar-se. Mas pobre do homem que cai e não tem quem o ajude a levantar-se! E se dois dormirem juntos, vão manter-se aquecidos. Como, porém, manter-se aquecido sozinho? Um homem sozinho pode ser vencido, mas dois conseguem defender-se. Um cordão de três dobras não se rompe com facilidade (Ec 4.9-12).

Portanto, procure um bom time antes de começar o jogo. Por exemplo, descubra se sua igreja tem programas com pequenos grupos que sejam apropriados para o seu caso.

2. Escreva o que você pretende dizer

Para muitas pessoas, as confrontações são muito confusas, a pessoa confrontada é muito difícil ou o histórico do problema é tão complexo que elas acham melhor escrever antes o que pretendem dizer. Ler as coisas que você quer dizer pode ser útil por várias razões. Se você for interrompido por uma negação ou atitude defensiva, por exemplo, poderá dizer: "Espere-me acabar de falar. Então ouvirei o que você tem a dizer". Assim, você não perderá a linha de raciocínio nem ficará confuso ou se desviará do assunto. E, se for preciso deixar a pessoa falar, poderá voltar exatamente onde parou, sem deixar nada escapar.

Além disso, essa estratégia lhe dá mais tempo para pensar sobre o que quer dizer e planejar melhor. Você pode pedir a alguém que revise e dê a sua opinião. Ele poderá verificar a sua tendência de minimizar, exagerar o problema, transferir a culpa ou não assumir uma posição firme. Suas fragilidades podem ser resolvidas antes de você confrontar a pessoa.

Isso também ajuda a evitar que, no momento da confrontação, suas emoções interfiram no seu raciocínio. Escrevendo o que quer dizer, você será objetivo e claro e, se começar a ficar aborrecido, não perderá a capacidade de pensar sobre o que deseja dizer e não dirá, mais tarde, depois da conversa: *Puxa, por que eu não disse aquilo?*

Outra opção é fazer uma lista de assuntos que você quer abordar sem descrevê-los palavra por palavra. A lista tem o mesmo propósito, mas é menos detalhada. Faça o que lhe parecer melhor.

3. Ensaiar

Pode ser bom praticar a conversa com alguém do seu grupo. Deixe-o fazer o papel da pessoa difícil e você dirá o que precisa dizer. Ensaie todas as situações possíveis que você teme, defensivas, desculpas, jogo da culpa ou explosões. Depois, pratique como você reagirá a essas situações. Na próxima seção deste livro, mostraremos algumas situações de ensaio. De fato, será muito útil praticá-las.

Você pode achar interessante também fazer o papel da pessoa com quem vai se confrontar e fazer seu amigo representar você. Assim, verá outras opções de respostas, já que seu amigo estará no seu lugar.

Você se surpreenderá com o seu bom desempenho em situações difíceis, se tiver praticado o que foi determinado e defendido suas idéias com firmeza. Como em tudo na vida, "a prática leva à perfeição".

4. Ter expectativas realistas

O que você pode realmente esperar da conversa que terá? Talvez espere que aconteça coisas incríveis, dependendo de quem for a outra pessoa. Milagres acontecem. Mas, às vezes, as pessoas vão para as conversas sobre limites com expectativas muito irreais. Alguém reclamou:

— Tentei impor limites, mas *eles* não funcionam.

— Como assim? — perguntamos.

— Bem, impus limites a meu marido, e ele ficou zangado e fez o que bem entendia.

— Se você considerasse que os limites não são algo que se impõe a alguém e que esse alguém é livre para fazer o que desejar, então não pensaria que eles não "funcionam". Limites são algo que impomos a nós mesmos, por exemplo, na maneira como iremos participar ou que conseqüências iremos aplicar caso a pessoa faça determinada coisa. Então, se entendemos que os limites têm a ver com as nossas escolhas, se eles não "funcionarem", é porque não os cumprimos. Impor limites não é uma forma de controlar as pessoas.

Assim, o que realmente esperar da conversa que terá? *Você pode esperar ter controle sobre o que faz, mas não sobre o que a outra pessoa faz porque isso depende somente dela.*

Você pode esperar ter controle sobre o que faz, mas não sobre o que a outra pessoa faz, porque isso depende somente dela.

Os limites e restrições podem, entretanto, *influenciar muito os outros*. Já vimos grandes mudanças acontecerem quando uma pessoa impõe limites a outra. Você pode esperar por uma reviravolta, mas não existem garantias para isso. Pode esperar que acabará com o problema que o incomoda.

Há quem se machuque quando deseja ser compreendido e amado por outrem. Isso pode acontecer, mas não com freqüência. É bom querer e desejar resultados favoráveis no relacionamento, mas esperá-los ou exigi-los não é sábio nem deveria ser o único motivo para que nos confrontemos com alguém.

Não queremos desanimá-lo. Afinal, este livro inteiro fala de esperança e reviravoltas nos relacionamentos. E, de fato, muitas vezes isso acontece. Mas algumas pessoas estão mergulhadas na contradição e na atitude defensiva e não respondem favoravelmente a situações criadas para funcionar com a verdade. Outras respondem maravilhosamente bem ou quase isso. Assim, existe um leque de possibilidades, dependendo da pessoa com quem você está lidando. Lembre-se dos provérbios já citados, que mostram a diferença de reação das pessoas inteligentes e de impostores na confrontação (Pv 9.7,9).

Há muitos resultados possíveis, mas uma coisa podemos dizer: como regra geral, se você lidar com as situações de maneira proativa, terá mais chance de resolvê-las. Dificilmente, conseguirá algo se evitá-las. Mantenha a esperança, mas não se desvie da realidade.

5. Fazer um sanduíche de confrontações

Se você tiver uma confrontação que se revela difícil, faça um "sanduíche de confrontações". A conversa difícil é o recheio do sanduíche, e seus aliados do grupo de apoio são as duas fatias de pão.

Fale com seus amigos antes de ter a conversa. Diga-lhes que quer se encontrar com eles, reunir coragem, rever seus objetivos, saber que é querido e que terá o apoio deles depois da confrontação. Tudo o de que precisar, procure obter deles com um telefonema ou uma visita. Depois tenha a conversa. Assim que terminar, dê outro telefonema ou faça outra visita para contar o que aconteceu, voltar a se recompor se necessário, comemorar, obter apoio, encorajamento ou apenas ter alguém que o compreenda. A conversa pode transcorrer muito bem, mas, seja como for, é bom saber que alguém estará a seu lado quando tudo terminar.

Isso pode parecer muita coisa para uma preparação, mas, na verdade, não é. São apenas bons conselhos para a vida inteira, quer você planeje ter aquela conversa difícil com alguém ou não. Seria bom se todas as pessoas assumissem seus erros, solucionassem tudo o que distorce a visão que têm dos outros e das situações, resolvessem seus medos e problemas e buscassem a cura. Portanto, não veja este capítulo como um fardo, mas como uma proposta para se viver bem. Se estiver fazendo essas coisas regularmente e se surgir uma conversa sobre limites, você já estará preparado.

QUINTA PARTE

Como ter uma conversa difícil com as pessoas que fazem parte de sua vida

21

NO CASAMENTO

No início do nosso casamento, minha esposa, Barbi, e eu (John) enfrentávamos um conflito atrás do outro. Nossas conversas sobre limites eram exatamente sobre a precariedade dos nossos limites. Não era nada divertido. Procurava minha esposa para falar sobre um problema, mas nada dava certo. Nós nos desentendíamos, nos afastávamos e o problema ficava sem solução.

Eu me sentia mal por ela.

— Isso é muito triste — eu dizia —, porque não deixo de amá-la. Existe alguma coisa que eu possa fazer para você se sentir melhor?

— Talvez — ela respondia, depois de pensar um pouco — se você mostrasse que me ama antes de me confrontar, seria mais fácil.

Achei aquela uma boa idéia e concordei. Na próxima vez que precisei conversar com ela sobre um problema, entrei na sala e disse algo mais ou menos assim: "Querida, saiba que gosto muito de você e espero que se sinta segura comigo". Então, quando lhe falei sobre o problema, foi melhor para ela e para mim.

Esse método de ter boas conversas sobre limites durou mais algum tempo. Um dia, porém, algo mudou. Precisava tocar em determinado assunto, então comecei:

— Querida, queria que soubesse...

— Pode parar! — ela disse. — Tudo bem. Sei que você me ama; agora, vamos logo ao assunto.

Demos boas risadas por isso. Com o tempo, Barbi passou a se sentir bastante segura para não precisar de encorajamento antes da conversa. Percebeu que eu a amava, mesmo no meio de uma confrontação, e estava pronta para ir direto ao assunto e resolver qualquer problema que fosse.

Confrontação no casamento

> ***A** intimidade do relacionamento conjugal faz com que seja essencial que nele haja confrontações.*

A confrontação deveria fazer parte de qualquer casamento, esteja ele indo bem ou mal. A intimidade do relacionamento conjugal faz com que seja essencial que nele haja confrontações.

Quando Deus criou o casamento, nos deu um de seus melhores presentes. Providenciou uma relação permanente e segura para que homem e mulher conhecessem o amor e a alegria e tivessem um sentido e propósitos juntos: "Por essa razão, o homem deixará pai e mãe e se unirá à sua mulher, e eles se tornarão uma só carne" (Gn 2.24).

Deus instituiu o casamento para que ele seja uma ligação de completude. Isso significa que, mais que em qualquer outro relacionamento, cada parte do seu ser, teoricamente, deve estar ligada a cada parte de seu cônjuge, e delas você deve se apropriar. O amor que vocês compartilham deve ser completo, pois sua vida e emoções estão interligadas. Por fim, no casamento os cônjuges abrem mão da liberdade do "eu" e "você" para criar o "nós".

Embora ainda haja dois indivíduos com almas distintas, surge um terceiro elemento chamado "laço matrimonial", que ilustra o relacionamento de Deus conosco, seu povo. Em sua carta aos Efésios, o apóstolo Paulo faz menção do texto de Gênesis 2.24 e, depois, afirma: "Este é um mistério profundo; refiro-me, porém, a Cristo e à igreja" (Ef 5.32).

Todo bom casamento faz uso da confrontação

Porque o casamento é um tipo de relacionamento tão maravilhoso, fazer uso da confrontação na vida conjugal é de suma importância. Você exerce o papel como o de um sistema central de transmissão de graça e verdade na vida de seu cônjuge, e vice-versa. Os dois têm a responsabilidade de cuidar um do outro e de se confrontarem, quando necessário. São agentes de mudança um do outro. O amor não é cego para com os problemas do seu cônjuge. Na verdade, ele requer que prestemos atenção a esses problemas para que possamos ajudá-lo a resolvê-los.

> *O amor não é cego para com os problemas do seu cônjuge. Ele requer que prestemos atenção a esses problemas para que possamos ajudá-lo a resolvê-los.*

Quem melhor para compreender o seu problema e falar-lhe sobre ele do que a pessoa que vive ao seu lado? Você está intimamente envolvido com ela, vendo-a como realmente ela é, inclusive com as imperfeições. Seu jeito de ser e suas ações a afetam; você não é imparcial para com ela. Mais do que ninguém, um cônjuge deveria ser capaz de ver os verdadeiros problemas do outro.

Essa idéia, contudo, soa estranho para alguns. Acham que o cônjuge é responsável por sua felicidade. Então, quando se sentem infelizes, pensam que ele está fugindo à sua responsabilidade.

Na verdade, nada poderia estar mais longe da realidade. *O objetivo do casamento não é fazer ninguém feliz, mas crescer e ajudar a pessoa que está ao seu lado a crescer também.* Os bons casamentos contribuem bastante para o corpo de Cristo, que "... cresce e edifica-se a si mesmo em amor, na medida em que cada parte realiza a sua função" (Ef 4.16). A felicidade pode e deve existir no bom casamento. Para saber mais sobre esse assunto, leia o nosso livro *Limites no casamento.*

O "problema" da intimidade

A ironia é que a *própria intimidade do casal dificulta a confrontação.* Quando as pessoas passam da fase da idealização da lua-de-mel e começam a se conhecer na vida diária, vêem os problemas, as fraquezas, a imaturidade, os pecados e as excentricidades uma da outra. E, não raro, por causa dessa tomada de consciência, uma pode desprezar a opinião e a verdade que a outra tem a dizer a seu respeito. É como se ela pensasse: "Sei que você também não é perfeita, por isso não tem credibilidade para me confrontar".

É verdade que perdemos a credibilidade se não praticarmos o que pregamos. Uma pessoa que não olhe para si mesma e que aponte os erros da outra não pode esperar muita abertura da parte de seu cônjuge. Ao mesmo tempo, ninguém precisa ter "tudo em ordem" para poder dizer ao cônjuge que seu comportamento ou atitude é um problema. Como o velho pregador costumava dizer: "Deus usou uma jumenta para falar com Balaão; então é melhor você ouvir seus amigos" (v. Nm 22). Todos nós precisamos estar abertos a ouvir a realidade, seja de que fonte essa realidade vier.

Medidas práticas a seguir

Esteja atento para ver se seu cônjuge oferece resistência interna a uma conversa sobre limites. Vejamos algumas idéias de que você deve se lembrar para ter uma confrontação saudável com seu cônjuge.

Seja a melhor pessoa possível para o seu cônjuge

Embora você não possa ser perfeito, deve procurar ser o melhor "par" possível para o seu cônjuge. Sacrifique seu próprio conforto a fim de satisfazer as necessidades e vontades legítimas e apropriadas que ele demonstrar. Procure se dedicar ao processo de crescimento e aprender a amar e a dar atenção à vida do outro. Arrependa-se de qualquer hábito ou padrão de comportamento que seja prejudicial a você, a seu cônjuge e a seu casamento. E mude! Provavelmente, ele estará mais aberto a ouvir a verdade de uma pessoa que mostre estar crescendo e que seja envolvente, divertida e cheia de vida. As pessoas envolvidas na vida de Deus têm mais chances de influenciar seus cônjuges do que as que andam à margem da vida.

Apele para o próprio relacionamento

O casamento é fundamentalmente um relacionamento e se baseia na ligação e no pacto entre marido e mulher. Embora seus problemas óbvios girem em torno de responsabilidades, dinheiro e deveres, não se atenha apenas a isso. Fale com seu cônjuge sobre o relacionamento em si. Essa é a essência do casamento.

Quando tocar na questão, por exemplo, diga que está fazendo isso porque o problema está afetando você, ele e "nós". Vejamos como poderia ser essa conversa:

Você: Não estou dizendo isso porque quero consertá-lo ou mudá-lo. Quero ter mais intimidade e bons momentos com você, mas esse problema é como uma parede entre nós; não posso contorná-la para chegar até você. Quero tirá-la do caminho para que possamos nos unir novamente. O problema está nos afastando.

Seu cônjuge: Você não está sendo muito amável.

Você: Sinto muito que pense assim, e quero que saiba que o amo. Mas preciso voltar a falar sobre o problema, porque ele realmente afeta o nosso relacionamento.

Use sua história e credibilidade

De certa forma, no casamento temos o direito de sermos ouvidos. Por exemplo, sem querer parecer superior, a esposa pode mostrar ao marido que está ao lado dele para ajudá-lo a reconhecer os padrões de comportamento que ele tem demonstrado e que a têm preocupado. Ela pode dizer algo como:

Você: Não estou falando isso por causa de um fato isolado. Isso aconteceu muitas vezes nos últimos meses. Moro com você, por isso sei exatamente o que está acontecendo.

Use, também, sua "eqüidade conjugal" para falar dos efeitos que o comportamento do seu cônjuge têm causado em você. Suas vidas estão interligadas, por isso o que ele faz tem mais probabilidade de afetá-lo profundamente. Inclua isso na conversa. Fale dos efeitos emocionais, relacionais e práticos do problema.

Você: Seu envolvimento com pornografia na internet está nos destruindo. Ele me afastou totalmente de você. Não consigo me sentir nem um pouco próxima ou segura ao seu lado. Isso acabará com o nosso casamento, se não fizer alguma coisa a respeito. E é perigoso para você, para nossos filhos e, talvez, até para o seu trabalho, que é o seu meio de subsistência. Quero que pare com isso e procure ajuda agora.

Insista

Se o problema sobre o qual quer conversar vem acontecendo há bastante tempo, provavelmente você não conseguirá resultados imediatos na primeira vez que procurar confrontá-lo. Seu cônjuge pode estar obstinado. Isso é mais provável se suas tentativas anteriores de confrontação não foram bem-sucedidas. Ele pode ignorá-lo ou ter uma reação negativa, na esperança de que você esqueça o assunto. Com isso, é fácil se deixar levar à conclusão: *Toquei no assunto e não deu certo; então, não tem jeito.*

> *Se o problema for sério o bastante para prejudicar você, seu cônjuge e o seu relacionamento, precisa ser tratado sem mais demora.*

Entretanto, um mau resultado não é motivo para se abandonar a questão. Se o problema for sério o bastante para prejudicar você, seu cônjuge e o seu relacionamento, precisa ser tratado sem mais demora. Em geral, a pessoa com o problema não compreende o que seu cônjuge sente até que o assunto surja novamente. Quando leio o Antigo Testamento, sinto-me sempre abismado com o número de vezes que Deus toca em determinado problema com seu povo. Ele não desiste na primeira vez: "... 'apesar de eu lhes ter falado repetidas vezes, e vocês não me terem dado atenção...'" (Jr 7.13).

Mostre ao seu cônjuge que você quer realmente resolver o problema, dizendo algo como:

Você: Sei que você não gosta que eu fale nisso. Eu também não gosto. Mas é importante continuar tratando desse assunto até que, de alguma forma, possamos vê-lo resolvido. Você prefere conversar em outra hora, ou existe outra maneira de eu falar sobre isso sem que seja difícil para você?

Seu cônjuge: Não quero conversar sobre isso. Nada tem a ver comigo.

Você: Sei que não é fácil, mas insisto na necessidade de conversarmos logo. Para você, qual seria a melhor maneira de fazermos isso?

Aprenda a insistir se achar que não é capaz disso

Você pode achar que não sabe insistir. Em nosso programa de rádio, muitos ouvintes ligam e dizem: "Tentei de tudo, e nada deu certo". Quando entramos em detalhes, descobrimos que "tudo" significa que a pessoa tentou tocar no problema uma ou duas vezes e depois desistiu porque o cônjuge não reagiu bem.

Isso, em geral, acontece por causa do medo de conflito. A pessoa não está acostumada com a situação e teme as possíveis repercussões. Teve de reunir muita coragem só para tocar no problema. Então, quando o cônjuge a ignora ou se põe na defensiva, ela até se sente aliviada quando abandona o assunto. O desespero e a resignação são um pouco mais suportáveis do que a ansiedade.

Se for esse o seu caso, procure ajuda de fora para uma confrontação. Procure os amigos, um grupo de apoio ou um mentor para ajudá-lo a resolver seu medo de dizer a verdade a seu cônjuge. Quando se sentir mais à vontade com a linguagem da sinceridade, será mais capaz de insistir. A insistência compensa.

Entenda que seu cônjuge precisa de você

Às vezes, a pessoa não consegue fazer uma confrontação porque se sente incapaz e desamparada. Receia que suas palavras não venham a surtir efeito: *Ela não me ouve, não posso controlá-la, não liga para mim, por que deveria me ouvir?*

É um engano. A realidade é que a pessoa com o problema provavelmente é muito dependente da outra. Isso porque, sem perceber, esta a apóia, socorre e protege das conseqüências de seus atos. Ela precisa da responsabilidade, estrutura, aceitação e qualidades da outra, porque, sem essas coisas, provavelmente estaria sofrendo muito por causa do seu comportamento. O facilitador é a pessoa forte, embora isso não seja evidente para quem está de fora.

Use essa realidade na sua confrontação. Se seu cônjuge não estiver aberto para ouvir o problema, diga algo mais ou menos assim:

Você: Não acho que você esteja me levando a sério, e o assunto é grave. Eu realmente gostaria que mudasse nessa área. Apelei para o relacionamento e para o possível estrago que você pode causar. Mas se isso não lhe for suficiente, terei de começar a tocar em partes do nosso relacionamento de que você gosta e que valoriza. Não quero fazer isso, mas se, para fazê-lo assumir a responsabilidade por seu problema, for necessário, eu o farei.

Seu cônjuge: Vá em frente, você está nos destruindo.

Você: Sinto muito que pense dessa forma. Deve ser difícil se sentir assim. Mas quero que saiba que não tenho dúvida quanto às conseqüências. Tem certeza de que não quer reconsiderar o assunto?

Esteja preparado para cumprir sua palavra e use seus amigos para buscar ajuda e apoio. Isso pode ser necessário. Por mais difícil que possa parecer, sabemos de muitos casamentos que se transformaram e se recuperaram porque um dos cônjuges impôs e manteve um limite, privando o outro de algo de que ele precisava.

Contente-se!

Se seu cônjuge concordar em tratar do problema, sinta-se grato e satisfeito por esse objetivo específico ter sido alcançado. Deixe-o saber que se ele deixar de ter uma atitude má, ou começar a assumir um bom comportamento, você não precisará buscar outra conversa sobre limites em relação a esse assunto.

Ele precisa saber que você está "satisfeito" com as mudanças que ele tem apresentado. Se você não lhe revelar seu contentamento, ele poderá se sentir desanimado e desistir de tudo. Algumas pessoas nunca se mostram satisfeitas com o que conseguem de seu cônjuge. Mesmo quando este passa por mudanças, continuam a revelar um poço de exigências e desejos. Por exemplo, pode-se ouvir de alguém: "Sei que está levando o lixo para fora de casa agora, mas que tal arrumar as roupas que joga no chão?". Ou: "Mesmo que esteja mais disposta ao sexo agora, não parece muito animada com isso". Controle essa parte da sua personalidade e, em seu contexto de crescimento, trabalhe esse seu sentimento de "descontentamento" e seja verdadeiramente agradecido por tudo o que tem.

Problemas específicos do casamento

Por ser um relacionamento singular, o casamento tem problemas característicos que precisam ser tratados. Vejamos quais são os principais e algumas sugestões para se lidar com eles.

Técnica de conflito

Maridos e mulheres devem aprender a comunicar entre si os problemas que surgem (como eu aprendi!). Eles fazem parte do casamento, e é muito importante desenvolver um bom canal de comunicação para a resolução de conflitos. Entretanto, quando sentir que não conseguirá falar de um problema sem perder o controle ou sem que alguém se afaste de você, precisará ter uma conversa sobre limites em relação a esse problema. Caso contrário, qualquer outra conversa estará fadada ao fracasso.

Converse sobre a falta de uma boa técnica de conflito, dizendo o seguinte:

Você: Quero acertar as coisas entre nós e acho que você também quer. Mas, sempre que discordamos, o clima esquenta e nada acontece. Aliás, eu não quero falar sobre qualquer problema entre nós antes de resolvermos este; isso não faria sentido. Então, será que podemos nos sentar para conversar sobre o motivo de não conseguirmos resolver os problemas? Talvez possamos mudar algo para facilitar as coisas.

Dinheiro

Dinheiro é um assunto de muito peso no casamento. As finanças são de muita importância na vida, e, quando os casais discordam entre si a respeito de dinheiro, normalmente é sinal de que têm fortes sentimentos sobre ele.

Muitas pessoas fazem vista grossa a discussões sobre dinheiro porque não se sentem à vontade diante do assunto. Entretanto, se o seu cônjuge não se mostra responsável com referência a finanças, não faça rodeios. Seu futuro, o futuro de seus filhos e a sua mordomia em relação ao Senhor podem estar correndo perigo. Você pode lhe dizer alguma coisa mais ou menos assim:

Você: Quero que a questão do dinheiro seja tratada do jeito que tratamos nosso casamento: com sinceridade e responsabilidade, e determinado por valores com os quais concordamos. Acho que isso não está acontecendo. Suponho que minhas opiniões e meus sentimentos não estão sendo levados em consideração e estou com medo de que você esteja nos colocando em risco. Esse problema não vai passar sozinho. Precisamos falar com um consultor financeiro esta semana, antes que a situação fuja ao nosso controle.

Sexo

Essa área, criada por Deus para ser uma bela expressão e um símbolo do seu amor e intimidade para conosco, é motivo de muita infelicidade no casamento. Sexo é importante e, se não estiver acontecendo ou ocorrendo de uma forma satisfatória para ambos os cônjuges, o assunto deve passar a ser objeto de sérias confrontações. Na área sexual, podem ocorrer problemas que vão desde a falta de interesse sexual, insistência em ter sexo sem intimidade emocional, interesse sexual fora do casamento, até a pornografia ou um caso extraconjugal.

Quando tiver a conversa sobre limites na questão sexual, lembre-se de que o sexo fora do contexto do relacionamento não faz sentido. Compreenda e levante o assunto como um problema de relacionamento, o que provavelmente ele será.

Você: Quero ter uma vida sexual melhor com você, mas está difícil, porque sou sempre eu que tenho de tomar a iniciativa. Às vezes, acho que, se não fosse por mim, você nem se importaria em fazer sexo comigo. Isso me faz sentir mal e indesejável. Imagino que, de maneira geral, seja esse o mesmo sentimento que você tem com referência a mim. Acho que você não se sente assim apenas no que se refere à nossa vida sexual. Quero você em minha vida e que me deseje, tanto na cama como emocionalmente. Gostaria de conversar sobre isso e acerca do que poderíamos fazer a respeito.

Criação dos filhos

Quando um casal tem filhos, suas diferenças pessoais em geral se refletem na maneira de educá-los. Por exemplo, uma pessoa mais controlada e estruturada tende a impor mais regras aos filhos, enquanto uma pessoa mais sentimental é mais divertida e menos propensa a disciplinar. Embora os pais possam dar, cada um, a sua contribuição para a educação dos filhos, se tiverem estilos muito diferentes, correm o risco de criar indivíduos com duas visões incompatíveis da realidade. A criança pode achar, de um lado, que a vida depende do seu desempenho, mas não se sentir amada; de outro lado, pode julgar que tudo na vida é amor e diversão, mas não se esforçar para conquistar as coisas.

Embora os pais possam dar, cada um, a sua contribuição para a educação dos filhos, se tiverem estilos muito diferentes, correm o risco de criar indivíduos com duas visões incompatíveis da realidade.

Da melhor maneira possível, converse sobre como podem entrar num acordo, pelo bem da criança, para que ela aprenda a viver tanto com amor quanto com limites. Não evite uma conversa sobre limites que vise a manter a paz. Seu filho não tem como se expressar, e apenas você sabe como realmente defendê-lo. Diga algo como:

Você: Tenho medo que Kelly enfrente problemas com a falta de estrutura. Sei que você a ama, mas, quando não a corrige ou não lhe impõe as conseqüências que combinamos, ela aprende coisas negativas sobre a responsabilidade e a vida. Gostaria que entrássemos num acordo em relação a ela e continuássemos assim. Isso é realmente importante para ela e para mim.

Parentes por afinidade

Os parentes por afinidade existem para ser bênção no casamento. Sua maturidade e sabedoria podem ajudar muito. No entanto, isso pode se tornar um problema grave. A interferência deles no casamento atrapalhará ou piorará a situação entre o casal.

Na maioria dos casos, a raiz do problema é que um dos cônjuges ainda não foi capaz de realmente “cortar o cordão umbilical”, ou seja, emocionalmente ainda não saiu de casa e permanece preso aos pais. Ele pode precisar deles na busca de autoafirmação que não conseguiu receber de seu cônjuge ou estar em constante conflito com os pais porque não o respeitam tanto quanto gostaria.

Quando se tem um problema com parentes por afinidade, é preciso resolvê-lo. É melhor fazê-lo de forma que possa se libertar e ajudar seu cônjuge (muito envolvido com os pais) a conseguir, amavelmente, tornar-se menos ligado a eles, aproximando-se mais de você. Você pode dizer-lhe:

Você: Sempre que sua mãe discorda de mim, parece que você toma o partido dela. Não me importaria se estivesse defendendo a sua opinião; mas acho que é mais porque quer defendê-la. Sou sua esposa, e você é a pessoa mais importante para mim. Mas parece que estou em segundo lugar na sua vida. Depois de sua mãe. Quero que tome consciência disso para que possamos tratar do problema juntos.

A boa confrontação pode contribuir muito para a felicidade de um casamento. Procure fazer com que as conversas com seu cônjuge sejam um fato normal e necessário em seu relacionamento.

22

NO NAMORO

Uma tarde, eu (Henry) estava com um pequeno grupo da igreja estudando sobre confrontação nos relacionamentos, quando uma moça levantou a mão e fez este comentário:

— Não sei o que fazer em relação ao meu namorado. Preciso confrontá-lo sobre algumas coisas. Como saber se estou sendo muito rígida ou esperando demais dele? De que maneira devo fazer isso?

— Bem, vejamos — eu disse. — O que está acontecendo?

— Ele não assume realmente o nosso relacionamento, embora diga que o esteja assumindo. Não sinto que ele se abra totalmente comigo. É como se não se entregasse totalmente ao relacionamento, do jeito que eu gostaria.

— Por que você acha isso?

— Bem. Ele já foi casado e não consegue esquecer a ex-esposa. Diz que isso não está acontecendo. Mas, embora tenham se divorciado há mais de três anos, ele ainda dormia com ela quando nos conhecemos. E agora que estamos namorando, eles ainda se encontram ocasionalmente, "apenas como amigos", como ele diz. Mas me sinto insegura com nosso relacionamento.

— Dá para imaginar por quê.

— Pois é — ela disse parecendo envergonhada com meu sarcasmo. — Mas não é tão ruim quanto parece. Ele é muito bom para mim e gosto muito dele, exceto pelo problema com a ex-esposa e por não se entregar totalmente a mim.

— Ouça o que você acabou de dizer: "Ele é muito bom para mim e gosto muito dele, exceto pelo problema com a ex-esposa e por não se entregar totalmente a mim". Você não acha que tem alguma coisa errada nisso?

— Sei disso. Parece estúpido. Acho que deveria tomar uma atitude e confrontá-lo, mas não sei como.

— Por que você não diz a ele exatamente o que me disse? Diga que você não gosta do caso com a ex-mulher dele e do fato de não se entregar totalmente ao relacionamento com você. Por que você acha que não daria certo?

— Gosto muito dele e não quero perdê-lo.

— Você gosta dele?

— Gosto muito — ela reforçou. — Bem, a não ser por essas coisas.

— Mas essas coisas *fazem parte* dele — eu disse. — Para ficar com ele, *terá de aceitar essas coisas até o dia em que confrontá-lo e ele parar de fazê-las.* Você age como se ele fosse outra pessoa que não estivesse vivendo essas coisas. Neste momento, essa pessoa que você imagina não existe. Portanto, "aquele" de quem você gosta não é "aquele" que você tem.

— Acho que, agora, sei o que preciso fazer.

Se ela chegou a confrontar o namorado, não sei. Mas aprendeu uma das coisas mais importantes que os solteiros enfrentam. Ela namorava um homem com padrões de comportamento que, se não fossem confrontados, poderiam levar a um rompimento. Pude olhar para o seu passado e sei que, se ela não resolvesse bem esse problema naquele momento, o futuro dos dois não seria muito bonito.

Espero que tenha tomado as medidas necessárias. E quem sabe? Se buscasse, da maneira certa, a confrontação, talvez as coisas mudassem. Seu namorado teria outra atitude e voltaria a se tornar o homem que mostrava ser no início do relacionamento. Poderia haver um final feliz. Mas a questão é a seguinte: *Se você não confrontar, nunca saberá.*

No namoro, a confrontação significa mais do que passar bons momentos com a pessoa. Significa enfrentar problemas que, se forem resolvidos, podem propiciar um futuro feliz e, se ignorados, levar ao desastre. Neste capítulo, veremos algumas questões que valem a pena incluir numa conversa sobre limites.

Você está estabelecendo padrões

Um namoro é, de certa forma, uma relação de compra e venda. Você verifica se, realmente, quer assumir um compromisso com o outro.

Por natureza, o namoro é uma fase de "experimentação". Não quero ser grosseiro, mas nessa fase vive-se um relacionamento que tem por objetivo assumir um compromisso sério ou optar pela separação. Então, de certa forma, um namoro é uma relação de compra e venda. Você verifica se, realmente, quer assumir um compromisso com o outro. Caso afirmativo, também quer que ele assuma o mesmo compromisso. É uma época emocionante de relacionamento, curiosidade, risco e divertimento.

Mas muitas vezes as coisas dão errado. Por medo de "não ser a pessoa escolhida", você não busca confrontações no namoro nem "enfrenta" os problemas que surgem. Receia não "alcançar o objeto de seu desejo" por causa da desaprovação, rejeição, conflito ou outras pedras no caminho. Então, deixa tudo como está. Permite que pequenas coisas passem e não fala das mais importantes. Muitas vezes, diante de ofensas ou decepções, passa a esperar que, quando o relacionamento se tornar mais "firme" ou quando estiverem casados, isso mude ou que essas coisas possam ser tratadas.

> *Quanto* menos *tratar dos problemas no namoro,* mais *difícil será tratar deles no casamento.*

Essa é uma idéia totalmente errada. Na verdade, quanto *menos* tratar dos problemas no namoro, *mais* difícil será tratar deles no casamento. Isso por dois motivos: Primeiro, seu parceiro, que não tem consciência da forma como a trata, e não se preocupa com isso, entende que o comportamento dele é normal, pois você permite que ele seja assim. Então, quando finalmente não suportar mais, talvez quando já estiverem casados, você o confrontará pelo comportamento e se sentirá injustiçada. Ele achará que você mudou e, se for confrontado de repente, não aceitará a situação. O problema, então, se transformará numa grande crise.

Em segundo lugar — e aqui mora realmente o perigo —, uma pessoa que por muito tempo trata mal e com desrespeito a outra dificilmente aceitará bem uma confrontação tardia e fará as mudanças necessárias. Estava numa posição muito confortável em que não precisava se preocupar com os sentimentos do outro. Agora, somente limites muito fortes a farão mudar.

Portanto, se você não confrontar os problemas quando eles surgirem no namoro, estará armazenando sofrimento para o futuro. O namoro é o tempo quando você treina alguém para se relacionar com você, enquanto, de determinada forma, você mostra o que para você é o aceitável. Mais tarde, então, quando finalmente você se cansar do comportamento da outra pessoa e quiser que ela mude, será muito mais difícil conseguir isso dela, se não tiver tratado do assunto antes. Você também poderá até correr o risco de desejar acabar o relacionamento com uma pessoa que não pretende mudar em nada. Então, será tarde demais.

Portanto, confrontar os problemas no namoro é extremamente importante. Como dizemos em nosso livro *Limites no namoro*, "corte o mal pela raiz". Então saberá, logo no início, se as coisas vão mudar e se você está com uma pessoa capaz de passar por mudanças.

Sempre perguntamos a pessoas casadas que sofrem com um cônjuge egoísta ou irresponsável: "Você nunca notou isso antes de se casar com ele(ela)?" A resposta é algo como: "É... um pouco. Mas estava apaixonado(a) e simplesmente ignorei isso". Ou ainda: "Meu instinto me dizia que algo estava errado, mas nunca soube enfrentar a situação".

Pois enfrente-a!

Você descobre muitas coisas na confrontação

Anteriormente, falamos sobre vários tipos de reações que a pessoa confrontada pode apresentar. Pense nestas duas possibilidades, levando em consideração quem você namora: "Não repreenda o zombador, caso contrário ele o odiará; repreenda o sábio, e ele o amará" (Pv 9.8).

Uma das coisas mais importantes que se pode descobrir no namoro é como a pessoa reage aos problemas que você levanta. Quem for sábio, ficará grato pelas observações que ajudarão o relacionamento ou o ajudarão a melhorar. Um zombador ficará zangado e se porá na defensiva quando confrontado. Em outras palavras, a reação a uma confrontação ajuda a diagnosticar o tipo de pessoa que você namora.

Uma das coisas mais importantes para se ter um namoro compensador ou um casamento feliz é a capacidade de se resolver os conflitos. Teste isso no namoro; veja como a outra pessoa encara os problemas que você levanta. Assim, conseguirá uma amostra do nível do relacionamento que terá com ela no futuro.

Você: Preciso falar-lhe a respeito da festa a que fomos hoje. Queria que ficasse comigo, mas me senti ignorada a noite toda. Você conversou com todo mundo e praticamente me deixou sozinha o tempo todo. Muitas vezes, fiquei até envergonhada porque minhas amigas ficavam me perguntando onde você estava.

Uma péssima resposta:

A outra pessoa: Ah, qual é? Pare com isso! As festas são feitas para isso mesmo, para falar com as pessoas. Você não gosta de nada do que eu faço. Está sempre me acusando; ao que parece, não posso nem ir a uma festa sem você ficar me controlando.

Mais promissor:

A outra pessoa: É mesmo? Puxa! Não sabia que se sentia assim. Sinto muito por isso. Eu estava apenas me divertindo e acho que não pensei em como isso a afetaria (ou alguma resposta na qual a outra pessoa admite entender o que você sente ou, pelo menos, mostrar alguma preocupação).

Você pode dizer muito sobre uma pessoa à luz das respostas que ela dá. Não precisa buscar a perfeição, mas pelo menos exija que ela tenha a capacidade de ver e se importar com os seus sentimentos, mesmo que não concorde com eles ou não os compreenda.

Comece com valores e mantenha-os

Uma mulher ligou para nós, na estação de rádio, e disse que seu namorado, Tom, a estava pressionando para fazer sexo. Ela, porém, não queria. Disse, também, que ele era negligente com sua vida espiritual. Ela sempre sugeria que procurassem manter uma vida espiritual a dois.

— Não sei o que fazer — ela disse.

— Se você não conhecesse Tom, que tipo de homem gostaria de namorar? — perguntei.

— Bem, gostaria de namorar alguém que me respeitasse pelo que sou, que compartilhasse de minha visão de mundo, que tivesse os mesmos valores que eu e que freqüentasse a igreja comigo.

— Acho que acabou de responder ao seu problema — retruquei. — Você perdeu contato com o que mais valoriza e quer. Costumava pensar no que gostaria de encontrar num parceiro, mas, então, algo aconteceu. Envolveu-se com *esse homem* e, agora, por causa dessa ligação, você sente como se o quisesse, deixando de ter como alvo tudo aquilo que deseja mas que ele não tem. Esqueceu-se de seu objetivo. Sugiro que recupere seus valores e que *eles*, e não o seu namorado, se tornem seu padrão de referência. Diga a ele: "Quero alguém que tenha os mesmos valores espirituais que eu e tome a mesma posição que eu tenho tomado em relação a eles. Não quero ser sempre a responsável por buscar colocá-los em prática sozinha. É uma pessoa assim que procuro, Tom. Espero que seja o homem que estou procurando, mas agora não está sendo. Vou buscar essas qualidades e não me contentarei com menos. Quando se tornar esse homem, me avise".

Não fique importunando a pessoa com seus problemas. Tome uma atitude em relação ao que é importante para você e depois deixe que as coisas se resolvam. Esse deve ser o caminho para o seu coração. Se ficar confuso porque se envolveu com alguém e perder de vista os seus padrões por querer ter essa pessoa ao seu lado, mas acha que ela *não é realmente o que você espera,* então está diante de um problema. Eu repito: tome uma atitude em relação ao que lhe é importante e permita que seus valores resolvam as coisas para você. Não se deixe levar por seu envolvimento nem pela atração. Diga:

- Só terei um relacionamento sério com uma pessoa com os mesmos valores que eu.
- Só terei um relacionamento sério com uma pessoa honesta.
- Só terei um relacionamento sério com uma pessoa respeitosa.
- Só terei um relacionamento sério com uma pessoa temente a Deus.

Você só terá aquilo que se permitir ter.

Você só terá aquilo que se permitir ter. É você que determina aquilo que valoriza e, se defender seus valores, terá mais chance de encontrar alguém que valorize o mesmo que você.

A conversa sobre "Aonde será que isso vai nos levar?"

Em dado momento do namoro, quando você estiver se envolvendo mais no relacionamento, entrará num "território desconhecido". Mas não sabe, ainda, se a outra pessoa está tão envolvida quanto você. É uma das situações mais assustadoras do namoro. Você se sente vulnerável e não quer ser o único a se abrir.

Esse medo é inevitável, pelo menos por um tempo. Você não pode esperar, em sã consciência, que os dois "saibam" simultaneamente se querem ficar juntos. A atração acontece ao longo do tempo, e o momento da "epifania" dificilmente é o mesmo para ambas as partes. Então, na maioria das vezes, um dos dois sente como se estivesse pisando em falso. Mas isso faz parte do jogo.

No entanto, não significa que a pessoa deva andar em falso para sempre. Pode-se perfeitamente querer ter um namoro casual por muito tempo, enquanto o outro se apaixona cada vez mais. Se acha que isso está acontecendo com você, pode ser a hora de falar. Descubra em que situação os dois estão. Novamente, é importante esperar o momento certo, pois você não quer pressionar ninguém. Há, porém, um momento em que é bom saber das coisas.

O mais importante é não se deixar ser usado. Uma pessoa que não assuma compromissos pode querer usá-lo por todo o tempo que você permitir. Se perceber um envolvimento diferente no relacionamento, lembre-se do seguinte.

Primeiro, é bom esclarecer o relacionamento. Não importa de que lado esteja. Isso é bom porque sua integridade e seu coração estarão em jogo:

> Mary, gosto de ficar com você e aprendi a apreciar muito sua companhia. Mas, às vezes, fico imaginando como encara o nosso relacionamento. Acredito que somos amigos e quero apenas me certificar de que sentimos a mesma coisa. Não quero que ninguém saia machucado. O que pensa disso?

> Mary, gosto de ficar com você e aprendi a apreciar muito sua companhia. Mas, às vezes, fico imaginando como encara o nosso relacionamento. Acredito que somos amigos, que estamos nos conhecendo e nos divertindo. Ao mesmo tempo, parece que existe uma possibilidade de sermos mais do que amigos, e quero continuar a me encontrar com você para descobrirmos isso. Não estou pronto para assumir um maior compromisso agora, mas quero que saiba que estou pensando nisso. Gostaria que continuássemos amigos para ver no que dá. O que acha?

> Mary, gosto de ficar com você e aprendi a apreciar muito sua companhia. Mas, às vezes, fico imaginando para onde este relacionamento está nos levando. Gosto muito de você e sou muito ligado a você. Gostaria de partir para outra etapa e acho

> que gostaria de ser mais que um amigo. Mas não quero ser o único a sentir isso. O que espera de nosso relacionamento?

Todas essas declarações esclarecem o que você sente e o que quer fazer e, ao mesmo tempo, investiga o que a outra pessoa quer. Não pense que, ao falarmos de um monte de regras e estruturas, queremos jogar água fria no processo natural de conhecimento mútuo, namoro e paixão. Longe disso. Regras demais podem acabar com esse processo. Mas é necessário ter estrutura. Existe um lugar para saber onde você está pisando e onde a outra pessoa também está. Quando você encontrar esse lugar no seu coração e na sua experiência, tome a atitude certa para esclarecer a situação. Não permita que a outra pessoa o use se não tiver a mesma intenção que você.

A conversa da "Hora do vamos ver"

Em relacionamentos mais longos, chega um momento em que você precisa saber se a pessoa irá se comprometer ou se você quer continuar com ela. Quanto tempo se deve esperar? Depende do que você quer.

Se quer se casar e a pessoa a quem namora está satisfeita com as coisas como estão e não tem interesse em assumir um maior compromisso, assuma a responsabilidade pelo tempo que pretende esperar. É uma escolha sua. Como regra geral, o momento certo para se falar é quando você percebe que vocês estão querendo "apenas mais tempo", sem nada de diferente acontecer, sem que qualquer coisa mude. Então, é hora de conversar. "Acontecer algo diferente" poderia significar um aconselhamento ou outra experiência nova para ajudar a pessoa a passar do ponto em que está.

Esperar pode ser necessário. Mas se você esperou bastante e parece que a espera nunca irá acabar, pode ser necessário fazer alguma coisa diferente ou impor um prazo final (v. "Dê adeus às falsas esperanças", no livro *Limites no namoro*).

"Vamos encarar nossas diferenças"

Há diferenças pessoais que precisam ser vistas e não podem continuar a ser ignoradas: gostos, filosofias, fé, limites sexuais e físicos, valores e planos para o futuro. Às vezes, essas diferenças não são encaradas porque uma das pessoas tem receio de perder o relacionamento ou que um conflito seja desencadeado. Mas essas questões são como os problemas de comportamento que examinamos anteriormente. Se não forem encaradas durante o namoro, desenvolverão um padrão de ação como se tudo estivesse bem.

Se possui limites sexuais e físicos diferentes dos da pessoa que você namora, não pode esperar até chegar a uma situação quando será tarde demais. Converse sobre eles logo no início do relacionamento. Seja claro sobre seus valores. Assim, descobrirá se a pessoa compartilha deles ou demonstra alguma resistência. Fora isso, se for claro em relação a seus valores e for pressionado, seja muito duro. Quem não respeita seus limites físicos e morais, dificilmente respeitará outros que você queira impor mais tarde, especialmente se exigirem uma parcela de renúncia. Analisar essa área da personalidade da outra pessoa é um bom teste para descobrir qual será, no futuro, a sua reação em outras áreas do relacionamento (novamente, leia *Limites no namoro* para obter detalhes sobre limites físicos).

Converse sobre outras questões importantes da vida, como: Você quer ter filhos? Onde você quer viver? Que igreja gostaria de freqüentar? Que prática de fé gostaria de compartilhar? Essas diferenças precisam ser colocadas claramente. Antes de ir mais longe, converse sobre suas diferenças e saberá qual a posição da outra pessoa.

Suzanne: Tom, quero falar com você. Ontem à noite, parece que estava me pressionando para avançarmos mais no contato físico. Eu achava que tinha sido bastante clara sobre meus limites nessa área, mas parece que você não os respeitou. Senti-me pressionada.

Tom: Não a estava pressionando. Quero apenas que fiquemos juntos. Gostaria que pudéssemos nos expressar daquela forma. Sinto-me muito atraído por você e quero ficar ao seu lado.

Suzanne: Entendo. Mas preciso falar sobre nossas diferenças nesse ponto e saber se você aceita meus valores e os respeita. Não quero que, a cada encontro, eu precise me preocupar com a possibilidade de termos uma briga sobre esse assunto. Quero ter certeza de que me conhece, respeita e aceita meus limites. Além disso, quero saber o que pensa sobre o assunto. Acho que somos muito diferentes nisso e preciso saber o que isso significa para nós.

Tom: Também não precisa transformar isso numa tempestade. Não quis dizer nada a não ser que quero ficar com você e me sinto muito atraído por você. É um elogio. Não encare isso como algo negativo.

Suzanne: Tom, só desejo saber se está me entendendo. É muito importante para mim. Portanto, vou transformar isso numa tempestade sim, até ter a certeza de que entramos ou não num acordo. Caso contrário, não posso ficar com você desse jeito. Está me entendendo?

Você pode ter uma conversa como essa sobre outras questões importantes da vida. Ela pode acontecer em momentos diferentes e ser mais espontânea quando você estiver mais bem preparada. Mas, se você pretende desenvolver um compromisso mais sério e duradouro, essas áreas precisam ser encaradas entre você e seu(sua) namorado(a). As questões mais importantes da vida são aquelas em que se vêem possibilidades de mudanças. Se os dois não entrarem num acordo, alguém sairá machucado.

O rompimento

"Terminar não é fácil", diz uma canção. Na verdade, para algumas pessoas isso é quase impossível num namoro. Elas hesitam, adiam o rompimento ou terminam e voltam de novo tantas vezes que, em alguns momentos, não dá para saber se realmente terminaram. É como o intervalo de um jogo de basquete. Não passa de um tempo de pausa.

Se decidiu terminar um namoro, seja claro e decisivo. Não precisa brigar ou ser hostil. Mas não deixe a outra pessoa confusa. Muitos começam e terminam a conversa de modo a levantar dúvida: "Talvez a gente ainda possa se encontrar de vez em quando e, depois, quem sabe...?", ou alguma coisa assim, em que não se encontra clareza. Se quer realmente romper o relacionamento, *não termine como se essa não fosse a sua intenção.* Não use da evasiva de dizer que não quer ser duro. *Não deixe nenhuma dúvida com a desculpa de que tem medo de magoar a pessoa ou que não pode agüentar esse sofrimento.*

Não deixe nenhuma dúvida com a desculpa de que tem medo de magoar a pessoa ou que não pode agüentar esse sofrimento.

Seja claro. Diga o que quer e o que não quer. E, se a pessoa mostrar alguma reação inesperada, use a seguinte fórmula: Ter empatia e seguir conforme o plano.

Steve: Mas por que temos de terminar completamente? A gente pode sair de vez em quando. Assim, tentaremos descobrir o que está errado. Vamos fazer isso.

Julie: Steve, sei que isso é doloroso e que não é a sua vontade. Mas tenho certeza de que é o que eu quero. Não acho que seja bom nos encontrarmos mais, mesmo como amigos. Pelo menos enquanto não tivermos superado tudo. É a minha decisão.

Se você acha que pode mudar de opinião, não faça isso durante a conversa. *Vá embora, converse com alguém e dê um tempo.*

Se quiser outra coisa e estiver disposto a viver com as conseqüências, ótimo. Se seguir a sugestão da outra pessoa e abandonar o seu plano, é melhor ter um bom motivo ou então estará apenas adiando o que já sabe ser inevitável. Se você acha que pode mudar de opinião, *não faça isso durante a conversa.* Vá embora, converse com alguém e dê um tempo. Para ganhar esse tempo, diga algo como:

Você: Não sei se ainda poderemos ser amigos. Mas não quero responder agora. Não me sinto pronta para tomar essa decisão neste momento. Ligo para você daqui a algumas semanas, depois de ter algum tempo para pensar no caso.

Muitos se complicam na hora do rompimento porque mudam de idéia no calor do momento ou porque antes desse encontro não pensaram sobre o assunto com os amigos ou com o seu grupo de apoio. Você pode mudar de idéia impulsivamente, quando ficar sozinho na primeira semana ou na primeira noite após o rompimento. Em momentos como esses, você estará se sentindo muito solitário e a pessoa poderá chamá-lo ao telefone, mostrando-se gentil e sedutora, ou charmosa, promissora e, de repente, o convidar para sair. Acontece que o encontro se tornará mais do que amigável e, então, você voltará ao ponto de onde partiu.

Não tome impulsivamente a decisão de terminar, nem decida sobre isso por causa do que está sentindo. Lembre-se de que você decidiu terminar por algum motivo. Se esse motivo não mudou, então o que está fazendo? Se seu motivo estiver errado e você decidir voltar, tudo bem. Mas use a cabeça e seu sistema de apoio para determinar isso.

Seja direto e claro

O namoro pode ser uma das melhores fases da vida. É uma época em que você conhece pessoas e descobre o que quer, precisa, o que não quer e muitas coisas mais. Mas se não tiver a conversa sobre os limites que precisa ter para esclarecer tudo, desperdiçará um dos momentos mais importantes da vida. Pior que isso, poderá cometer um grande erro. E não queremos que tal aconteça.

Tenha uma conversa que esclareça tudo o que você precisa encarar. Você deve ter a estrutura necessária para o relacionamento ou o problema que está confrontando. Não importa o que aconteça, você precisa sair ganhando. Se a outra pessoa concordar com seus valores e necessidades, você terá assegurado um futuro melhor. Caso contrário, será melhor saber disso agora do que depois, quando tiver muito mais coisas em jogo e a dor for muito maior. Vá em frente!

23

Com um filho

Sou (John) líder de um pequeno grupo da minha igreja, formado por garotos da escola primária e do ginásio. Certo dia, ao término da sessão "Igreja para Crianças", quando estava para sair da sala, um garoto chamado Brett começou a correr atrás de uma bola de pingue-pongue, ali mesmo na sala, e quase trombou com um casal. Sem pensar, disse rapidamente em voz alta para chamar sua atenção: "Ei, Brett, vá com calma!". Ele parou de correr. Então olhei em volta e vi sua mãe a poucos metros de onde nós estávamos. Como não a conhecia bem, a primeira coisa que pensei foi: *Bem, minha carreira de voluntário está encerrada. Serei acusado de maltratar as crianças.* Mas, em vez disso, ela olhou para mim e disse: "Obrigada".

Pensei comigo mesmo que Brett era um garoto de sorte por ter uma mãe que conseguia ver seu filho ser corrigido por alguém que não pertencia à sua família. E pensei mais sobre a importância de os pais ensinarem os filhos a reconhecerem, cara a cara, os seus limites. Os pais, mais do que os professores, sejam do colégio ou da Escola Bíblica Dominical, ou os vizinhos, podem influenciar as crianças a verem a verdade como uma amiga e aliada.

Crianças e limites

Se você tem um filho, é sinal de que recebeu um presente divino: "Os filhos são herança do SENHOR, uma recompensa que ele dá" (Sl 127.3). Recebendo do Senhor um filho, você recebe, também, uma grande responsabilidade, que tem início no nascimento desse filho e continua até que ele saia da sua casa. Você deve ajudá-lo a desenvolver um bom caráter e a tornar-se uma pessoa amadurecida. Definimos "caráter" como sendo *a soma das capacidades de seu filho para atender às exigências da vida* (em nosso livro *Criando filhos vencedores,* abordamos seis dessas habilidades do caráter). A vida apresenta todo tipo de provação, desde ser capaz de ter e manter bons relacionamentos até alcançar o autocontrole para desenvolver uma vida espiritual satisfatória. Como pai, você deve se esforçar para desenvolver em seus filhos essas habilidades e capacidades.

A conversa sobre limites é muito importante na educação dos filhos. É uma das principais maneiras pelas quais a criança aprende as regras da vida, como o certo e o errado, a obedecer a autoridade, a ser capaz de conter os impulsos, a cumprir uma tarefa e a adiar a autogratificação para alcançar seus objetivos no futuro.

A criança precisa da estrutura que ela ganha dos pais com limites bons e zelosos. Em vários momentos, a Bíblia ensina os pais a corrigir os filhos com a "conversa" da correção e instrução. Às vezes, a conversa também é seguida por conseqüências e limites como parte do processo de disciplina da criança:

- O filho sábio acolhe a instrução do pai, mas o zombador não ouve a repreensão (Pv 13.1).
- Discipline seu filho, pois nisso há esperança; não queira a morte dele (Pv 19.18).

- Discipline seu filho, e este lhe dará paz; trará grande prazer à sua alma (Pv 29.17).
- Pais, não irritem seus filhos; antes criem-nos segundo a instrução e o conselho do Senhor (Ef 6.4).

As conversas sobre limites com o seu filho são muito úteis, pois são por ele *interiorizadas*, ou seja, assimiladas emocional e intelectualmente. Quando o processo de interiorização funciona, os ensinamentos dos pais se tornam parte da formação da criança. O que antes era externo, agora passa a ser interno. Com o tempo, a criança passa a se controlar e se corrigir sozinha e deixa de precisar da supervisão constante e da correção dos outros. Quando chegar o momento em que seu filho se deparar, por exemplo, com um convite para usar drogas, fazer sexo fora do casamento ou trapacear, você não estará ao seu lado para ajudá-lo, mas os conceitos interiorizados por meio das conversas que vocês mantiveram durante os anos serão lembrados e farão parte de sua vida e, se tudo correr bem, o ajudarão a fazer o que é certo.

> *Com o tempo, a criança passa a se controlar e se corrigir sozinha e deixa de precisar da supervisão constante e da correção.*

Todo pai precisa enfrentar esta realidade: Um dia, seu filho estará sozinho no mundo. É difícil enfrentar essa certeza, mas, ao ler estas palavras, você estará preparando seu filho para ser independente. Esse é o objetivo da paternidade. A relação entre pais e filhos é única: é a única relação criada por Deus cujo objetivo é a separação, e não a união. A idéia de seu filho sair de casa pode ser muito dura, porque você investiu nele todo o seu coração, e seu desejo é que ele permaneça no seu lar. Mas Deus o criou para um propósito: investir nele, para que, quando for embora, saiba descobrir os desígnios de Deus por si mesmo.

Se o seu filho interiorizou a graça e a verdade que você lhe ensinou, isso fará uma grande diferença no modo como ele irá lidar com os relacionamentos, com a pressão, com as tentações e com o fracasso. Por isso, procure falar sobre limites normalmente na vida de seu filho.

As conversas sobre limites acrescentam qualidades ao caráter de seu filho e o ajudam a conhecer o mundo do jeito que ele realmente é. No mundo real, os amigos e a namorada irão confrontá-lo, seu chefe irá corrigi-lo, a polícia o multará por excesso de velocidade. O filho cujos pais impuseram limites e conseqüências para ajudá-lo a se adaptar ao mundo estará mais preparado para a vida. Entretanto, o filho cujos pais evitaram confrontá-lo terá muita dificuldade quando se deparar com a realidade do mundo. Por não estar acostumado a essa realidade, ele pode reagir negativamente, revoltar-se ou retrair-se.

Há mães e pais que hesitam ou têm medo de confrontar o filho. Alguns não querem que ele fique triste, outros cedem à sua insistência ou têm medo de que ele seja muito frágil e que uma confrontação venha a machucar sua auto-estima. Embora seja bom se preocupar com a forma com que seu filho reagirá às conversas sobre limites, isso não significa que não deva confrontá-lo. Pode ser preciso buscar apoio para aprender a ser bem-sucedido numa confrontação.

Referências práticas

Vejamos algumas sugestões para ter uma confrontação com um filho.

Tome a iniciativa

Fale do problema com seu filho imediatamente. Quanto mais esperar, maior o risco de que ele não consiga fazer a importante associação entre a conversa e suas ações. Para ele, com o tempo, seu comportamento vai perdendo a importância.

Uma noite, após uma reunião, levei um grupo de crianças para suas casas em nosso furgão. Elas começaram a gritar e pular. Uma delas até saltou para fora do banco. Imediatamente, estacionei o carro e disse: "Todo mundo, pode parar AGORA". Então falei sobre o perigo que estavam correndo. A rapidez da confrontação ajudou-as a entender quanto suas atitudes eram graves. Elas estavam nos colocando a todos em risco.

Não espere seu filho aprender sobre as atitudes dele sozinho, pelo menos de início. Essa responsabilidade é dos pais. Se o processo de conversar sobre limites der certo, no momento apropriado ele se controlará sozinho, sem você. Meus filhos estão tão acostumados a esse processo que, agora, quando os pego fazendo algo de errado, eles logo me dizem: "Eu parei antes de você falar qualquer coisa. Então, tudo bem". E mesmo que lhes faça mal, assim eles ganham alguns pontos de crédito.

Então, em vez de esperar, diga algo como:

Você: Jen, preciso falar-lhe sobre um comportamento que você vem tendo.

Jen: Estou ocupada.

Você: Quero que acabe o que está fazendo, mas o nosso assunto não pode esperar. Vamos para a sala conversar.

Mantenha firme a iniciativa, mas seja gentil. Se achar que o assunto é bastante importante para precisar ser imediatamente tratado, faça isso. Ao mesmo tempo, não tome a iniciativa quando estiver aborrecido ou sentir que vai exagerar. Procure o equilíbrio suficiente para intervir com calma. Lembre-se de que é preciso que haja pelo menos uma pessoa adulta na situação, e essa deve ser você.

Mantenha o contato

Procure tocar emocionalmente seu filho, quando for corrigi-lo. As crianças têm dificuldade de se sentir amadas quando ouvem a verdade. É uma característica do seu desenvolvimento, e bons pais devem ajudá-las a alcançar esse objetivo. Mesmo quando tiver de ser bastante direto, não se afaste emocionalmente. Como diz Josh McDowell: "Regras sem relacionamento é igual a revolta". Você pode dizer algo como:

> Sua atitude em relação à família é muito desrespeitosa. É um problema que precisamos resolver. Ao mesmo tempo, quero que saiba que estou do seu lado e a favor de você e da família.

Ouça seu filho e mantenha a ligação com seus sentimentos, como neste exemplo:

Você: Sei que não pensa que estou sendo justo com você, e sei também que está aborrecido e zangado.

Seu filho: Ora, você não permite que eu veja meus amigos.

Você: Tudo bem. Estou impondo um limite para esses três garotos. Sei que gosta deles e quer estar com eles.

Seu filho: Não há nada de errado em andar com eles, e você está sendo muito injusto.

Você: Sei que está muito zangado comigo. Entendo o que sente e sinto muito por isso. Quero conversar sobre minha decisão, para que, pelo menos, você saiba por que estou agindo assim.

Forneça os quatro elementos necessários

Toda boa conversa disciplinar com seu filho deve conter quatro elementos essenciais: amor, verdade, liberdade e realidade. O *amor* permite que ele sinta que existe em você bastante graça, tornando-o capaz de suportar a verdade sem se sentir odiado ou mau. A *verdade* oferece as regras e exigências para o comportamento desejado, para que ele tenha consciência de suas expectativas, saiba o que fazer e o que não fazer. A *liberdade* significa deixá-lo fazer uma escolha para atender ao seu pedido (exceto em áreas de segurança, perigo e situações para as quais não está preparado), a fim de que aprenda a "assumir" suas decisões. A *realidade* é a conseqüência ou resultado do que pode lhe acontecer se ele usar sua liberdade para desafiar ou ignorar as regras.

Seu filho precisa ouvir algo como:

> Kelly, importo-me com você, mas suas notas são inaceitáveis. Estão muito abaixo da sua capacidade. Se decidir começar a estudar, ficarei feliz em ajudá-la. Se, porém, escolher não estudar, não a forçarei. Mas se suas notas continuarem ruins, restringirei o uso do telefone e suas saídas nos fins de semana com os amigos até que a situação melhore.

Não fique apenas na conversa

Com um filho maior, em geral, a conversa é o que basta. Você o alerta sobre o problema, declara seus desejos e exigências e logo começam a buscar uma solução. Com as crianças, é diferente. Como ainda estão formando associações entre as palavras e as experiências, precisam que você vá além da conversa ou de uma repreensão.

Como dissemos, esteja preparado para estabelecer limites apropriados para a situação. Muitos pais acreditam que fizeram tudo o que era possível apenas com a conversa. Entretanto, você deve ajudar seu filho a entender que a conversa implica atitudes.

Contenha-se e mostre empatia

A confrontação pode fazer seu filho pensar que você não se importa com ele. Naquele momento, nada do que você fizer irá convencê-lo do contrário. Não é hora de provar seu amor com fatos, mas de conter seu protesto, raiva e distanciamento, e ter empatia pela tristeza que ele parece estar sentindo. Se seu filho insistir em dizer que você não se importa com ele, diga algo como:

> Amo-o muito, mas parece que não consigo convencê-lo disso neste momento. Sinto muito por você se sentir distante de mim. Isso deve ser difícil. De qualquer maneira, quero voltar a falar do problema com suas notas.

Não é fácil para um pai agir assim. Costumamos achar que nosso filho será tomado pela lógica e clareza. Embora aconteça às vezes, não conte com isso, especialmente se seu filho for muito nervoso. A cura e o poder da ligação está em se mostrar empatia:

> Sei que está muito triste por não poder brincar com seus amigos hoje e que sente falta deles.

Você não está sendo professoral, mas está ajudando a criança a assimilar ou digerir o limite num contexto de graça e apoio. Ao mesmo tempo, resista à tentação de fazê-la se lembrar do motivo de estar sendo privada de algo naquele momento: "Sim, se você tivesse tratado Sharon melhor, agora estaria brincando com ela". Se disser algo nesse sentido, seu filho achará que você está querendo puni-lo e não se preocupa com ele. O limite em si já lhe basta. Deixe que ele faça seu trabalho.

Admita e mude quando estiver errado

Se seu filho estiver certo sobre a sua parte no problema, não se coloque na defensiva. Julgue-se com as mesmas regras pelas quais quer que ele viva. Isso não significa parar a conversa, mas talvez permitir um desvio para que o filho entenda que o pai realmente pratica o que prega:

Você: Tem razão, fiquei muito zangado com você naquela hora. Errei e sinto muito. Tentarei não fazer isso de novo. Mas vamos voltar ao problema de que estávamos tratando no início.

Seu filho: Mas você foi muito mau...

Você: Sinto muito por ter gritado, mas vamos voltar ao problema do qual estávamos falando.

Se a criança insistir, mostre empatia e concorde de novo, e continue voltando ao problema em questão.

Lembre-se da idade e do nível de maturidade de seu filho

Adapte a conversa sobre limites ao nível apropriado de desenvolvimento de seu filho. As crianças passam por muitas mudanças no desenvolvimento emocional, relacional e intelectual. Tente não se comunicar em um nível de compreensão muito baixo ou muito alto para ele.

Além disso, não pense que a idade cronológica de seu filho e sua idade emocional são as mesmas. Algumas crianças são muito maduras e outras imaturas. Alguns adolescentes, por exemplo, parecem ter uma idade mental de três anos. Eles precisam ser tratados tendo-se isso em mente. Procure descobrir em que ponto seu filho está nesse processo para que você possa ter a conversa sobre limites de uma forma que ele possa apreender.

Diga a seu filho pequeno: "Não bata na sua irmãzinha, ou ficará de castigo". Um adolescente requer algo diferente: "Talvez você não saiba, mas está parecendo que a família precisa girar em torno de suas necessidades e de seus planos. Saiba que é assim que nos sentimos e procure prestar mais atenção aos interesses dos outros".

Evite mensagens de culpa

Quando confrontar seu filho, evite mensagens de culpa. A culpa nunca ajudou ninguém a experimentar a verdade e a graça; ela passa raiva e condenação que resultam apenas da aplicação da lei: "... porque a Lei produz a ira..." (Rm 4.15). A raiva pode atingir você ou a criança.

A consciência de seu filho, que recebe a mensagem de culpa, ainda está no estágio de formação. Ele pode entender que a mensagem que você quis passar diz que ele foi mau, quando ele não foi, ou, ainda, pode se dar o contrário. Quando você transmite mensagens de culpa, como: "Você está matando seus pais com a bebida", ele normalmente entende a declaração de uma forma extremamente autocrítica. Para fugir da dor da culpa, isso pode resultar em uma falta de amor próprio debilitante, num sistema moral rígido ou até na total rejeição de seu sistema de valores. Seja direto e deixe a culpa de lado, dizendo alguma coisa como:

> Seu pai e eu estamos muito preocupados com o seu hábito de beber. Ele afeta você e todos nós. Não queremos que isso continue e vamos fazer algo rapidamente.

Saiba conciliar o protesto e a raiva

Quando corrigir seu filho, tome uma posição contra sua imaturidade, seu egoísmo, sua falta de autocontrole e sua impulsividade. Coloque um limite para esses aspectos da personalidade que precisam amadurecer. Esse é um fator importante no processo de criação dos filhos. Você diz "não" para o argumento de seu filho que pensa que é Deus e quer ser tratado como tal.

Isso não é nada agradável. Você se colocará entre ele e o que ele quer, na hora que você quer. Quando você o confrontar, ele protestará, ficará zangado ou dirá que o odeia. Faz parte de sua natureza: testar o limite, descobrir se esse é para valer, desistir e aceitar que a vida, às vezes, é maior do que ele. É assim que as crianças amadurecem.

Portanto, não se deixe surpreender com a guarda abaixada, desprevenido ou decepcionado com a resistência de seu filho numa confrontação. Admita que tudo é como deveria ser. Se seu filho resistir, diga:

> Sei que você está muito zangado comigo agora. Entendo que é duro perder seus privilégios. Mas não vou mudar de idéia.

Esteja preparado para a manipulação

Quando seu filho for confrontado, fará todo o possível para evitar a culpa, a responsabilidade ou as conseqüências. Ele pode tentar dobrá-lo, culpá-lo ou dizer que você não é justo. Tenha uma resposta pronta para isso:

> Lee, sei que você pensa que fui mau e injusto quando lhe pedi que cumprisse melhor suas obrigações em casa. Expliquei por que penso assim e acho que fui claro. Não quero brigar com você, pois isso só pioraria as coisas. Estou colocando um ponto final nesta conversa, agora; talvez possamos conversar novamente depois, quando você se acalmar.

Isso é muito melhor para seu filho do que insistir que ele aceite e goste do que você diz.

Aceite o distanciamento, mas não por muito tempo

Diante de uma confrontação, seu filho pode se distanciar emocionalmente de você, por causa da raiva ou da decepção. Alguns pais não conseguem suportar esse distanciamento. Querem se sentir próximos. Isso pode ser um grande problema, porque a criança precisa de um pouco de liberdade para se afastar e não gostar de você por um tempo. Então, depois de se resignar emocionalmente ao limite, ele poderá voltar a se aproximar. Não o persiga; deixe que ele volte por iniciativa própria.

Ao mesmo tempo, se o afastamento não diminuir e continuar da mesma forma por um longo período, não o ignore. Seu filho pode estar perdendo a conexão com você ou até entrando em depressão. Procure-o e insista para terem uma conversa que, de alguma forma, possa ajudá-los a se reaproximarem. Diga:

> Sei que você está zangado comigo por causa do que aconteceu. Mas ficar zangado é diferente de se afastar permanentemente. Não acho bom para nós nos desligarmos um do outro. Preciso

que você me conte o que está sentindo para podermos fazer alguma coisa a respeito disso.

Seu filho precisa ouvir de você uma verdade equilibrada e afetuosa. Ele pode não ter pedido isso, mas se você incluir, na vida de sua família, o equilíbrio e o afeto na revelação das verdades, o futuro lhe dará bons frutos (para obter mais informações sobre este assunto, leia nosso livro *Limites para ensinar aos filhos*).

24

Com os pais

Uma mulher de seus cinqüenta anos me procurou (John) quando eu realizava uma conferência e me disse:

— Tenho um problema com minha mãe. Ela vive me ligando, às vezes mais de uma vez por dia, e isso é muito inconveniente.

— Como você gostaria que isso acontecesse? — perguntei.

— Gostaria de conversar com ela duas ou três vezes por semana.

— Parece que, mesmo assim, você ainda estaria lhe dedicando bastante tempo. Você já conversou com ela sobre isso?

— Não, não! — ela respondeu chocada. — Não poderia lhe dizer que isso é um problema.

— Por quê?

— Ela ficaria triste.

— Talvez sim, talvez não. Se uma coisa é muito importante para você, pode valer a pena falar dela com delicadeza.

— Mas isso a deixaria triste — ela repetiu me olhando com estranheza.

— Talvez. As pessoas podem ficar tristes quando precisam resolver um problema, mas isso não é o fim do mundo.

Naquele momento, porém, percebi que essa mulher estava presa a seu passado. Pude ver seu olhar assustado de menina quando ela disse mais uma vez:

— Mas ela ficaria aborrecida.

— Sei que a perspectiva de aborrecer sua mãe lhe parece assustadora. Então, nesse caso, se eu fosse você, provavelmente não falaria com ela sem antes tratar de minha ansiedade. Fale, com alguém que denote ter certo discernimento, sobre o medo que você tem de confrontar sua mãe; resolva isso e, então, converse com ela sobre o problema.

> Fiquei aborrecido por não poder ajudar essa mulher. Sabia que, no espaço de dois minutos de uma conferência, não poderia fazer mais nada pelo seu problema. Ela estava diante de um muro interior, e a regra era: *Aconteça o que acontecer, jamais aborreça sua mãe.*

Quando viramos a mesa

Confrontar um dos pais ou um tutor, ou quem quer que nos tenha criado, é provavelmente a conversa sobre limites mais complexa de todas. Agora você se tornou adulto, mas sua história, como filho, é longa. Seus pais lhe dedicaram cuidados, autoridade, instrução e criação. Você foi repreendido e confrontado sobre sua vida e seu comportamento. A principal tarefa deles era ajudá-lo a crescer, e sua tarefa principal era crescer.

Então, na vida adulta, você vira a mesa. Quem era repreendido, agora está repreendendo. Quem confrontava, agora está sendo confrontado. Mesmo que o processo corra bem, é esquisito. Se der errado, poderá ser desastroso.

Ter conversas saudáveis sobre limites com os pais pode ser bom, produzir o crescimento e fortalecer o relacionamento.

Quando a Bíblia fala sobre o valor de se falar a verdade em amor uns aos outros (Ef 4.15), os pais estão incluídos. Eles precisam da confrontação como todo mundo. E quem mais qualificado para isso do que um filho adulto que os compreende, conhece e ama? Entretanto, para que o processo corra bem, você precisa entender a singularidade do relacionamento com seus pais. A seguir, apresentaremos algumas perspectivas sobre o relacionamento entre pais e filhos e sugestões práticas para se confrontar os pais.

O relacionamento entre pais e filhos

Ame e honre seus pais

Primeiro, procure amar e honrar seus pais. Eles precisam do seu amor, e a Bíblia diz que eles merecem respeito. "Honra teu pai e tua mãe" — este é o primeiro mandamento com promessa — "para que tudo te corra bem e tenhas longa vida sobre a terra" (Ef 6.2,3).

Toda confrontação requer amor para que a pessoa confrontada possa assimilar a verdade sem se sentir mal, desprezada, ou se colocar na defensiva. Quando honramos nossos pais, respeitamos seu papel em nossa vida. Não temos a expectativa de que eles sejam perfeitos nem lhes agradecemos algo que não consideramos bom ou correto. Mesmo assim, amar e honrar pode ser difícil se seus pais foram desafeiçoados, controladores, agressivos ou ausentes, ou mesmo se eles lhe causaram alguma ferida profunda. Nessas situações, pode não parecer justo que eles mereçam amor e honra.

Toda confrontação requer amor para que a pessoa confrontada possa assimilar a verdade sem se sentir mal, desprezada, ou se colocar na defensiva.

Na verdade, não se pode entender que a pessoa de quem você precisou para a sua sobrevivência, amor e orientação não lhe tenha providenciado o cuidado, mas, pelo contrário, causado profundas mágoas. Deus, porém, compreende a sua dor; aliás, ele age de maneira a que você possa ter aquilo que não recebeu antes: "Ainda que me abandonem pai e mãe, o SENHOR me acolherá" (Sl 27.10).

No entanto, todo filho adulto precisa chegar ao ponto de abandonar a necessidade de fazer justiça e passar a viver na graça. Ele aceita a solução de perdão e aceitação de Deus — a que ele nos mostrou na morte "injusta" de seu Filho — para que possamos viver em comunhão. Vivendo na graça, devemos também oferecê-la, perdoando uns aos outros, especialmente nossos pais: "Sejam bondosos e compassivos uns para com os outros, perdoando-se mutuamente, assim como Deus os perdoou em Cristo" (Ef 4.32). Se você não pode amar e honrar seus pais, busque o processo de cura de Deus: encontre um amigo confiável, um grupo de apoio ou um conselheiro para ajudá-lo a lidar com as feridas que seus pais lhe causaram. Isso o ajudará a amá-los e honrá-los.

Não obedeça a seus pais

Amar e honrar não é o mesmo que obedecer. Deus o colocou junto de seus pais por um período de tempo para ajudá-lo a crescer e se tornar uma pessoa madura. Chega um momento, entretanto, que essa fase acaba e seu relacionamento com sua mãe e seu pai muda, do relacionamento de filho para pai, para o relacionamento de adulto para adulto. Os papéis passam da dependência e autoridade para a reciprocidade. Embora você deva respeitar e cuidar de seus pais, não está mais sob a proteção e tutela deles. Quando pequenos, os filhos devem obedecer aos pais; quando adultos, devem amá-los e honrá-los. Portanto, você pode precisar confrontar seus pais, desobedecendo seu desejo de que concorde com eles quando isso, a seu ver, não for algo positivo.

As pessoas geralmente têm dificuldade de confrontar os pais porque, a exemplo da mulher na história do início do capítulo, se sentem como crianças diante deles. Emocionalmente, ainda não saíram de casa, por isso não se sentem livres para serem diferentes, verdadeiras e honestas com eles. O prejuízo é grande.

Não tive mais notícia da mulher que me procurou na conferência, mas suspeito que ela precisasse receber de sua mãe alguma coisa que nunca recebeu — e provavelmente nem receberia, exceto se houvesse grandes mudanças. Ela pode nunca ter recebido amor, estímulo, reconhecimento, liberdade ou respeito. Se isso não é estranho para você, pode ser bom trabalhar nessas questões no contexto de um pequeno grupo ou com um terapeuta para se libertar do passado e poder agir como adulto no presente. Uma boa fonte de consulta sobre esse aspecto do relacionamento é o nosso livro *The mom factor:* dealing with the mother you had, didn't have, or still contend with [*O fator mãe:* lidando com a mãe que você teve, não teve ou ainda tem]. Ele identifica os problemas causados pela sua mãe, mostra como lidar com eles e como se reconciliar com ela.

Um exemplo concreto de deixar a obediência e dependência dos pais acontece quando você decide que não passará os tradicionais feriados com eles. Isso, em geral, é motivo de uma confrontação:

Você: Mãe, queria que soubesse logo que planejei ir para as montanhas com alguns amigos no Natal. É o primeiro Natal que não passarei com você e o papai, por isso queria falar-lhe sobre isso.

Sua mãe: Do que está falando? Você sempre passa o Natal conosco. Seu pai ficará magoado.

Você: Sinto muito por se sentir dessa forma. Jamais os magoaria de propósito. Mas este ano tenho um grupo muito bom de amigos solteiros da igreja com o qual quero passar esse feriado. Não é porque não ligo para vocês. É que quero ter um relacionamento mais próximo com essas pessoas.

Sua mãe: Será que não poderia fazer isso em outra ocasião? Isso vai estragar a nossa festa.

Você: Espero que isso não lhe cause algum transtorno. É por isso que estou lhe dizendo com vários meses de antecedência, para garantir que tenha tempo de mudar os planos e desfrutar um ótimo feriado.

Sua mãe: Você não se importa com os nossos sentimentos?

Você: Claro que sim, mãe. Eu me importo muito. E gosto de ficar com vocês. Se pensa que eu não me importo, então talvez possamos conversar em outro momento sobre seus sentimentos, porque posso lhe assegurar de que me importo. Mas o objetivo deste telefonema é apenas lhe comunicar para que possa planejar e se adaptar a essa mudança.

Além disso, não se esqueça de que seus pais precisam que você seja um agente de mudança na vida deles. Pode ser que você seja uma das poucas pessoas no círculo deles que conheça seu comportamento ou atitude difícil. Portanto, da mesma forma que a tarefa deles era corrigi-lo no passado, a sua (sem o papel de autoridade paterna) pode ser corrigi-los no presente. Conheço muitas situações nas quais a confrontação dos pais por um filho adulto mudou a vida de todos.

Confronte por preocupação, e não dependência

Antes de confrontar, porém, examine seus motivos. O maior e melhor motivo, obviamente, é o amor: "O objetivo desta instrução é o amor que procede de um coração puro, de uma boa consciência e de uma fé sincera" (1Tm 1.5). Busque a confrontação porque quer ajudar a resolver um problema que está atrapalhando o amor, crescimento ou relacionamento de seus pais com você e com outros.

Às vezes, os motivos se confundem porque ainda temos necessidades do passado que nos atrapalham. Já mencionamos como a incapacidade de sair de casa pode evitar a confrontação. Neste caso, o filho adulto pode confrontar pelos motivos errados.

Por exemplo, uma mulher pode querer conversar com seu pai sobre um relacionamento afetuoso que ela nunca teve com ele. O motivo correto da conversa deveria ser perdoá-lo e se reconciliar com ele. O errado seria ele lhe oferecer o afeto que ela não teve na infância. O problema neste caso, certamente, é que o tempo passou. Ela precisa suprir a necessidade de intimidade, não com seu pai, mas com outros recursos de Deus, como um bom grupo de apoio. Seu pai não pode "recriá-la".

Outro problema com os motivos é quando o filho adulto tem vontade de punir ou se vingar. Por exemplo, para se sentir bem, ele quer que seu pai experimente o que ele passou. Embora um mau pai possa causar marcas profundas, a vingança não cabe a nós, mas ao Senhor (Rm 12.19). Resolva esses sentimentos em outro lugar e confronte, não como um filho machucado que deseja vingança, mas como um adulto que quer amor.

Não idealize a confrontação

Às vezes, alguém pode pensar que, depois de confrontar a mãe que bebe ou o pai que não tem controle, estará livre do passado e poderá seguir em frente. Acha que essa é a solução emocional que libertará sua vida.

Embora uma boa confrontação com os pais seja válida, não é o segredo da liberdade. *O segredo da liberdade é o crescimento espiritual e emocional:* "Foi para a liberdade que Cristo nos libertou. Portanto, permaneçam firmes e não se deixem submeter novamente a um jugo de escravidão" (Gl 5.1). Quando passa pelo processo de cura, recuperação e crescimento, você recebe o bem que não teve e se recupera do mal que sofreu. Na verdade, *a confrontação não é o caminho da cura, mas o resultado dela.* Quando você resolve a

A confrontação não é o caminho da cura, mas o resultado dela.

questão que o impede de sair de casa, está mais apto para justificar o que fez por meio de uma boa conversa adulta com seus pais.

Na verdade, quando as pessoas resolvem seus problemas da infância, sentem menos necessidade de confrontar os pais. Tudo o que pesava sobre elas não as incomoda mais. O foco da confrontação passa das coisas que a afetavam na infância para coisas mais destrutivas agora, em relação aos pais. Por exemplo, uma mãe um pouco crítica pode não incomodar mais o filho quando se torna adulto e deixa de depender dela, mas seu vício em barbitúricos pode ser motivo para uma séria conversa, porque a prejudica.

Saiba a diferença entre *mágoa* e *ferida*

No final das contas, pode ser necessário distinguir a diferença entre magoar e ferir seus pais. Você pode magoá-los causando um desconforto com a conversa, ou pode feri-los dizendo algo rude ou ser insensível. A verdade que você quer comunicar pode ser dolorosa para seus pais (magoá-los), mas não machucá-los (feri-los). Alguns filhos adultos acham que seus pais são frágeis e sensíveis e não confrontam problemas necessários porque temem que alguma mágoa os prejudique. Dê tempo e oportunidade a seus pais para avaliarem as próprias reações e você poder constatar se eles se sentem magoados ou feridos. Ficar zangado ou carrancudo é normal. Mas ficar abalado e, por exemplo, se afastar do relacionamento por causa da dor, em vez de tentar manipular com "Veja só o que você me fez", é estranho. Fale com alguém que conheça seus pais para ver se eles são realmente incapazes de digerir o que você disse sem se ferir ou se estão apenas reagindo.

Sugestões práticas para confrontar os pais

Comunique seu amor e honra

Quando decidir ter a conversa com seus pais, diga claramente que está "a favor" deles nessa conversa. Se essa é a primeira vez que os confronta, eles podem não estar preparados para essa inversão de papéis. Podem se sentir perseguidos, traídos ou desprezados por você. Tente dizer algo como:

Você: Queria falar de um problema que está me preocupando e atrapalhando nosso relacionamento. Você é muito importante para mim e quero que saiba que a amo e respeito muito como minha mãe.

Sua mãe: Não, você não me ama. Se me amasse, não diria essas coisas.

Você: Sinto muito se pensa dessa maneira. Deve ser duro achar que eu não me importo, mas eu me importo, sim.

Você pode precisar voltar ao amor e à honra várias vezes, especialmente se sua mãe não se apegar à graça que você está lhe oferecendo. Apenas pare de falar de si mesmo e volte a tranqüilizá-la, como faria com uma criança assustada.

Conheça seus pais

O contexto é muito importante nas confrontações com o pai. Ele é uma pessoa que aceita sugestões ou é obstinado e defensivo quando alguma coisa chama sua atenção? Você pode precisar primeiro tratar da resistência ou atitude defensiva que ele demonstra, especialmente se seu pai tem um histórico de problemas nessa área. Tente o seguinte:

> Quando toquei no problema de me sentir muito criticado por você, parece que não aceitou bem. Não quero que pense que não o entendi ou que o estou atacando e não quero me sentir mal por isso. É assim que você pensa?

Às vezes, essa abordagem pode ajudar os pais a mudarem de idéia para se sentirem seguros e acharem normal falar sobre os problemas.

Leve em consideração a condição de vida deles também. Se estiverem com algum problema de saúde, se perderam o emprego, se terminaram o casamento, ou se têm algum problema natural relativo ao envelhecimento, espere até que tudo esteja mais estável para tocar na questão. Isso também faz parte da honra devida aos pais, quando eles se tornam mais velhos e sobrecarregados pelo peso da idade.

Avalie a resistência

Se você encontrar resistência ou atitude defensiva, descubra se seu pai resiste a todos ou somente a você. Alguns pais podem aceitar as críticas dos outros, mas ainda não enxergam seu filho como alguém que pode censurá-los. Pode ser preciso falar sobre isso com eles.

Você: Pai, quando lhe falei sobre o modo como algumas vezes você desrespeita a mamãe, parece que ficou muito zangado e aborrecido comigo.

Seu pai: Você não tinha o direito de falar comigo daquele jeito.

Você: Sinto muito por sentir-se tão mal. Gostaria que resolvêssemos isso. Mas também notei que, na festa, seu amigo, Hal, disse algo nesse sentido e você o ouviu.

Seu pai: Hal foi sensato.

Você: Tenho certeza que sim, mas ele disse basicamente a mesma coisa que eu. Penso que acha mais difícil ouvir as coisas de mim, que sou sua filha, do que dos outros. Será que podemos conversar sobre o que sente a esse respeito? Você não se agrada de

> que eu toque nesse problema com você? Não pense que não o respeito. Ao mesmo tempo, quero que nos tratemos como adultos. Na verdade, quero saber o que pensa do fato de conversarmos.

Seja tão humilde, imparcial e justo quanto possível.

Seja direto

Recentemente, uma mulher me perguntou:

— O que posso fazer para meu pai se abrir comigo e se interessar mais pela minha vida?

— Bem, você já lhe perguntou isso? — respondi.

— Claro! Disse-lhe que gostaria que ele perguntasse como está minha vida, mas ainda não fez nada disso.

— Bem, digamos que você não lhe tenha pedido nada, que foi uma sugestão ou talvez a menção de uma boa idéia. Mas não houve um pedido direto. Se não respondeu, provavelmente você precisa falar de novo, algo como: "Pai, raramente você pergunta sobre mim; parece que somente eu quero saber sobre sua vida. Gostaria que me perguntasse como está meu trabalho, como estão meus filhos e minhas atividades".

É fácil ser indireto com os pais, devido a toda a carga de complexidade emocional. Às vezes, alguém pensa: *Ela é minha mãe. Deveria saber que preciso disso sem que eu precisasse falar.* Mas se o que disse não está resolvendo, é melhor ser direto e claro, sem ser rude.

Aplique o que dissemos anteriormente sobre preocupação e dependência e faça seus pedidos como adulto, e não como se fosse uma criança. A diferença básica é que *você deve pensar mais no relacionamento do que em suas necessidades*. Vejamos alguns exemplos dos dois papéis:

> ***Você deve pensar mais no relacionamento do que em suas necessidades.***

Criança: Quero que fique do meu lado.
Adulto: Gostaria de poder conversar abertamente com você.

Criança: Quero que me respeite para que eu me sinta respeitado.
Adulto: Quero que me trate com respeito para que isso não atrapalhe nosso relacionamento.

Criança: Quero que me ouça quando digo "não", porque me sinto mal quando isso acontece.
Adulto: Quero que aceite nossas opiniões diferentes para que possamos ter uma conversa saudável.

Criança: Quero que pare de beber para que eu possa ter a mãe que nunca tive.
Adulto: Quero que pare de beber, porque assim ninguém consegue se relacionar com você, e isso é ruim para nós.

Veja se a conversa vale a pena

Depois de aplicar tudo o que está neste capítulo e neste livro, com o tempo, você pode descobrir que confrontar seus pais simplesmente não vale a pena. A menos que o problema seja um caso de vida ou morte, pode ser melhor esquecer do assunto e aceitar as coisas como são.

Não é preciso abandonar o relacionamento ou ser radical. Entretanto, talvez seja necessário esquecer o relacionamento que gostaria de ter com seus pais e se relacionar com eles da forma que puder. Descubra até que ponto os pais estão dispostos a se abrir e aprecie o resto. Novamente, isso significa passar da dependência para o amor.

Sua mãe ou seu pai podem nunca fazer parte do seu sistema de apoio emocional. Porém, você também pode encontrar muita satisfação e contentamento ao descobrir maneiras de se relacionar com eles com segurança e também retribuir "... o bem recebido de seus pais e avós, pois isso agrada a Deus" (1Tm 5.4).

Ajudar sua mãe e a si próprio

Voltemos ao caso da mulher com a mãe que ligava para ela constantemente. Vejamos como seria uma conversa sobre esse assunto:

Você: Mãe, preciso falar-lhe sobre seus telefonemas. Quero manter o contato com você, mas está ficando difícil atender todas as suas ligações.

Sua mãe: Então você não quer conversar mais comigo?

Você: Não, não estou dizendo isso. Quero que entenda que não posso mais atender tantas ligações num único dia. Minha vida está muito agitada, e essa freqüência até me impede de sentir saudade de você a ponto de ansiar por suas ligações.

Sua mãe: Você não gosta que eu ligue?

Você: É, de certa forma. Acho que, se nos falarmos umas duas ou três vezes por semana, teria vontade de ligar para você. Mas, do jeito que está, não há um momento em que não estejamos em contato.

Sua mãe: Isso me deixa muito triste.

Você: Sinto muito por aborrecê-la e detesto pensar que você acha que eu não a amo. Ao mesmo tempo, será que poderíamos limitar as ligações a algumas vezes por semana e depois ver como as coisas ficam?

Tanto quanto possível, leve a graça e a verdade para o relacionamento com seus pais. Que bênção poder ser uma força redentiva em suas vidas, mesmo nos anos que virão!

25

Com um filho adulto

O que significa um filho adulto afinal? Parece um paradoxo, não é mesmo? Mas todo pai sabe o que isso quer dizer. O filho adulto é um descendente seu que está completamente formado. Mas, se isso fosse verdade, provavelmente você não precisaria ler este capítulo. Se todas as pessoas que você trouxesse ao mundo ou adotasse chegassem a ser "completamente formadas", além do sentido cronológico, talvez não fosse necessário ter nenhuma conversa difícil. Vocês coexistiriam como amigos e adultos, compartilhariam as coisas, se ajudariam e desfrutariam do plano de Deus para as diferentes gerações.

Para muitos, é isso o que acontece. Gostam de seus filhos adultos e consideram essa a melhor fase de sua vida. Muitos pais já nos declararam que esses são os melhores anos da paternidade, especialmente quando há netos.

Com seus filhos adultos, os pais não têm mais a responsabilidade da "criação". Não precisam mais ser a fonte de satisfação de suas necessidades, os guardiões que os protegem dos perigos da imaturidade e do mundo ou os gerentes que os supervisionam para que eles ajam com responsabilidade. Cumpriram seu papel e agora colhem os benefícios. Como o apóstolo Paulo afirma, o "tempo determinado por seu pai" chega quando seu filho não está mais "sujeito" a ele e ele não precisa mais ser seu guardião ou administrador. Agora o filho é responsável diante de Deus (Gl 4.2). Você pode ser o "pai açucarado" para seus netos sem ter de fazer todo o trabalho duro! Além disso, seu filho também tem a responsabilidade de cuidar de você quando ficar mais velho, retribuindo-lhe por tudo o que fez por ele (1Tm 5.4).

Muitas coisas podem interferir nesse cenário ideal, e os pais podem acabar tendo que continuar a desempenhar seus papéis com um filho adulto.

Essa é a idéia. Seu filho deveria mesmo "partir e separar-se". Agora você está tranqüilo, certo? Bem, esperamos que sim. Mas nem sempre é isso o que acontece em algumas famílias. Muitas coisas podem interferir nesse cenário ideal, e os pais podem acabar tendo que continuar a desempenhar seus papéis com um filho adulto. Muitos filhos adultos, na verdade, permanecem como "crianças" adultas. Seus pais ainda são uma fonte das coisas de que eles precisam, agindo como guardiões ou administradores. Por algum motivo, eles não cresceram totalmente e não assumiram as responsabilidades que deveriam assumir.

As circunstâncias podem tê-los levado por esse caminho. Divórcio, doença, fatores econômicos e escolhas erradas podem ter evitado a total transição de seu filho para a vida adulta. Às vezes, não é culpa de ninguém. Coisas ruins aconteceram, e você se encontrou na estranha posição de ainda ter de cuidar ou ajudar um adulto a levar a vida.

Além disso, você pode achar difícil passar da posição de pai para a posição de amigo. Seu filho pode ter sua própria vida, mas você não consegue se desligar dele ou abandonar o hábito de lhe dizer como viver ou o que ele "deveria" fazer.

Esses fatores podem afetar a maneira como você tem aquelas conversas difíceis com seu filho adulto. Neste capítulo, veremos como devemos falar com um filho adulto.

Decida quanto tempo é suficiente

Se você tem um filho que passou para a idade adulta, mas não assume a responsabilidade por sua vida, quanto tempo acha que será preciso para fazê-lo crescer? Quando você conseguirá que isso, finalmente, aconteça? Se o seu padrão de ajudar já é aplicado há muito tempo e não resolveu, dificilmente continuar a fazer a "mesma coisa" transformará o futuro. O que geralmente ajuda é trocar de papéis. Pare de desempenhar o papel de provedor, guardião e administrador. É hora de seu filho assumir esse papel sozinho. Mas como fazer isso?

Estabeleça limites que exijam que ele desempenhe a sua parte, em vez de você fazer isso por ele. Se quiser ajudar, faça-o com a condição de que ele cumpra a sua parte. Em outras palavras, se der dinheiro e apoio, ele terá de cumprir seu dever, como continuar na escola ou procurar ativamente um emprego. E se não o fizer, imponha conseqüências (para saber mais como isso funciona, leia o livro *Limites*).

Para tanto, é preciso planejar e conversar. Você pode precisar de um bom aconselhamento sobre como fazer isso, já que não foi capaz de fazê-lo até agora. Consulte um bom terapeuta para ajudá-lo a descobrir que atitude deve tomar. Às vezes, problemas como vícios ou possíveis conseqüências mais sérias de se "expulsar alguém de casa" podem complicar as coisas. Seu filho adulto pode, por exemplo, ficar sem saber onde irá viver ou como pagará as contas. Pense nessas questões com muito cuidado. O objetivo ainda é que você encaminhe um filho adulto para a independência, da forma que puder e de um jeito que não seja perigoso. Use as conseqüências para conseguir isso.

Agir assim também requer algumas conversas difíceis. Muitos princípios que abordamos na parte II — "Os princípios de uma boa conversa" —, servem para este caso. Releia-os. A técnica de conversar com um filho adulto não é tão diferente, a não ser que seu filho ou filha nunca tenha aceitado conselhos no passado, se estiverem na condição que descrevemos. Então, diga coisas em que você empregue aqueles princípios "essenciais". Quase não há diferenças neste caso. Você pode achar particularmente pertinentes as partes sobre fortalecer o relacionamento, ser um agente de mudança e evitar os "você deveria". Quando começar, ressalte o relacionamento e seu desejo de querer o que é melhor para seu filho adulto e para a relação de vocês dois. Depois, seja específico e claro ao dizer quais são os problemas e suas expectativas.

Se tiver uma conversa sobre limites, seja claro sobre a nova estrutura do seu relacionamento e quais serão as conseqüências. Lembra do pai de Ron, no capítulo 17? Ron estava fazendo corpo mole para procurar emprego. Seu pai foi claro sobre suas expectativas e as conseqüências que o filho enfrentaria se não apresentasse, por escrito, um plano para encontrar um emprego. Então, se seu filho ou filha não está sendo responsável com o dinheiro, com o emprego, com os filhos, diante de vícios ou problemas psicológicos, comportamento e forma de tratar você, veja um exemplo de como pode ser muito claro:

> Nick, amo você e espero que saiba disso. E, como vê, ultimamente tenho feito algumas coisas para ajudá-lo. Mas desejo que você tenha um futuro diferente. Quero que você assuma essas áreas de sua vida que estou desempenhando em seu lugar. Isso será melhor para nós dois. Então, daqui a dois meses, a contar de hoje, você tem duas opções: Você pode começar a pagar aluguel para morar aqui, ou procurar outro lugar onde viver. Não quero mais continuar a sustentá-lo.

> Além disso, sei que está com problemas, mas não procurou ajuda de ninguém. Estou aberto a sugestões acerca de maneiras que posso usar para continuar a ajudá-lo a se virar. Mas só o farei se procurar ajuda com um psicólogo ou terapeuta. A escolha é sua. Se quiser que eu participe, terá de estabelecer um plano e cumpri-lo.

Observe que não existe nenhum "você deveria" nessa conversa. Você apresenta a ele uma escolha e claras expectativas, com conseqüências muito definidas do que fará ou não. Por exemplo, ele tem liberdade para decidir se consultará um terapeuta; você não o obriga a isso, mas diz que participará somente se ele procurar um profissional. Você não o está controlando; está controlando a si mesmo. Você o ajudará somente se ele for diligente e quiser sua ajuda, mas ele é livre para fazer o que quiser.

Da mesma forma, Nick não precisa continuar a morar com você. Ele pode morar onde quiser. Mas se escolher a sua casa, terá de lhe pagar um aluguel. Ele é livre para fazer o que quiser, e você é livre para fazer o que quiser com sua própria casa.

Releia os capítulos anteriores para ver o que mais deve enfatizar para seu filho adulto. Lembre-se de que, se a situação estiver assim há muito tempo, provavelmente precisará de ajuda para planejar sua conversa, especialmente se você previr que podem acontecer resultados negativos, como no caso de drogas, de uma doença mental ou de depressão. Consulte alguém que tenha lidado com casos semelhantes. Conhecemos muitos pais que tentam endireitar seus filhos adultos; tentam desempenhar o papel de um psicólogo ou de um pastor. Isso dificilmente dá certo. Não é você que lhe trará a cura. O que pode fazer, e com muita eficiência, é servir de ponto de partida para que ele possa encontrar ajuda fora do sistema familiar. É isso o que em geral funciona mais.

Além disso, lembre-se de que problemas que persistem por muito tempo com filhos adultos, como o caso de Nick, requerem algum tempo para que seja encontrada uma solução. A expressão "daqui a dois meses, a partir de hoje" dá a seu filho ou filha tempo para criar um plano e fazer o que é preciso. O número dois não é mágico. Dependendo das circunstâncias, o período de tempo pode ser maior ou menor. Mas você provavelmente precisará adotar algum tipo de parâmetro.

Encare os problemas menos sérios

Temos abordado situações mais sérias, mas você terá também de enfrentar as situações mais comuns. Caso contrário, um jovem adulto responsável poderá continuar a desempenhar o papel de criança em seu relacionamento com você e não assumir as obrigações que deveria. Se acha que está ajudando demais, seria bom que, para o bem de todos, abandonasse o papel de "provedor" de seu filho.

Por exemplo, sua filha gasta além de sua renda e lhe pede dinheiro, e isso está acabando com sua determinação e autoconfiança. Ou seu filho e nora dependem muito de você para cuidar dos filhos, o que os isenta das responsabilidades de pais, mesmo que fosse apenas o trabalho de mudar sua programação de vez em quando ou contratar uma babá. Alguns filhos adultos querem continuar a agir como adolescentes e simplesmente supõem que seus pais aceitarão seu comportamento e cuidarão de seus filhos.

Esses problemas não são tão grandes para serem considerados sérios, mas podem levar à perda do controle. Seu filho não vive como adulto, e você não desfruta da liberdade de já ter um filho criado. Isso não é bom para ninguém.

Por isso, cuidado quando por sua cabeça passarem idéias como estas: "Como posso dizer "não"? Ela é minha filha. Pai é pai para sempre". Isso não é verdade. Seu dever de pai deveria terminar, e, em troca, você deveria ganhar um adulto. Se você continuar a ser "pai", continuará com um filho, mesmo que ele se vista como adulto.

Trate seu filho como adulto

Às vezes, o problema de seu filho não é exatamente responsabilidade, mas outras coisas que você deveria confrontar. Se ele o tratar mal ou se houver outras coisas que você não gosta em seu relacionamento, simplesmente siga as regras que descrevemos anteriormente.

O problema é que, às vezes, os pais têm regras especiais para seus filhos e não os confrontam como deveriam. Eles temem a rejeição ou continuam com padrões que fazem parte da família há muito tempo. Quando seu filho se tornar adulto, trate-o como os outros adultos que são importantes em sua vida.

Tomemos como exemplo o caso de Deb. Ela não sabia o que fazer. Sua filha de 22 anos, Randi, estava realmente incomodando-a. Randi tinha acabado de ter um filho, estava solteira e morava com o namorado. Nenhum dos dois parecia estar levando a sério a criação do filho. Estavam sempre ligando para Deb, a fim de lhe pedir ajuda, quando tinham algum compromisso.

Deb ficava feliz em ajudar e faria qualquer coisa para ver sua netinha, Tiffany. O problema é que muitas vezes, quando ligavam, ela precisava mudar sua rotina para ajudá-los e cuidar de Tiffany. No último minuto, Randi e seu namorado mudavam de planos, ligavam para ela e diziam: "Esqueça. Agora, não precisamos mais".

Deb ficava muito aborrecida, mas, com o tempo, começou também a ficar cada vez mais ressentida. Pensava: *Se existisse mais alguém para ajudar, diria a eles que me esquecessem e ligassem para essa pessoa. Mas é minha filha e minha neta. Não posso fazer isso.* Ela ficava entre querer que sua filha a tratasse com o mínimo de respeito que qualquer um merece e achar que deveria se esforçar mais por sua própria filha. *O que devo fazer?*, imaginava.

Encarar os problemas em família é melhor do que fazê-lo em qualquer outro grupo ou lugar. Pelo bem do seu relacionamento atual, encare os problemas e resolva-os. Pode ser hora de todos conversarem e serem sinceros e afetuosos pela primeira vez na história da família. Você pode encontrar cura para os problemas de sua família, se fizer isso.

Aprenda a esquecer

Seu desejo de continuar a ser pai pode ser o grande problema. É difícil ter que admitir. Afinal, se trocasse as fraldas de seu filho e fizesse todas as outras coisas, continuaria no controle como recompensa por todo o trabalho duro! E, na verdade, bem no fundo do coração, você não pensa, às vezes, que realmente sabe o que é melhor para eles? Talvez saiba. Mas eles nunca aprenderão sozinhos se você ficar no caminho, tentando continuamente supervisioná-los.

Então, às vezes, as conversas difíceis são muito mais difíceis do que deveriam ser, porque você tenta impor muito "você deveria" a seus filhos ou tenta controlar a vida deles de alguma forma. Abandone o papel de pai e torne-se um amigo. Veja algumas dicas:

Desculpe-se. Se está bancando o pai há muito tempo, procure seu filho adulto e tenha uma conversa como as que mencionamos no capítulo 10 — "Desculpar-se pela sua contribuição para o problema". Diga-lhe que tem atuado mais como pai, e não como amigo, que sente muito por qualquer problema que isso tenha causado. Depois, diga-lhe que gostaria de ter um novo tipo de relacionamento e converse para encontrar uma forma de fazer isso.

Trate seu filho adulto com igualdade. Pare de falar de uma posição "superior" com seu filho, como se ele ainda tivesse dez anos. Reconheça que ele é como você e não mantenha a posição de "vantagem".

Reconheça a competência. Pare e pense antes de sugerir o que ele "deveria" fazer. Seu comentário supõe que, agora, ele é uma pessoa crescida? Ou sugere que apenas a mamãe ou o papai sabem como viver?

Respeite a separação. "Partir e separar-se" significa ter espaço e liberdade. Cuidado para não se intrometer e ser ferino quando seu filho estiver apossando-se da independência que Deus lhe deu como adulto. Agora, ele tem uma vida com muitas facetas que não incluem mais você, e você também deveria ter a sua vida.

Respeite a liberdade. Um adulto livre faz suas próprias escolhas. Certamente você pode ter uma opinião sobre as escolhas feitas pelos amigos de seu filho e expressá-la de vez em quando. Mas, depois disso, esses amigos são livres para fazer o que quiserem. Lembre-se de que seu filho adulto também é livre para fazer as próprias escolhas.

Viva na aceitação. Cuidado com as mensagens de culpa na sua comunicação. Se estiver julgando seu filho adulto, usando culpa, vergonha ou condenação, então ainda está bancando o pai. Aceite seu filho adulto como Deus o fez e não o julgue (Lc 6.37).

Torne-se um dos melhores amigos de seu filho

Esperamos que, com estas sugestões, você possa ter a visão de um dos mais importantes relacionamentos da vida: a amizade entre pais e filhos adultos. É algo lindo de se ver. E você pode ficar surpreso ao sentir que a maneira como se comunica tem a ver com isso. Pela comunicação, você pode mostrar a seu filho que o respeita como adulto e que deseja ser seu amigo, e não seu pai para sempre. Se fizer isso, poderá descobrir que tem uma das melhores amizades em toda a criação de Deus.

Mas, como dissemos, isso não depende somente de você. Você pode ter um filho ou uma filha que esteja resistindo a assumir seu papel de adulto na vida. Se for esse o caso, com um pouco de bom senso algumas conversas poderão começar a mudar isso.

E, além dessas circunstâncias, para ter boas relações, você terá de manter, também, as confrontações normais.

Seja como for, a confrontação faz parte dos relacionamentos, mesmo com o seu próprio filho. Encare isso da melhor maneira possível, e os frutos durarão para você e por muitas gerações.

26

No trabalho

Eu (Henry) estava prestando consultoria a duas fábricas que tinham se fundido e, como resultado, criei um pesadelo relacional. A estrutura formada na nova empresa exigia mais responsabilidades e dava menos liberdade a alguns gerentes, que não ficaram contentes com isso. Na verdade, formaram uma coligação revoltosa.

A introdução da nova estrutura não era o único problema. De acordo com os gerentes de nível médio, a funcionária que fora colocada acima deles estava implementando novas regras e se tornando um pesadelo. Eles disseram que ela era "má" e "insensível". Alguns ameaçaram sair do emprego se ela não fosse removida; outros disseram que não trabalhariam para uma pessoa tão dominadora e cruel como aquela mulher. A situação era delicada.

Meu trabalho como consultor era arrumar essa bagunça nos relacionamentos e fazer a equipe trabalhar unida. Quando falei com os gerentes de nível médio, não tive muita esperança. Na entrevista, todos contaram a mesma história: sua supervisora era má. Resolvi conhecê-la. Estava pronto para confrontá-la sobre sua capacidade de se relacionar e sobre aquilo em que ela deveria mudar. Não parecia uma tarefa fácil.

Comecei pedindo-lhe que me contasse o seu lado da história. Era exatamente o que eu esperava. Disse-me que estava lidando com um bando de resmungões que antes não faziam nada. Agora, ela precisava fazê-los trabalhar, e eles não estavam gostando disso.

— Você já pensou que pode estar contribuindo para essa situação? — indaguei-lhe.

— O que quer dizer com isso? — perguntou, surpresa.

— Bem, entendo que eles precisam fazer algumas mudanças. Você tem sido clara sobre isso. Mas o que preciso saber é como acha que pode estar contribuindo para o problema. Já pensou na forma como tem falado com eles? Já tentou entender o lado deles?

— O que eu preciso entender? Eles são um bando de bebês que ficam chamando pela mamãe. Não estou interessada no choro deles. Só quero que façam o seu trabalho.

— Era o que eu temia.

— O quê? Você acha que estou querendo exigir demais deles?

— Não, de forma alguma. Na verdade, seu presidente quer mais deles também. É por isso que uma pessoa como você foi chamada. Você era vista como alguém capaz de aumentar a produção aqui. Não é essa a questão. O que eu temia, e que você confirmou, é que não está interessada em ver a maneira como eles sentem essa mudança e, mais especificamente, não pensa naquilo que está fazendo para que eles sintam o que estão sentindo nesse processo. Entendo que você está apenas interessada na sua realidade, e não na deles. Acho que terá de aprender a ouvir e tentar entender as coisas na perspectiva deles. Caso contrário, não conseguirá que trabalhem da forma que deseja.

— Como assim? De que jeito faria isso?

— Poderia começar dizendo-lhes que, provavelmente, você não entendeu quanto lhes era difícil passar por essa mudança e que gostaria de ouvir melhor o que eles têm a dizer. Então, deve ouvi-los e tentar repetir para eles aquilo que entendeu sobre a realidade do grupo. Acho que você não tem conhecimento dessa realidade.

— Isto é, você quer que eu diga algo como: "Parece que você sente..." e aquela baboseira toda de psicólogo?

— É, mais ou menos isso. Depois volte e me conte o que aprendeu.

Embora se tenha mostrado cética, ela seguiu meu conselho. Pediu aos funcionários que lhe dissessem como se sentiam e repetiu para eles aquelas impressões.

Então aconteceu uma coisa muito interessante. Em nossas sessões seguintes, ela começou a ver que tinha sido péssima com os funcionários, no aspecto de exigir que o trabalho fosse feito. Com a prática, começou a melhorar.

Algum tempo depois, sentei para conversar com ela e outros e, ao ensinar-lhes como se relacionar melhor, outra coisa veio à tona. Havia um funcionário problemático que, embora fosse muito novo na empresa, estava liderando toda a dissidência. Essa pessoa precisava ser confrontada quanto à sua resistência às mudanças. Quando isso aconteceu, jogou a culpa nos outros, discordou, teve ataques de nervos, ameaçou processar a firma e, por fim, foi despedido. Depois que saiu, o departamento se transformou.

Mas o segredo é o seguinte: *A dissensão daquele funcionário nunca teria aparecido se a gerente não tivesse aceitado a minha confrontação e entendido que precisava mudar.* Minha confrontação e a mudança que isso lhe causou conduziu-nos ao verdadeiro problema a ser resolvido. Fora isso, aprendeu a ouvir as confrontações do outros que lhe contaram qual era a situação, e a equipe inteira mudou.

A conclusão dessa história é que, agora, essa mulher é vice-presidente da empresa, e todos ali a apreciam bastante. Não seria exagero dizer que sua carreira e, de certa forma, a expansão financeira da empresa foram salvas porque nos confrontamos em relação ao seu problema, ela recebeu bem a confrontação e fez o trabalho que precisava ser feito. Funcionários de boas empresas se confrontam todo dia, e queremos que o mesmo aconteça no seu ambiente de trabalho.

Como a confrontação no ambiente de trabalho difere da confrontação em outras áreas da vida

Se você for como a maioria das pessoas, passa boa parte de sua vida no trabalho. O trabalho é um lugar cheio de situações de estresse, conflito, risco e perda. É um lugar onde você dá o melhor de si. Você serve e, às vezes, se sacrifica, na tentativa de agradar e também criar amizades na equipe com a qual trabalha. Então, é natural que, ali, passe por momentos de provação.

Além disso, você tem uma tarefa a cumprir. Às vezes, ao desempenhar seu trabalho, precisa confrontar os que não estão executando suas tarefas direito. Podem ser seus colegas, pessoas que você coordena e supervisiona ou seus supervisores e chefes. Muita coisa depende da sua capacidade de confrontar coerentemente. Pode ser importante não apenas na maneira como você encara o trabalho, mas também para o bom desempenho de sua empresa ou departamento.

Como consultor, acredito que os melhores profissionais, as melhores equipes e as melhores culturas de trabalho são os que sabem confrontar. São aqueles que "olham de frente para" os problemas no trabalho.

Grande parte dos princípios que apresentamos neste livro irão ajudá-lo a ter um desempenho melhor em conversas no trabalho. Obviamente, porém, confrontar pessoas na vida pessoal é diferente de confrontá-las no ambiente de trabalho. No trabalho, existe uma estrutura de hierarquia e responsabilidades, e as políticas determinam como deve ser feito. Por exemplo, se você sofrer um assédio sexual, em geral há algumas diretrizes que deve seguir. Ou, se tem um problema com alguém, existe uma cadeia de autoridade predeterminada à qual pode apelar, inclusive o departamento de recursos humanos. Mas, ao mesmo tempo, quando compreende essas estruturas e políticas, então o jeito, o estilo e os princípios que usa para lidar com os problemas no trabalho são muito semelhantes aos que usa em outras situações. O problema, normalmente, é maior porque as pessoas *não* se confrontam, e não é que não possam se confrontar. Evitam a confrontação na vida profissional da mesma forma que na vida particular.

Quando prestei consultoria em uma das maiores empresas dos Estados Unidos, o vice-presidente me disse algo que costumo ouvir quando dou uma consultoria: "Gostaria que meus funcionários falassem claramente comigo, que me contassem o que realmente pensam. Gostaria que fossem mais abertos e diretos e não tivessem medo disso".

Por incrível que pareça, a falta de confrontação também tem outro lado. Um integrante da equipe de um vice-presidente me contou: "Seria muito melhor para nós se ele confrontasse o que acontece com cada pessoa de sua equipe. Ele desempenha o papel do 'bom moço' demais e, por isso, a equipe sofre. Todos falam sobre isso também. Essa sua atitude desanima o pessoal".

Dicas para confrontar no trabalho

As pessoas têm medo de confrontar seus superiores, bem como seus subordinados. Por isso, considero que a falta de confrontação é uma questão mais pessoal do que "profissional" ou de "autoridade".

> ***F****alta de confrontação é uma questão mais pessoal do que "profissional" ou de "autoridade".*

Descubra a realidade

Descubra quais são, na realidade, as conversas sobre os problemas que surgem. Quando descobrir isso, saberá como enfrentá-los melhor e terá mais liberdade para agir. Ou, em casos mais difíceis, pelo menos saberá quais são os limites. Normalmente, essa realidade se enquadra em algumas categorias.

A primeira é a estrutura formal. Descubra como as políticas instruem para se lidar com problemas. Algumas coisas, como assédio sexual, fogem do âmbito da conversa com o colega. Isso requer um procedimento formal. O departamento de recursos humanos ou seu supervisor provavelmente poderão ajudá-lo nesse caso.

A segunda é a estrutura menos formal de como o chefe quer que você proceda. O bom e velho modo de descobrir isso é perguntar. Pergunte a seu chefe, ou superior, como ele gostaria que você procedesse para falar-lhe sobre os problemas que a equipe enfrenta.

> Lynn, gostaria de ter o relacionamento profissional melhor possível com você e quero lhe entregar um ótimo trabalho. Como gostaria de conversar comigo se surgir algum problema entre nós? Posso tomar a liberdade de ser realmente direto e claro sobre nosso relacionamento? Devo me preocupar caso isso me cause problema? Com que freqüência você gostaria de "checar" para resolver problemas pendentes? Ou prefere ter uma conversa menos estruturada e resolver os problemas conforme surgem?

Provavelmente, você não iria perguntar tudo isso, mas dá para ter uma idéia. Muitas vezes, ajuda bastante apenas conversar com o chefe ou supervisor para ver como os dois querem trabalhar juntos. Lembre-se dos princípios de que falamos na parte II e seja confiante.

A terceira é a maneira de você tratar de um problema com colegas e pessoas da sua equipe. É semelhante à forma que acabamos de mencionar, com algumas idéias a mais. Converse com seu colega sobre como poderiam resolver conflitos ou problemas. Colocar em termos de "resolver problemas" provavelmente é menos ameaçador. Bata um papo na hora do almoço ou na pausa para o café sobre como fazer isso, de preferência *antes que a situação se torne um conflito.* Pensar nas regras básicas e expectativas com antecedência é o segredo. Assumam um compromisso de se falarem sempre e se ajudarem com críticas construtivas.

Há alguns anos, fui ao nosso escritório e encontrei uma de nossas funcionárias chorando. Perguntei o que estava acontecendo, e ela simplesmente meneou a cabeça negativamente, como se não quisesse falar. Pressionei-a, pois estava claro que ela se achava sob grande estresse.

— Eu simplesmente não sei o que fazer — ela disse. — Fulano vive me pedindo favores e não posso fazer meu trabalho. Não sei se agüentarei mais trabalhar aqui.

— O que ele está fazendo?

— Ele entra pela porta, de repente, e me pede para levar alguma coisa para a impressora, pois tem de ir a uma reunião importante.

— Você já lhe disse que não pode?

— Digo que não tenho tempo, mas ele simplesmente diz que fazer isso não vai demorar nada e que, realmente, eu o estaria ajudando. Então, eu faço. Não adianta recusar.

— Bem. Dizer que não vai fazer é diferente de *não fazer.* Conheço fulano e sugiro que faça duas coisas: Primeiro, experimente dizer a ele como se sente com a situação. Explique que quer ajudar, mas está com muito trabalho e não pode mais fazer isso. Depois, diga que ele provavelmente não sabe quanto isso está prejudicando você. Revele que está tão aborrecida com a armadilha em que caiu que está pensando em sair do emprego. Mostre-lhe quanto é difícil ficar sob pressão e que a atitude dele está afetando toda a sua perspectiva de trabalhar aqui.

Ela realmente o confrontou, e o resultado foi ótimo. Embora não tivesse capacidade de ver que seus pequenos favores eram pedir demais, ele teve uma boa reação diante dos sentimentos dela. Ele a ouviu e ficou constrangido por ter tornado sua vida tão difícil no trabalho.

Esse ponto é importante e tem a ver com o que vamos dizer no restante deste livro. Se puder ser claro sobre o efeito que um problema está causando em você e se puder ajudar a outra pessoa a ver que esse é o motivo daquela conversa, provavelmente poderá resolvê-lo. Se disser que está sofrendo com determinada coisa, e não que alguém está "errado", conseguirá esclarecer muitos assuntos com os colegas. O trabalho em equipe começa quando entendemos como podemos ajudar a aliviar a carga um do outro.

As pessoas têm necessidade de tratar de diferentes assuntos. Somente você sabe quais são os seus. Mas existem conversas "comuns" que você pode precisar ter:

- Abaixe o rádio, por favor...
- Acho que estou fazendo mais do que minha parte exige...
- Você me interrompe muito...
- Não consigo encontrá-lo quando preciso...
- Preciso que me devolva essas coisas imediatamente...
- Estou tendo que esperar muito tempo para você fazer as coisas que combinamos...

Certamente, existem vários outros problemas. Mas o que todos têm em comum é que alguém está trabalhando de uma forma que prejudica você e o seu trabalho. Se conseguir enfrentar seu colega e usar os princípios que apresentamos neste livro, preocupando-se com a maneira que o problema o afeta, terá muito mais condições de encontrar uma solução. Como você não é o chefe, em vez de avaliar o desempenho de alguém, conte como quer que as coisas funcionem entre você e a pessoa, para que possam trabalhar melhor.

As melhores equipes estabelecem seus valores juntas. Não é apenas Susie que deve conversar com Bill, na hora do café, sobre como podem trabalhar juntos. Toda a equipe deve ter uma conversa sobre esse assunto. Faça uma reunião com o tema: "Como conversar e resolver os problemas entre nós". Ofereça-se para apresentar soluções para possíveis conflitos. Apresente um dos princípios deste livro em cada reunião semanal. Existem milhões de maneiras para se fazer o trabalho em equipe. Mas o importante é estabelecer as regras básicas para a confrontação. Essa estratégia e valor de equipe acabam se tornando parte do plano, como o próprio trabalho. Lembre-se de que o trabalho envolve não apenas a tarefa, mas também o processo. Uma boa equipe é aquela que se preocupa com o processo e com a maneira de trabalhar. Ela traça um plano e conversa sobre ele.

Uma boa equipe é aquela que se preocupa com o processo e com a maneira de trabalhar. Ela traça um plano e conversa sobre ele.

Conheço um ótimo gerente que perguntou à sua equipe: "O que teria de acontecer este ano para nos tornarmos o melhor departamento que a empresa já teve?". Uma das coisas que surgiram foi: "Formarmos uma equipe em que cada um pudesse falar abertamente com o outro, trocasse de lugar com o outro, ajudasse o outro e resolvesse os problemas".

Diante de uma equipe, descobrindo quais são as regras e como os problemas são encarados, você terá mais liberdade para agir. Seja proativo para descobri-las e estabelecê-las da melhor forma possível.

Se você supervisiona, faça isso no decorrer do processo

Uma das tarefas mais difíceis de um gerente ou supervisor é levantar questões sobre o desempenho das pessoas. Mas isso também pode ser uma das melhores partes de um trabalho conjunto. As pessoas melhoram com as sugestões. No entanto, infelizmente, os gerentes não apontam os problemas quando eles acontecem e, depois, precisam fazer uma grande confrontação. Muitas pessoas são despedidas ou correm esse risco, e não há nada que mostre por que isso aconteceu. Embora na realidade mereçam ser despedidas, o processo não é documentado ao longo do caminho.

Isso não é tão difícil assim. Dê cumprimento a esse processo em estágios progressivos, como falamos antes. Ensine ao longo do caminho, usando métodos positivos. Quando aquilo que tem ensinado for praticado, faça elogios e feche o círculo.

> Sabe, Jason, semana passada conversamos sobre o modo como está tratando a conta da Wheeler, e fiz alguns comentários a respeito do que penso ser o melhor no caso. Bem, quero dizer-lhe que melhorou muito. A diferença é boa e notável. Obrigado por ter aceitado minha sugestão e a colocado em prática. Trabalhar com você tem sido uma experiência muito agradável.

Uma boa confrontação segue um ciclo completo. Mostre o resultado, seja ele positivo ou negativo. Isso reforça o valor da conversa e deixa a pessoa mais propensa a aceitar sua sugestão numa próxima vez. Transforme isso numa política para fazer avaliações sobre como as pessoas recebem suas sugestões.

Mas, às vezes, é preciso ir além. Se sua sugestão não for aceita e colocada em prática, lembre à pessoa que vocês conversaram sobre isso. Pergunte como pode ajudá-la a fazer as mudanças. Fale no assunto num tom informal, como um "lembrete". Mas, se isso não der resultado, use de um meio mais enérgico para fazer lembrar. Não converse de qualquer jeito. Sentem-se especificamente para conversar sobre o motivo de a mudança não estar acontecendo. Agora a questão a ser tratada não é apenas o problema em si, mas também a desobediência:

> Joe, já conversamos sobre isso algumas vezes, e não vejo mudança em seu comportamento. Então vamos conversar sobre o processo. Existe alguma forma de eu ajudar? Estou preocupado porque acho que não vai adiantar apenas falar do problema de novo. Portanto, quero saber o que o impede de tratar do problema que apontei.

Agora, a confrontação muda um pouco, passa do problema em si para a incapacidade de resolvê-lo. Pode ser necessário prestar alguma ajuda ou dar alguma instrução. Pode não ser culpa de Joe. Além disso, a essa altura, dependendo da política de sua empresa, você pode querer documentar a conversa. Fale com o departamento de recursos humanos sobre as leis e políticas em relação à disciplina dos funcionários, mas lembre-se de que se trata de um processo e a intenção é ajudar. Na verdade, você precisa ser capaz de mostrar que tentou ajudar, oferecer mais treinamento ou fazer outras coisas nesse sentido. Caso contrário, poderá ter um problema ainda maior nas mãos.

Os advogados dizem que o maior problema com as demissões injustas (se o caso chegar a tanto) não é a demissão em si, mas o processo em que ela é envolvida. Se as confrontações foram boas e úteis, e documentadas, a demissão de alguém não deveria ser surpresa. Para se chegar nesse ponto é porque aconteceram vários encontros, ajuda foi oferecida e advertências foram feitas, na tentativa de resolver o problema.

Quando o caso é de desobediência, em geral há outros gerentes e supervisores que podem ajudar nas confrontações mais difíceis do final do processo. As leis e políticas se aplicam a esses processos [mas não é preocupação nossa discorrer sobre leis e políticas neste livro]. Fale com seu chefe, com o departamento de recursos humanos ou com o departamento jurídico e pergunte qual a maneira apropriada de lidar com um funcionário difícil. Lembre-se, porém, de que o bom chefe é aquele que tenta resolver o problema ao longo do caminho, fazendo confrontações ou educando e instruindo a pessoa para ajudá-la a melhorar, usando os princípios que discutimos aqui.

Compartilhe seus sentimentos

O bom chefe é aquele que tenta resolver o problema ao longo do caminho, fazendo confrontações ou educando e instruindo a pessoa para ajudá-la a melhorar.

No capítulo 9, citei o exemplo da minha incapacidade de saber como eu fazia as pessoas no trabalho se sentirem quando as confrontava. Quando meu colega me revelou isso, conversei com os outros e descobri que estava dificultando a vida dos colegas por causa dos sentimentos que provocava. Felizmente, resolvemos a questão, e tudo melhorou. Mas o que esse incidente ressaltou foi a importância de como as pessoas se sentem quando se relacionam no trabalho. Nossos sentimentos afetam muito a nossa atuação. Se você está aborrecido por causa de alguma coisa que esteja acontecendo no seu ambiente de trabalho, não terá um bom desempenho.

O que faz quando alguém o magoa no trabalho? De minha parte, gostaria que as pessoas trouxessem o problema ao meu conhecimento antes de ele surgir. É a forma ideal de fazer as coisas acontecerem, fazer as pessoas se expressarem. Você nunca saberá se não tentar.

Obviamente, alguns chefes e colegas são tiranos e trapaceiros. Não estou sugerindo que faça qualquer coisa que não funcione ou que os prejudique. Mas, se usar os princípios sobre os quais discutimos, contando como se sente com a intenção de fazer um bom trabalho, será muito melhor.

> Sam, quero falar-lhe sobre algo que pode ajudar a melhorar meu trabalho aqui. Às vezes, quando me critica, fico muito

> aborrecido. Não por causa da crítica em si; quero sua opinião. Mas o jeito de você falar me faz sentir como se estivesse contra mim ou pensasse que sou um idiota. Gostaria que fôssemos amigos, e quero sentir que estamos no mesmo time. Então, gostaria de falar sobre o assunto. Acredito que você não quer ver isso acontecer. Com certeza, se soubesse que seu comportamento tem produzido esse efeito em mim, faria alguma coisa a respeito. É por isso que estou procurando-o. Será que podemos encontrar uma maneira de conversar?

No espírito de realizar um trabalho melhor e cumprir metas e tarefas, resolva os problemas que estão dificultando seu trabalho, como coisas que são prejudiciais e que dificultam os diferentes desempenhos e estilos das pessoas. Esperamos que você, seus colegas e chefes possam encontrar uma forma de garantir que sua cultura e ambiente de trabalho sejam a favor das pessoas e as ajudem a realizar um trabalho conjunto produtivo.

Mais uma dica: Quando um chefe não tem consciência de que magoa as pessoas e outros pensam assim também, a equipe pode procurá-lo e conversar sobre isso. Fale de sua dedicação a ele e à equipe e explique como se sente e que gostaria de resolver a questão. Novamente, procure usar de sabedoria. Mas, às vezes, é mais fácil ouvir várias pessoas falarem sobre o problema do que satisfazer-se com a palavra de uma única pessoa.

Tarefa e relacionamento

Quando você encontra pesquisas sobre liderança, teorias sobre gerenciamento e tudo o que já se estudou sobre como criar um bom ambiente de trabalho, duas áreas sempre se destacam: a tarefa e o relacionamento. O trabalho tem a ver com o desempenho de uma função (a tarefa) e com a boa convivência das pessoas que estão realizando a tarefa (o relacionamento). Esforçamo-nos para desempenhar as tarefas e as realizamos com outras pessoas. É importante que as duas coisas andem juntas.

Essas duas áreas dependem de habilidade nas confrontações. Para realizar o trabalho, precisamos tratar dos problemas e saber "encará-los". Para nos relacionarmos bem, precisamos resolver nossos conflitos com os outros, procurando encará-los de maneira objetiva. Por isso, qualquer situação de trabalho requer habilidade na confrontação. Disponha-se a realizar boas confrontações e você trabalhará melhor.

27

Com pessoas em posição de autoridade

Eu (John) estava conversando com meu amigo Greg sobre problemas com seu chefe, Dave.

— Não dá para trabalhar com ele — disse Greg. — Quando preciso conversar sobre um problema, ele simplesmente me critica e me intimida. É impossível!

— Conte-me o que acontece — pedi.

Greg me falou de um encontro recente no qual confrontou Dave sobre não promovê-lo a um cargo ao qual tinha se candidatado. Greg queria sair da função administrativa e passar para uma que tivesse mais interação com as pessoas, como o departamento de marketing. Quando Greg contou a Dave que estava decepcionado por ele não ter apoiado sua promoção, Dave respondeu: "Apenas acho que você não é muito forte em marketing. Preciso que continue fazendo o que tem feito".

— Como interpretou esse comentário?

— Ele foi muito crítico. Fez um comentário mordaz a respeito da minha capacidade e experiência.

— Não foi o que ele disse. Veja outra maneira de entender isso. Você pode estar confundindo divergência com crítica. Então Dave está numa encruzilhada com você. Se discordar de sua confrontação, ele o estará menosprezando. Mas se, para deixá-lo feliz, ele concordar com sua promoção, estará comprometendo o trabalho que tem tentado realizar em suas operações.

O que eu não disse a Greg na ocasião, mas lhe disse mais tarde, foi que esse problema era igual ao que tive com supervisores ao longo dos anos. A condição de Greg diante da autoridade fazia com que ele se sentisse humilhado em quase toda conversa que tinha com um superior.

Autoridade e confrontação

Uma autoridade é alguém que foi investido com o poder de comandar ou tomar decisões. Chefes e supervisores no trabalho, policiais, juízes, militares e a Receita Federal no ambiente do governo, professores e catedráticos, pastores e orientadores espirituais ou líderes leigos da igreja são pessoas que foram investidas de autoridade. Uma pessoa em posição de autoridade assume o papel e a responsabilidade de liderar e dirigir os outros para algum propósito comum. Teoricamente, alcança-se essa posição por competência, experiência e maturidade.

Embora muitos tenham dificuldade de negociar boas confrontações com figuras em autoridade, a estrutura e a hierarquia em si são boas e úteis. A autoridade é um conceito criado por Deus, que é a autoridade máxima. De sua posição superior, ele impõe estruturas de autoridade: "Todos devem sujeitar-se às autoridades governamentais, pois não há autoridade que não venha de Deus; as autoridades que existem foram por ele estabelecidas" (Rm 13.1).

Deus permitiu que instituições e organizações se formassem para que pudessem representá-lo ao transmitir seus desejos e mandamentos para nossa vida. A igreja é uma dessas instituições.

> *Deus permitiu que instituições e organizações se formassem para representá-lo ao transmitir seus desejos e mandamentos para nossa vida.*

Deus quer que sejamos seus colaboradores na criação de um mundo de amor, importância e significado. Ele não quer fazer o trabalho sozinho. As estruturas de autoridade têm inúmeras vantagens: ordem, clareza de responsabilidades, um lugar a que os injustiçados podem recorrer, e a perspectiva de uma vida pacífica (1Tm 2.2). A autoridade também nos protege do perigo. Sem ela, as alternativas seriam o caos (ninguém no comando) e a opressão (um déspota no comando).

As estruturas de autoridade funcionam melhor quando há uma mistura de submissão e liberdade. Existe alguém no comando, mas as pessoas têm escolhas e parâmetros para realizar tarefas. Quanto mais as pessoas forem competentes e responsáveis, mais os chefes poderão ignorar os detalhes e permitir que os que estão sob seu comando alcancem os objetivos que foram estabelecidos.

Além disso, as pessoas com uma visão saudável de sua autoridade dão aos seus subordinados liberdade para confrontá-las. Os líderes de uma igreja e os diretores de uma escola ou de uma empresa conhecem o valor da opinião honesta; fornecem informações que podem ajudá-los a resolver problemas, melhorar e fazer um trabalho que denote mais competência. As boas organizações tomam a iniciativa de prover confrontações, quando se valem de recursos avaliatórios que vão desde as caixas de sugestões até as reuniões de avaliação, como a do tipo *360 graus,* que analisam o desempenho do funcionário pela opinião do seu chefe, de seus colegas e subordinados diretos, inclusive a sua própria avaliação. Essas sugestões variam de problemas relacionados ao trabalho até conflitos relacionais.

Problemas na confrontação de pessoas em posição de autoridade

Os problemas de confrontação podem acontecer com a pessoa em posição de autoridade ou com a pessoa que a ela está sujeita. Então devemos estar preparados para enfrentar essas duas situações de confrontação.

Resistência à autoridade

Quando a pessoa que está no comando mostra-se controladora, defensiva ou resistente a opiniões, sua reação pode variar desde o simples desprezo até, em casos extremos, à retração em se relacionar e envolver com você. Se você encontrar esse tipo de resistência, primeiro veja se sua atitude ou comportamento pode estar contribuindo para o problema.

A pessoa que não aceita a confrontação tem seus problemas. Pode ter dificuldade em se sentir igual aos outros e, para compensar, assumir um papel de liderança. Pode não se sentir competente para o cargo e tem medo de pensar em qualquer fraqueza ou problema. Pode confundir questões de trabalho com ataques pessoais. Se qualquer dessas coisas acontecer com a pessoa com quem você está lidando, esteja pronto para falar-lhe:

Você: Fred, nos últimos meses, quando falo com você sobre um problema, parece que fica zangado ou ressentido comigo. Gostaria de resolver o que quer que esteja causando isso.

Fred: Bem, não sei o que você está querendo dizer. Só sei que, às vezes, você tem demonstrado falta de bom julgamento e tino para os negócios nos últimos meses. Semana passada, você tomou várias decisões ruins na conta da Schroeder, e a firma teve de gastar tempo e dinheiro para consertar o que fez.

Você: Sei disso e espero ter aprendido com os erros. Eu realmente quero analisar esses casos e mudar no que for preciso. Mas para esclarecer o que eu disse, várias vezes você levantou a voz comigo, ficou muito aborrecido e até me insultou. É desse problema que gostaria de tratar neste nosso encontro.

Fred: Bem, você provocou essas respostas.

Você: E eu realmente quero resolver o que estiver errado em meu trabalho ou em minha atitude que possa estar dificultando as coisas para você. Quero ser um membro produtivo da equipe, que contribua para o departamento. Mas, no momento, quero lhe pedir que me fale com mais respeito quando meu trabalho não o satisfizer, usando um tom de voz normal, sem ser sarcástico nem me insultar. Assim, eu me sentiria muito melhor trabalhando para você e acho que meu trabalho também melhoraria.

Escravidão *versus* livre-arbítrio

Quando o problema está com a pessoa *sob* autoridade, é preciso reconhecer que ela aceitou livremente essa relação, com os processos e limitações que engloba. Ela está sob autoridade porque escolheu isso, porque seus objetivos e interesses combinam com os da outra pessoa. Entretanto, alguns não conseguem se submeter à autoridade sem se sentirem controlados, quase como se fossem escravos. Esse era o problema de Greg. Sentia-se inferiorizado quando suas confrontações não acabavam do jeito que ele queria.

Essa condição ocorre, em geral, quando a pessoa não conseguiu se tornar um adulto pleno. É incapaz de enxergar a vida como adulto quando está diante de uma figura em posição de autoridade. Pode reagir como um adolescente revoltado contra o pai, desafiando cada atitude do chefe. Pode temer a ira do professor, não se arriscando a uma desaprovação, como uma criança faria. Ou pode assumir a posição de um pai, querendo mandar no líder. Nenhuma dessas posições — adolescente, criança e pai — é a de um adulto.

O adulto oferece e recebe a verdade sem se afastar ou se sentir ameaçado. Pode permanecer independente, livre e dono de suas opiniões, mesmo quando trabalha dentro de uma estrutura de autoridade. Então, se você se identificar com uma dessas três posições, pode tentar resolvê-la com um amigo confiável, com um terapeuta ou com um grupo de apoio. Os livros *Changes that heal* [*Mudanças que curam*] e *Hiding from love* [*Fugindo do amor*] podem ajudá-lo nessa questão.

Como confrontar uma pessoa em posição de autoridade

Vejamos algumas diretrizes que podem ajudá-lo a confrontar com êxito alguém que esteja numa posição de autoridade.

Comece com o relacionamento

Quer você esteja na escola, no trabalho ou num grupo com um líder, as pessoas em posição de autoridade têm sentimentos, e os relacionamentos são importantes para elas. Procure começar a conversa demonstrando preocupação com o relacionamento de vocês, em vez de simplesmente enfatizar a tarefa e os aspectos dessa posição. Por exemplo, você pode dizer:

> Margaret, fico feliz por ter encontrado um tempo para conversarmos. Saiba que estou contente por você estar aqui [se isso for verdade] e quero que tenhamos um bom relacionamento. Por isso, o que vou falar, espero, não apenas resolverá um problema, mas também nos deixará mais à vontade uma com a outra.

Lembre-se de que muitas pessoas na liderança já foram confrontadas várias vezes. É o território delas. Portanto, a confrontação pode ser mais tranqüila do que você espera.

Esclareça o problema

Esclareça, junto à pessoa, o fato de a confrontação não ser sobre a estrutura de autoridade em si. Você não está protestando contra o fato de que tem de se reportar ou prestar contas a alguém. Você quer resolver um problema diferente.

Deixe essa distinção bem clara, especialmente se já reagiu à autoridade dessa pessoa no passado (assumindo a posição de adolescente, criança ou pai) ou se estiver lidando com alguém na defensiva. Vejamos como um aluno poderia confrontar seu professor:

Aluno: Meu problema com a carga de trabalho nada tem a ver com uma contestação. Acredito nesse procedimento e aceito fazer parte dele. A questão tem a ver com o fato de que não considero a carga de trabalho justa.

Professor: Parece que você não está se dando bem com o nosso programa.

Aluno: Não acho que seja esse o problema e ficarei feliz se falar sobre o que você pensa. Mas, agora, preciso falar sobre a minha carga de trabalho, que não é razoável, e explorar algumas soluções.

Assuma sua parte

Assim como em qualquer tipo de relacionamento, procure não apenas olhar para sua contribuição em relação ao problema, mas também falar dela com quem está se confrontando. As pessoas em posição de autoridade sabem identificar bem quando você está piorando as coisas, e sua franqueza pode ajudá-las a se abrir. Tente dizer algo do tipo:

Você: Às vezes, acho que você evita as decisões difíceis e as deixa para mim. Achava que despedir a Rhonda na semana passada era trabalho seu, e não meu, embora eu o tenha feito. Estou fazendo alguma coisa que possa estar piorando a situação? Estou deixando de fazer algo que deveria ser minha responsabilidade?

Seu chefe: Sim, está. Essas coisas fazem parte do seu trabalho.

Você: Não sabia disso. Você poderia me mostrar onde essa responsabilidade está definida na descrição de minhas funções? Eu não fazia idéia disso.

Cuidado com o tom

Além da questão de ser adulto diante de uma autoridade, cuidado com o tom da conversa. A maneira de dizer as coisas carrega muitas informações emocionais. Um tom ressentido ou desafiador, por exemplo, pode interferir na confrontação, não importa o que você diga. Veja o que seus amigos acham e pergunte como eles se sentiriam se fossem seu supervisor.

Seja específico

Quanto mais você puder identificar eventos, palavras e ações específicas, maior a possibilidade de resolver bem um problema. Embora não recomendemos isso como ponto de partida, se você encontrou resistência em suas tentativas anteriores, pode tentar levar anotações com fatos que não dêem margem a interpretações. Tente algo como:

> Meredith, você se lembra de quando eu disse, na sexta-feira, que precisava de sua aprovação para garantir o acampamento dos alunos do ginásio? Você só liberou isso ontem, e agora o local não está mais disponível. Isso aconteceu no mês passado também.

Confronte padrões de comportamento, e não eventos

Cuidado ao falar sobre algo que seja claramente um padrão de comportamento, e não um evento que não aconteceu antes (a menos que seja um ato perigoso, ilegal ou imoral). As pessoas em posição de liderança e autoridade estão sempre sob grande pressão e precisam de benevolência quando cometem erros. Se, no entanto, você vir um conjunto de ações repetidas que revelam uma tendência, pode precisar confrontar esse padrão.

Faça a sua confrontação com base no padrão:

Você: Bill, eu realmente aprendi muito com seus sermões e ensinamentos ao longo dos anos. É por isso que faço trabalho voluntário na igreja. Acredito no que faz e estou do seu lado. Mas, nos últimos meses, notei nas reuniões de diretoria que você ignora as opiniões divergentes das suas. Isso aconteceu na questão do estacionamento, do financiamento das missões e da pergunta sobre currículo que Andy levantou. Podemos falar sobre o que acontece e o que podemos fazer sobre o assunto?

Bill: Você não faz idéia da pressão que tenho sofrido.

Você: Sei disso. Na verdade, de certo modo, gostaria de conversar sobre uma forma de diminuir o seu fardo, pois isso pode estar contribuindo para o problema. Mas, neste momento, parece que você acha difícil concordar com uma opinião diferente. Gostaria de conversar sobre uma maneira de melhorar essa situação.

Bill: Mas eu ouço as pessoas.

Você: Sim, você ouve, mas o que tem acontecido, e outras pessoas também perceberam, é que em muitas ocasiões você não age assim, e por isso estou preocupado.

Bill: Acho que você não entende.

Você: Talvez não, Bill, mas, sinceramente, o que estou falando está acontecendo exatamente agora entre nós. É como se eu não pudesse lhe falar o que penso sem você se negar a ouvir. Você se importaria se eu mostrasse o que tem acontecido e me deixaria expor algumas possíveis soluções que podem ajudar?

Esclareça o alcance de metas

Embora muitas confrontações tenham um aspecto relacional, faça uma associação clara entre resolver o problema e atingir as metas e os planos de seu supervisor. Ele tem suas próprias paixões, missão e objetivos para estar na posição em que está. Use a confrontação para mostrar que, ao ajudá-lo, estará se ajudando. Tente o seguinte:

> A forma como me corrige no trabalho é difícil para mim. Sinto como se o estivesse atrapalhando ou como se você estivesse me diminuindo. Eu realmente quero sua opinião, mas é duro ouvi-lo tendo que enfrentar essa atitude sua. Além disso, fico tão preocupado que minha produtividade cai. Passo mais tempo lidando com o problema do que com a procura de novos clientes. Poderíamos conversar sobre uma forma de você comentar meu trabalho que me ajude a fazer o que está querendo?

Sugira alternativas, em vez de pôr as cartas na mesa

Às vezes, as pessoas querem provar que a figura de autoridade está errada. Sua confrontação se torna uma cruzada e uma tentativa de se corrigir uma injustiça. Isso acontece quando se está infeliz já há algum tempo e não se diz nada a respeito do fato até a extrema insatisfação. Embora uma grande confrontação seja necessária, envolver várias pessoas num nível de seriedade, depois de uma longa série de eventos, não é a melhor maneira de começá-la.

Olhar para a questão como um problema a ser resolvido pode lhe render uma recepção melhor. Posicione-se como aliado e assuma a responsabilidade por apresentar alternativas que venham a melhorar as coisas:

> Que tal se lhe enviasse um e-mail com um resumo das anotações sobre o trabalho, no fim de cada dia? Isso lhe daria as informações de que precisa para não ter de ligar para mim nem

precisar vir até minha mesa tantas vezes? Assim, nós dois ganharíamos tempo.

Use a estrutura existente

Os que estão em posição de autoridade, seja na igreja, na escola, no governo ou no trabalho, são rodeados por estruturas. Pode haver processos que ajudem em situações sérias. Por exemplo, a pessoa em posição de autoridade pode ter alguém em posição superior a ela, a quem precise prestar relatório. Na igreja, por exemplo, pode haver uma mesa diretora e sua organização pode ter um departamento de recursos humanos.

Apele para a estrutura dominante somente se tiver esgotado todos os recursos. Pode ser que você esteja em busca de encontrar a paz entre você e outra pessoa (Rm 12.18). Mas se o problema for muito sério e você já tiver feito tudo o que era possível fazer, use a estrutura existente. Você pode precisar dizer algo como:

> Falei do problema de seu grande favoritismo em relação ao seu primo muitas vezes, e nada aconteceu. Pedi a várias pessoas que lhe falassem sobre isso para que tenha outra visão a respeito do assunto. Queria que essa questão parasse por aí, mas, sinto muito, parece que você não mudou em nada. Documentei nossas conversas e o que aconteceu depois, e falarei com seu superior amanhã sobre o assunto. Gostaria que estivesse presente, também, para que possamos falar abertamente sobre isso.

Quando desistir

Finalmente, terá de admitir que a pessoa em posição de autoridade não mudará. Você pode estar lidando com alguém que não seja tratável em alguma área e, nesse caso, uma confrontação não ajudará. Pode ser necessário avaliar se você precisa abandonar o relacionamento ou o local por causa do problema (especialmente em caso de perigo, ilegalidade ou imoralidade). Ou pode concluir que, embora não goste do que está acontecendo, as vantagens e benefícios fazem valer a pena ficar.

Seja como for, escolha livremente e assuma sua escolha. Se ficar, pode ser bom dizer à pessoa:

> Sei que discorda disso. Parece que as coisas não vão mudar agora. Mas ainda gosto de trabalhar aqui; aceitarei o que for e farei o possível para trabalhar bem de qualquer jeito. Mas será que poderíamos manter a questão em aberto e conversar sobre ela de tempos em tempos?

Mantenha todas as oportunidades possíveis em aberto. Com o tempo, as pessoas costumam mudar de opinião.

A questão básica é a seguinte: Não tenha medo de confrontar a autoridade. Você pode estar ajudando a si mesmo, à pessoa e a todo o grupo de que faz parte. Lembre-se de que Deus é sua maior autoridade, e ele estará presente para ajudá-lo a ter graça, ser honesto e forte: "Façam tudo com amor" (1Co 16.14).

Falando a verdade em amor

Esperamos que agora tenha compreendido a grande diferença que uma conversa cara a cara com limites estabelecidos pode fazer em sua vida. Existem vários e bons motivos para se desenvolver a capacidade de falar abertamente e com sinceridade com as pessoas; para começar, sua vida pode ser melhor, os outros podem precisar de sua orientação e seu relacionamento com a pessoa pode melhorar. Conhecemos casos de pessoas, casais, famílias, igrejas e empresas que foram transformados ao incorporarem uma confrontação saudável em seus relacionamentos.

Com freqüência, o segredo do sucesso dessas pessoas nessa área é que elas desenvolveram a capacidade de *manter uma atitude de amor, mas sempre retornar ao problema em questão.* Mostram empatia e depois voltam a se concentrar no problema. Aprender esse ritmo pode ajudar a realizar muitas coisas que você quer que aconteçam em seus relacionamentos. Por exemplo, uma pessoa resistente pode começar a entender como o comportamento que ela está apresentando o tem afetado; ela pode deixar de magoar, relacionamentos abalados podem ser reatados e você começará a ter a relação que desejava ter.

Se ganhar mais habilidade nos vários aspectos da confrontação dos quais falamos, você finalmente acabará tendo aquela conversa que tem evitado. Os problemas que estão atrapalhando seus relacionamentos serão discutidos e, esperamos, resolvidos.

Mas outra coisa também acontecerá em um nível mais profundo. A confrontação se tornará parte natural de sua vida. Você simplesmente começará a falar dos problemas com amor e graça, mas de forma direta, com as pessoas, em seu dia-a-dia, em encontros casuais com a família e amigos. A confrontação passa a fazer parte de sua realidade de vida, e os problemas de relacionamento e de trabalho são resolvidos mais rapidamente e de maneira mais adequada. Finalmente, a confrontação produz outro fruto — o mais profundo de todos: o fruto do crescimento espiritual. Quando a verdade se torna nossa aliada, Deus utiliza essas conversas, tanto as que foram por nós iniciadas quanto as que foram introduzidas por outros, a quem precisamos responder, em busca de amadurecimento: "Antes, seguindo a verdade em amor, cresçamos em tudo naquele que é a cabeça, Cristo" (Ef 4.15). Por fim, experimentaremos as coisas boas que Deus, a verdade e os relacionamentos oferecem a todos que procuram por ele.

Deus o abençoe nessa jornada.

HENRY CLOUD, PH.D.
JOHN TOWNSEND, PH.D.
Califórnia, 2003

Sobre o livro

Categoria • Psicologia

Fim da execução • agosto de 2004
1.ª edição • setembro de 2004

Tiragem Ano
1 2 3 4 5 6 7 8 9 10 09 08 07 06 05 04

Formato • 14 x 21 cm
Mancha • 10,5 x 17,5 cm
Tipo e corpo/entrelinha • Garamond 12/ 15 (texto); Albertus Medium 30/ 36 (títulos); Arial Ronded 12/ 15 (primeiro subtítulo); Garamond 13/ 15 (segundo subtítulo)
Papel • Off-Set 75 g/m² (miolo); Cartão Supremo 250 g/m² (capa)

Tiragem • 4 mil exemplares
Impressão • Imprensa da Fé

Impresso no Brasil / *Printed in Brazil*

Equipe de realização

Produção gráfica

Supervisão
SANDRA LEITE

Fotolito
IMRENSA DA FÉ

■

Produção editorial

Coordenação
VERA VILLAR

Colaboração
JAIR A. RECHIA
RODOLFO ORTIZ

•

Normalização de texto
TÂNIA SILVEIRA
RODOLFO ORTIZ

Edição de texto
JAIR A. RECHIA
NOEMI SOARES FERREIRA

Revisão de provas
JOSEMAR DE SOUZA PINTO
VILLAR EDITORIAL

Projeto gráfico
IDÉIA DOIS DESIGN

Composição
EFANET DESIGN

Capa
ALÔ VALENTINA